Introdução à Administração

O GEN | Grupo Editorial Nacional, a maior plataforma editorial no segmento CTP (científico, técnico e profissional), publica nas áreas de saúde, ciências exatas, jurídicas, sociais aplicadas, humanas e de concursos, além de prover serviços direcionados a educação, capacitação médica continuada e preparação para concursos. Conheça nosso catálogo, composto por mais de cinco mil obras e três mil e-books, em www.grupogen.com.br.

As editoras que integram o GEN, respeitadas no mercado editorial, construíram catálogos inigualáveis, com obras decisivas na formação acadêmica e no aperfeiçoamento de várias gerações de profissionais e de estudantes de Administração, Direito, Engenharia, Enfermagem, Fisioterapia, Medicina, Odontologia, Educação Física e muitas outras ciências, tendo se tornado sinônimo de seriedade e respeito.

Nossa missão é prover o melhor conteúdo científico e distribuí-lo de maneira flexível e conveniente, a preços justos, gerando benefícios e servindo a autores, docentes, livreiros, funcionários, colaboradores e acionistas.

Nosso comportamento ético incondicional e nossa responsabilidade social e ambiental são reforçados pela natureza educacional de nossa atividade, sem comprometer o crescimento contínuo e a rentabilidade do grupo.

Eunice Lacava Kwasnicka

Introdução à Administração

6ª Edição
Revista e Ampliada

© 1977 by Editora Atlas S.A.
Uma editora integrante do GEN | Grupo Editorial Nacional

1. ed. 1977; 2. ed. 1979; 3. ed. 1980; 4. ed. 1990; 5. ed. 1995;
6. ed. 2004; 11. reimpressão 2015

Capa: Zenário A. de Oliveira
Composição: Formato Serviços de Editoração Ltda.

Dados Internacionais de Catalogação na Publicação (CIP)
(Câmara Brasileira do Livro, SP, Brasil)

Kwasnicka, Eunice Lacava
Introdução à administração / Eunice Lacava Kwasnicka. – 6. ed. –
11. reimpr. – São Paulo : Atlas, 2015.

Bibliografia.
ISBN 978-85-224-3513-5

1. Administração   2. Administração de empresas   I. Título.

94-2428
CDD-658

Índice para catálogo sistemático:

1. Administração   658
2. Administração de empresas   658

TODOS OS DIREITOS RESERVADOS – É proibida a reprodução total ou parcial, de qualquer forma ou por qualquer meio. A violação dos direitos de autor (Lei nº 9.610/98) é crime estabelecido pelo artigo 184 do Código Penal.

Depósito legal na Biblioteca Nacional conforme Lei nº 10.994, de 14 de dezembro de 2004.

Impresso no Brasil/*Printed in Brazil*

Editora Atlas S.A.
Rua Conselheiro Nébias, 1384
Campos Elísios
01203 904 São Paulo SP
011 3357 9144
grupogen.com.br

Ao Dileto Amigo
Prof. José Luís Lopes Marques

dedico os esforços que apliquei nesta obra, agora atualizada e ampliada sensivelmente, considerando o seu grande trabalho pelas obras didáticas em idioma português e pela solidez de nosso relacionamento fraternal e intelectual, marcado pela lealdade, pela identidade de princípios e por uma dedicação que se reveste das maiores virtudes que ao espírito humano se permitem.

Sumário

Prefácio à 6ª edição, 15

Parte I – INTRODUÇÃO GERAL À ADMINISTRAÇÃO, 17

1   IMPORTÂNCIA DA ADMINISTRAÇÃO, 19
    1.1   Conceito de administração, 20
    1.2   Princípios administrativos, 21
    1.3   Administração do futuro, 22
    1.4   Organização do livro, 26
    Questões para discussão e revisão, 26

2   A LINHA DO TEMPO E A TEORIA ADMINISTRATIVA, 27
    2.1   Idade Média e Renascimento, 28
    2.2   Revolução Industrial, 29
    2.3   Advento da administração científica, 31
    2.4   Princípios de Taylor, 32
    2.5   Contribuições de Henri Fayol, 35
    2.6   Modelo burocrático, 37
    2.7   Evolução da teoria administrativa, 38
        2.7.1   Relações humanas, 39

        2.7.2   Abordagem da ciência do comportamento, 41
        2.7.3   Abordagem sistêmica, 44
        2.7.4   Tendência atual da abordagem sistêmica, 47
        2.7.5   Abordagem contingencial, 48
    2.8 Evolução teórica, 51
    2.9 Contribuição de outras disciplinas, 52
        2.9.1   Pesquisa operacional, 53
    Bibliografia básica, 54
    Questões para discussão e revisão, 55

3   TRABALHO HUMANO, 56
    3.1 Fatores técnicos do trabalho, 57
        3.1.1   Divisão das tarefas, 57
        3.1.2   Identificação com a tarefa, 58
        3.1.3   Significância da tarefa, 60
        3.1.4   Autonomia, 61
    3.2 Aspecto humano do trabalho, 61
        3.2.1   Personalidade e satisfação das necessidades, 61
        3.2.2   Motivação, 64
        3.2.3   Maslow: Teoria de hierarquia das necessidades, 66
        3.2.4   Herzberg: Teoria de higiene, 67
        3.2.5   McGregor: Teoria da participação, 69
        3.2.6   Teoria X: a concepção tradicional, 69
        3.2.7   Teoria Y: a integração dos objetivos, 70
    3.3 Linguagem atual, 74
        3.3.1   Motivação: teoria e prática, 75
    Bibliografia básica, 77
    Questões para discussão e revisão, 78

4   TRABALHO EM GRUPO, 79
    4.1 Razões para a formação de grupos, 80
    4.2 Grupos formais, 80
    4.3 Grupos informais, 82
    4.4 Formação dos grupos, 83
    4.5 Coesão do grupo, 84

4.6   Fatores que influenciam a coesão, 84
4.7   Efeito da coesão na produtividade, 85
4.8   Tensão no grupo, 86
    4.8.1   Origem da tensão nos grupos, 87
4.9   Chefia de um grupo, 87
    4.9.1   Chefe *versus* líder, 88
    4.9.2   A chefia e a influência, 89
    4.9.3   Estilo de chefia, 89
    4.9.4   Como as mulheres lideram, 93
4.10 Como tratar com diferenças de personalidade, 94
4.11 Conceitos atuais sobre grupos, 95
Bibliografia básica, 96
Questões para discussão e revisão, 97

Parte II – GRANDES ÁREAS DA EMPRESA, 99

5   ÁREAS FUNCIONAIS E AMBIENTE ORGANIZACIONAL, 101
    5.1   Visão global das áreas funcionais, 101
    5.2   Ambiente organizacional, 110
        5.2.1   Componentes do ambiente externo, 111
        5.2.2   Influências que esse ambiente exerce sobre as empresas, 113
    Bibliografia básica, 117
    Questões para discussão e revisão, 117

6   FUNÇÃO PRODUÇÃO/OPERAÇÃO/VALOR ADICIONADO, 119
    6.1   Primeiro subsistema, 121
        6.1.1   Engenharia do produto, 121
        6.1.2   Desenvolvimento do produto, 122
        6.1.3   Especificação do produto, 122
        6.1.4   Especificação do processo, 122
    6.2   Segundo subsistema, 122
        6.2.1   Planejamento e controle da produção, 122
        6.2.2   Programação da produção, 124
        6.2.3   Controle na produção, 127
    6.3   Terceiro subsistema, 128
        6.3.1   Engenharia do processo, 128

        6.3.2   Desenvolvimento do processo, 129
        6.3.3   Elementos de saída do sistema produtivo, 132
6.4   Administração da produção, 133
        6.4.1   Alinhamento da função de produção com a estratégia organizacional, 133

Bibliografia básica, 140

Questões para discussão e revisão, 141

7 FUNÇÃO FINANCEIRA, 142
7.1   Que é capital financeiro?, 142
7.2   Decisão de financiamento, 144
7.3   Decisão de investimento, 144
7.4   Decisão de distribuição de dividendos, 145
7.5   Diferentes administrações financeiras entre as empresas, 151
7.6   Organização da função financeira, 152

Bibliografia básica, 155

Questões para discussão e revisão, 155

8 FUNÇÃO MARKETING E VENDAS, 156
8.1   Principais atividades do marketing na empresa, 158
8.2   Função de distribuição física, 161
        8.2.1   Franquia: *franchising*, 163
        8.2.2   Sistema de venda direta, 165
        8.2.3   Comércio eletrônico (*e-commerce*), 166
8.3   Atividades auxiliares, 167
8.4   Desafio dos serviços de marketing, 171
8.5   Marketing de relacionamento, 174

Bibliografia básica, 175

Questões para discussão e revisão, 176

9 FUNÇÃO RECURSOS HUMANOS/ADMINISTRAÇÃO DE PESSOAS, 177
9.1   Análise da abordagem sistêmica de Recursos Humanos, 182
        9.1.1   *Input*, 182
        9.1.2   Processo da função Recursos Humanos, 184
        9.1.3   Emprego, 186
        9.1.4   Desenvolvimento, 187

　　　　9.1.5　　Utilização, 189
　　　　9.1.6　　Compensação, 190
　　　　9.1.7　　Manutenção, 191
　　9.2　Avaliação da função de Recursos Humanos, 193
　　　　9.2.1　　Área de Recursos Humanos: uma estrutura em extinção, 196
　　Bibliografia básica, 198
　　Questões para discussão e revisão, 198

10　DO PLANEJAMENTO À ESTRATÉGIA COMPETITIVA, 199
　　10.1　Globalização da estratégia, 201
　　10.2　Planejamento organizacional, 204
　　　　10.2.1　Elementos básicos no planejamento, 206
　　10.3　Escolha de objetivos organizacionais, 212
　　　　10.3.1　Objetivos principais, 213
　　　　10.3.2　Objetivos secundários, 214
　　10.4　Elementos do problema da tomada de decisão, 215
　　10.5　Formulações de cursos alternativos de ação, 215
　　10.6　Seleção das alternativas, 216
　　10.7　Implementação, 216
　　10.8　Avaliação dos resultados, 218
　　10.9　Eficácia do planejamento, 219
　　10.10 Limites do planejamento, 220
　　10.11 Posição do planejamento na estrutura organizacional, 220
　　10.12 Fatores humanos no planejamento, 220
　　10.13 Como tornar um planejamento eficaz, 221
　　Bibliografia básica, 222
　　Questões para discussão e revisão, 222

Parte III – PROCESSO EMPRESARIAL, 223

11　ORGANIZAÇÃO, 231
　　11.1　Hierarquia, 232
　　11.2　Departamentalização, 233
　　11.3　Departamentalização: várias abordagens, 234
　　　　11.3.1　Departamentalização funcional, 234

11.3.2 Departamentalização por produto, 235
11.3.3 Departamentalização por localização, 236
11.3.4 Departamentalização por cliente ou por clientela, 236
11.3.5 Departamentalização por processo, 236
11.3.6 Departamentalização por objetivo, 237
11.3.7 Departamentalização por tempo, 238
11.3.8 Departamentalização alfabética e numérica, 239
11.4 Vantagens e desvantagens da organização, 239
11.4.1 Vantagens da organização, 239
11.4.2 Desvantagens da organização, 240
11.5 Estrutura organizacional, 240
11.6 Organograma, 241
11.7 Vantagens do organograma, 242
11.8 Limitações do organograma, 243
11.9 Regras gerais para elaboração de um organograma, 243
11.10 Metodologia para elaboração de um organograma, 245
11.11 Organização matricial, 246
11.12 Futuro da estrutura organizacional, 247
Bibliografia básica, 248
Questões para discussão e revisão, 249

12 DIREÇÃO, 250
12.1 Autoridade, poder, responsabilidade e lealdade, 251
12.2 Centralização e descentralização, 252
12.3 Amplitude de controle, 253
12.4 Visão tradicional, 253
12.5 Pesquisas recentes, 255
12.6 Linha e *staff*, 255
12.7 Tipos de *staff*, 256
12.8 Processo de comunicação, 257
12.9 Canais de comunicação, 258
Bibliografia básica, 260
Questões para discussão e revisão, 261

13 CONTROLE, 262
13.1 Modernas visões de controle, 264

13.1.1 Avaliação por indicadores: *Balanced Scorecard* (BSC), 268
13.2 Controle organizacional e operacional, 270
13.3 Tipos de controle, 273
13.4 Controle nas áreas funcionais, 275
13.5 Posição do controle no organograma, 278
13.6 Como tornar um sistema de controle eficiente, 279
Bibliografia básica, 279
Questões para discussão e revisão, 280

14 ADMINISTRANDO A EXCELÊNCIA E A QUALIDADE, 281
14.1 Recomendações, 291
Bibliografia básica, 291
Questões para discussão e revisão, 292

Parte IV – A EMPRESA, 293

15 FORMAS DE PROPRIEDADE E DE ASSOCIAÇÃO ENTRE EMPRESAS, 295
15.1 Tipos de propriedade, 295
15.2 Formas de propriedade privada, 296
    15.2.1 Propriedade individual, 296
    15.2.2 Associação, 297
    15.2.3 Organização cooperativa, 298
    15.2.4 Sociedade anônima, 300
    15.2.5 Combinações de sociedades anônimas, 304
15.3 Formas de propriedade pública, 308
Bibliografia básica, 309
Questões para discussão e revisão, 309

16 CRIAÇÃO E EXPANSÃO DA EMPRESA, 310
16.1 Criação de empresas, 310
    16.1.1 Incentivos para a criação de empresas, 312
16.2 Expansão da empresa, 314
    16.2.1 Categorias e formas de crescimento, 315
    16.2.2 Crescimento interno, 316
    16.2.3 Crescimento externo, 317

16.2.4 Terceirização, 320
Bibliografia básica, 322
Questões para discussão e revisão, 322

17 PAPEL SOCIAL DAS ORGANIZAÇÕES, 323
   17.1 Níveis de responsabilidade social, 326
   17.2 Balanço social, 327
   17.3 Correntes atuais, 329
   Bibliografia básica, 329
   Questões para discussão e revisão, 329

18 FUTURO DA ADMINISTRAÇÃO, 331
   18.1 Características das organizações futuras, 332
   18.2 Adaptação das futuras organizações, 334
   18.3 Filosofia administrativa, 336
   Bibliografia básica, 337
   Questões para discussão e revisão, 337

Prefácio à 6ª Edição

Estamos retomando este livro para uma nova revisão. Isso significa que ele ainda pode ser considerado um livro de interesse de todos os que estão de algum modo envolvidos com ensino, aprendizado, conhecimento e informação sobre a teoria da administração e a forma de administrar um negócio, qualquer que seja ele. Este livro está fazendo 26 anos e já foram cinco revisões e ampliações com o objetivo de sempre estarmos adicionando as novidades que a ciência de administração tem a capacidade de gerar. Essa é uma revisão que não tem o objetivo de ampliar muito, pois desde o início o livro tem adotado o perfil de ser enxuto, embora buscando colocar tudo o que há de novidade no setor.

Temos visto publicações recentes que são verdadeiras enciclopédias, difíceis de manusear e de ter como livro-texto em sala de aula. São livros de consultas eventuais para assuntos específicos e não livros destinados a organizar as idéias aos alunos e servir de apoio às aulas, permitindo ao grupo manter um nivelamento de conhecimento sobre a teoria administrativa.

A origem deste livro representou uma época em que não havia muito material em português sobre o tema, tendo os professores que reproduzir textos traduzidos e construir apostilas para que os alunos pudessem acompanhar as aulas. Hoje, ocorre o inverso: as prateleiras das livrarias estão repletas de publicações, os títulos nas seções sobre negócios competem em número e grau, ou seja, quantidade e complexidade, porém existem muitos títulos que traduzem experiências de consultores e muitos manuais de como fazer. Poucos são os que dão uma visão geral do ambiente organizacional sem transformar isso em um tratado.

Ao longo desses 26 anos, houve um remanejamento de assuntos dentro do campo da administração de negócios; alguns, hoje, fazem parte de outras áreas, como a produção ou a informação, outros mudaram de *status*, como a área de recursos humanos, e outros se destacam, como a questão da estratégia organizacional. Portanto, é de nosso interesse introduzir essas modificações nesta edição. A idéia é atualizar sem complicar, devendo o livro estar ao alcance de todos.

A organização mantém-se fiel à da primeira edição, ou seja, evolui o livro do individual para o global, tratando primeiro do trabalhador inserido no contexto da empresa e, a seguir, do grupo, das funções e das áreas administrativas que representam as atividades desses grupos e da empresa em seu contexto social. Dessa forma, o leitor poderá ter uma visão de como esse tema evolui hoje, ainda mais com a introdução da visão de globalização, em que as atividades de um negócio vencem fronteiras e misturam culturas e povos dentro de sua atuação para atender a um mercado até então desconhecido e competir com outras organizações cujos princípios competitivos são muito diferentes. Adaptar-se para vencer no mundo globalizado é a palavra de ordem e devemos estar preparados para isso. Este livro procura dar ao leitor uma visão desse novo desafio.

O mercado de títulos sobre administração permanece ativo, apesar das facilidades apresentadas pela Internet e seus portais de publicações de textos específicos e atualizados. O livro ainda é um produto que não foi substituído pela informática e, como resultado disso, houve esse empenho em dar aos leitores uma nova edição compacta e completa, que serve de leitura, texto, apoio didático ou eventual consulta, ao gosto de cada leitor.

A Autora

Parte I

Introdução Geral à Administração

Apresentação da Parte I

Nosso interesse na Parte I deste livro é induzir o leitor, pelo raciocínio evolutivo do particular para o geral, na história da administração. Consideramos que o indivíduo é o primeiro elemento desse sistema chamado organização, cuja exploração, para desvendar seus mistérios, iniciamos agora. Esse elemento chamou a atenção dos administradores desde o século XIX, ou seja, o operário em seu posto de trabalho e, em seguida, os indivíduos que ocupam cargos de supervisão e gerenciamento. Apesar de nos dias de hoje falarmos muito em empresa virtual e que a supervisão mudou consideravelmente de foco, passando mais para a questão de motivar o desenvolvimento de grupo e aumentar sua criatividade, ela não deixou e não deixará de existir. O discurso de que a administração de recursos humanos tende a desaparecer enquanto área funcional da empresa está-se modernizando e adaptando para modificar totalmente sua atuação orientada para o indivíduo ou incorporar-se a outra área voltada para a estratégia do conhecimento.

Em seguida, falamos dos grupos, que, dentro da função de desenvolver conhecimento, desempenham papel importante, principalmente da questão dos multigrupos e, dentro das questões de gerenciamento do desenvolvimento da criação de idéias, tratamos dos elementos que incentivam o desempenho dos grupos. A questão do comportamento participativo no trabalho hoje está evoluindo cada vez mais, pois a pesquisa e o desenvolvimento de novos produtos exigem participação de pessoas multidisciplinares, que não necessariamente trabalham no mesmo espaço físico, nem mesmo vivem no mesmo país, pois a Internet e a videoconferência resolvem o problema de comunicação, mas a liderança desses trabalhos, para que as pessoas confiem umas nas outras e contribuam para o sucesso de qualquer projeto, é fundamental.

Antes de entrarmos no mundo complexo e burocrático das organizações e seu ambiente, temos que conhecer bem as pessoas que estarão envolvidas nesse mundo, com tantas influências políticas internas e externas a ele, saber que isso interfere na vida profissional e pessoal de cada um e saber como lidar com isso. Dizer que as pessoas são o ativo mais importante de qualquer empresa não é conceito recente, mas nos dias de hoje isso está adquirindo uma força sem proporções, desde que a inteligência da empresa passou a ser importante no mundo dos negócios globalizados.

1

Importância da Administração

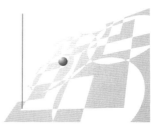

Administrar é um processo integrativo da atividade organizacional que permeia nossa vida diária. A necessidade de administrar surge do confronto entre as variáveis que compõem uma atividade formalmente estruturada, como recursos materiais e humanos, tecnologia, restrições ambientais, entre outros.

A administração não está confinada apenas a setores produtivos de bens e serviços. Até mesmo um núcleo familiar requer certo grau de administração. Quanto maior o nível de complexidade de atividade definida pelo grupo formal, maior a necessidade de aplicar os conhecimentos da ciência administrativa.

A teoria das organizações amplia de forma considerável a tipologia das organizações: as de transformação – fábricas; as de serviços – hospitais, bancos etc.; as assistenciais – igrejas, ONGs. Há objetivos únicos, múltiplos, coletivos, pessoais. Há organizações temporais e outras permanentes, sem perder de vista a classificação por tamanho e poder econômico, intensa em tecnologia, em capital humano etc.

A qualquer momento, um indivíduo poderá, sozinho, ou em conjunto com outra pessoa ou em grupo, iniciar um negócio, que necessita ser gerenciado, para que, qualquer que seja o problema decorrente dessa união, ele seja minimizado, ou mesmo previsto, em função de um objetivo principal.

São muitas as razões pelas quais se inicia um negócio: a independência, a utilização de uma boa idéia, a projeção social, o poder, o desafio. Para que esses objetivos sejam atingidos, há necessidade de inter-relação intensa entre os membros do grupo que está no negócio e direção de trabalho oferecida pela forma como o negócio será ou está sendo conduzido.

Há um corpo de conhecimento que é peculiar ao estudo da administração. No decorrer dos anos, certos conceitos têm sido desenvolvidos, a partir de pesquisas, de experiências com problemas vividos na vida real, associados com conceitos derivados de outros campos da ciência, que, devidamente adaptados à administração, muito contribuem para o sucesso de qualquer negócio. Assim, a administração é um campo técnico evolutivo e mutante. O tratamento em áreas de especialização, como marketing, finanças, produção, recursos humanos, foi um avanço no entendimento e tratamento do complexo organizacional.

O estudo da administração em sua fase introdutória tem como objetivo permitir ao indivíduo, em primeiro lugar, tomar conhecimento da origem e dos vários temas que envolvem esse campo da ciência; em segundo, permitir-lhe conhecer a área da organização com a qual mais se identifica para futura especialização; e em terceiro lugar, quais as técnicas e os princípios mais adequados para a solução dos problemas de nível micro e macro.

Embora pesquisadores e profissionais mais experientes tenham produzido um corpo de conhecimento bastante expressivo no campo da Administração, um entendimento mais consistente da arte de administrar ainda é limitado. Assim, um refinamento das teorias, técnicas e práticas administrativas poderá ser útil para a maioria dos diferentes tipos de organização. Estudando esse crescente corpo de conhecimento, poderemos entender como a administração contribui também para a evolução do aspecto social. Ao mesmo tempo, um estudo sistemático do tema auxilia no reconhecimento das habilidades essenciais a todas as organizações. Finalmente, um esforço concentrado no estudo, entendimento e aplicação das teorias administrativas é requerido para o caso de termos que nos envolver eficazmente com os complexos problemas sociais atuais e futuros.

Muitos livros têm sido escritos ultimamente, enfatizando a necessidade de reavaliar a organização na busca da consolidação de sua posição na economia de uma sociedade, o que demonstra que esse corpo da ciência está muito vivo e crescente.

1.1 CONCEITO DE ADMINISTRAÇÃO

A palavra **administrar** tem vários significados. Não há um padrão universalmente aceito para a definição do termo **administração**. O próprio Aurélio aponta em seu dicionário essa multivariedade de significado, como: gerir, ministrar, conferir. Entretanto, quando se trata de negócios, é importante a busca de um consenso em seu significado.

O mais importante e consistente uso do termo **administração** é aquele em que ele é visto como um processo integrativo fundamental, buscando a obtenção de resultados específicos. Administrar é, portanto, um processo pelo qual o administrador cria, dirige, mantém, opera e controla uma organização.

O conceito apresentado pode ser considerado como princípio básico do ato de administrar. Um segundo significado do termo, que pode ser considerado complementar ao primeiro, descreve-o como um campo do conhecimento, portanto: Administração é uma disciplina organizada, pesquisada e ensinada em instituição de ensino superior. O campo da administração é integrativo, por natureza, trazendo aspectos relevantes de outras disciplinas e, ao mesmo tempo, desenvolvendo seu próprio conjunto de conceitos.

O terceiro aspecto a ser considerado dentro do conjunto de conceitos sobre administração é o do campo profissional, de uma carreira propriamente dita, abrangendo coletivamente o grupo envolvido com o processo de administrar. Esse grupo inclui todos os que exercem autoridade de supervisão sobre os outros. Como uma concepção de carreira, apresenta variedade de interesses e desafios, enfocando ocupações especializadas dentro de cada área funcional: marketing, finanças, recursos humanos, produção.

1.2 PRINCÍPIOS ADMINISTRATIVOS

Os princípios estabelecidos para a administração, no início do século XX, definiam uma administração rígida, em que o chefe ou o proprietário, no caso de pequena empresa, eram os donos absolutos das decisões, a autoridade vinha de cima para baixo e suas atividades principais eram mandar fazer as tarefas e controlá-las com muito rigor. O objetivo principal da organização era produzir mais e com maior eficiência para que o lucro fosse maior.

Com o passar dos anos, introduziram-se novas variáveis no processo administrativo, e houve necessidade de estabelecer novas premissas. Hoje, podemos observar que a administração é feita de maneira mais flexível, e considera-se a empresa como uma união de esforços em torno de uma série de metas e objetivos. Alguns dos princípios mais modernos da administração traduzem as seguintes filosofias:

- todos os membros da organização participam de sua administração, uma vez que estão relacionados com pelo menos uma atividade;
- com a divisão do trabalho, dividem-se também a autoridade e a responsabilidade de cada um. O poder é conquistado na base da competência, da realização e da interação, e não imposto; hoje, a divisão de trabalho é menos rígida;
- a valorização do pessoal é feita sem discriminação, uma vez que uma organização tem necessidade tanto de pessoal técnico como administrativo;

- a implementação e a execução da política estão inseparavelmente interligadas e exigem a interação de grande variedade de membros da organização em todos os níveis;
- considerando que todas as organizações enfrentam problemas imprevisíveis, elas devem estar preparadas para solucionar esses problemas de forma criativa, com condições de fazer novas combinações de recursos;
- não existem regras administrativas que possam ser aplicadas automaticamente a todos os problemas. Assim como as situações mudam, os princípios da administração precisam mudar também para poder enfrentar as novas condições;
- uma organização nunca está fundamentada em apenas um objetivo, mas em um grupo de objetivos que são às vezes gerados em cadeia. Por exemplo, produzir com eficiência gera a obtenção de maior rentabilidade, que por sua vez está ligada à manutenção dos custos baixos;
- não é somente o homem de topo que está interagindo com o ambiente externo e sofrendo pressões do meio. Em uma organização, existe grande número de pessoas de todos os níveis hierárquicos capazes de interagir com qualquer dos segmentos do ambiente externo;
- uma organização é parte integrante de um sistema maior e depende do intercâmbio mantido com esse sistema, ou seja, ela não é auto-suficiente para se manter.

Cabe ressaltar que não é possível definir uma teoria única, mas um conjunto de conceitos básicos adaptáveis a diferentes tipos de organização. Em toda a literatura da ciência administrativa, o que podemos encontrar é uma segmentação da teoria, enfatizando administração pública, administração de hospitais, de universidades etc. Parece haver consenso razoável sobre a necessidade de administrar governos, exércitos, empresas, prisões, sistemas de ensino, igrejas e fundações filantrópicas, porém não é correto afirmar que para administrar essa gama de organizações heterogêneas e complexas podemos usar os mesmos princípios e normas administrativas.

É difícil dizer onde a teoria é *teoria* ou *filosofia*, porém as idéias apresentadas têm a pretensão de ser genéricas, cabendo ao administrador a tarefa de adaptá-las às condições adequadas a suas necessidades.

1.3 ADMINISTRAÇÃO DO FUTURO

Os administradores do futuro indubitavelmente enfrentarão muitos dos mesmos problemas que as gerações anteriores enfrentaram, por exemplo, flutuações cíclicas na economia das nações, aceleração da taxa de obsolescência dos produtos e processos e aumento da preocupação com as mudanças organizacionais. Esses problemas ocorrerão em níveis e volumes diferentes, e paralelamente ocorrerão outros tipos de problemas decorrentes da evolução do desenvolvimento tecnológico natural. Hoje, as necessidades são outras. As organizações buscam crescer, sobreviver, diversificar, ser líderes do setor, inovar.

Assim como os administradores consideram-se éticos, também vêem sua organização como uma entidade com responsabilidades sociais. Conseqüentemente, não é de surpreender quando há iniciativa de apoio ativo a algum programa educacional ou preocupação em expandir as oportunidades de trabalho para grupos minoritários, tais como deficientes físicos. Agindo dessa forma, os administradores descobriram que esse grupo de pessoas a quem se dá uma chance de exercer uma atividade produz melhor condição de vida, favorece o clima organizacional.

O desenvolvimento tecnológico provocará aumento no nível educacional da mão-de-obra, requerendo com isso modificações nas funções de **Direção e Controle**. Administradores serão desafiados a introduzir elementos que permitam ao indivíduo trabalhar com mais motivação. As tarefas deverão ser reestudadas em seu contexto, tornando-se mais desafiantes. Além disso, com a mudança na composição da força de trabalho, e com a introdução de maior número de mulheres e de membros de grupos minoritários da sociedade, como os deficientes físicos, haverá necessidade de introdução de novas normas de trabalho e modificação nas atitudes e práticas da administração.

Cada avanço tecnológico muda o referencial econômico e social do país, determinando mudanças administrativas necessárias antes de a nova tecnologia ser implementada. Em geral, desafios do futuro requererão dos administradores evolução em suas habilidades de percepção, análise e adaptação às barreiras e oportunidades produzidas pelas mudanças tecnológicas.

O mundo hoje é muito mais exigente com as empresas; temos que atender rapidamente e com qualidade às necessidades do mercado, que exigem posicionamento diferente da função de Marketing, um relacionamento mais estreito com o consumidor.

O número de empresas multinacionais aumentará consideravelmente, tendo o universo como o cenário para o desenvolvimento de recursos. Com isso os administradores deverão ter como preocupação a adaptação a diversas culturas cujos valores talvez sejam conflitantes com os valores pessoais do indivíduo.

Olhar o futuro da organização certamente requer um exame do papel dos computadores e sistemas computacionais. Sua capacidade de classificar, arquivar e acelerar o fluxo de informações em uma organização tem sido bem visível hoje e o será por muitos anos. Por exemplo, uma classificação diária e sumarizada das vendas auxilia a manter um estoque em níveis desejáveis e a assistir melhor o pessoal de vendas. Outras aplicações comuns do computador são na implementação de sistemas de controle e na manipulação de modelos matemáticos e no processamento de dados contábeis, bem como na administração de recursos humanos da empresa.

O setor bancário, que investiu pesado em informatização, modificou o perfil da empresa, o tipo de mão-de-obra e o relacionamento com os clientes.

Gostando disso ou não, vivemos em uma sociedade com normas e regras. Qualquer ação tomada por uma organização deve enfrentar uma variedade de regras governamentais; esses órgãos governamentais existem para promover ordem na sociedade e proteger os direitos dos cidadãos. Infelizmente, esses órgãos tendem a crescer em número e influência, tentando perpetuar-se através do tempo, e criam barreiras às empresas. Os resultados do domínio do Estado na administração privada é a burocratização exagerada, cujas desvantagens estamos percebendo no momento. Para reverter esse estado das coisas, mudanças são necessárias tanto no comportamento do Estado quanto no das organizações, ou seja, instituições públicas e privadas deverão esforçar-se para um bom entendimento, e isso requer boa liderança administrativa.

A idéia apresentada procura dar visão generalizada dos problemas futuros da administração. Entretanto, de todos os fatores que serão relacionados com a administração do futuro, dois podem ser ressaltados:

- a própria teoria administrativa; e
- a função do administrador.

A TEORIA ADMINISTRATIVA DO FUTURO. Nessa corrida acelerada para o futuro, há motoristas, passageiros e pedestres distraídos. Para sermos o motorista que conduz a empresa para o sucesso, temos que nos livrar do passado e inventar o futuro. Algumas tendências futuras da teoria administrativa podem ser:

1. O estudo comparativo da teoria administrativa se tornará uma abordagem dominante. Por estudo comparativo não queremos dizer simplesmente o aspecto internacional ou intercultural. A abordagem comparativa incluirá:
   a) as teorias das diferentes disciplinas acadêmicas;
   b) o teste e a aplicação da teoria a empresas de diferentes nações e culturas;
   c) a aplicação da teoria comparativa a qualquer tipo de organização.
2. A teoria que explora o conceito de processo administrativo será considerada um padrão a ser comparado com outras teorias. Essa teoria continuará sendo refinada pelas análises comparativas de outras teorias e de outras disciplinas e pelas novas descobertas.

3. A teoria de sistema evoluiu para sistemas de informação e hoje é o que há de mais crítico. A gestão do conhecimento está criando diferenciador entre as empresas.
4. A teoria está criando conceitos de vantagem competitiva e estratégia que afeta o enriquecimento das nações.

Com isso, podemos concluir que a teoria geral da administração se desenvolverá por meio de um contínuo refinamento da teoria e da prática, e da integração voluntária das teorias de outras disciplinas. Essa análise só foi possível olhando-se para a tendência da literatura que se vem desenvolvendo no campo da administração.

A FUNÇÃO DO ADMINISTRADOR. O administrador do futuro também terá que revisar seu estilo e atitude como um comportamento natural dentro da evolução teórica. Alguns conceitos deverão ser considerados:

- como a estrutura organizacional se torna mais descentralizada e o nível de educação da força de trabalho mais elevado, os administradores deverão ampliar seu horizonte de conhecimentos e dar maior ênfase às habilidades pessoais, facilitando a geração de conhecimento;
- como as organizações crescem de forma mais complexa, novas posições dentro da estrutura surgirão e outras desaparecerão, fazendo com que a carreira do administrador seja mais variada. Porém, cada movimento horizontal do indivíduo dentro da carreira fará com que ele faça uma completa revisão de suas habilidades, antes de ser admitido ao nível seguinte da carreira;
- o trabalho nos níveis médios e baixos da organização será muito mais de monitorar um sistema bem definido de trabalho, e não de controlar a produtividade, centrado mais no processo e menos na tarefa;
- administradores serão intimados a usar com maior ênfase a criatividade. Com menor ênfase na hierarquia e maior ênfase na melhoria ou enriquecimento da tarefa, as resistências às mudanças talvez sejam substituídas pelo incentivo às inovações e às pesquisas criativas.

Olhando o futuro de maneira otimista, estamos vendo o homem dentro de um desenvolvimento contínuo em sua educação, aumentando sua liberdade e, conseqüentemente, diminuindo sua dependência a outros e sua liberdade sobre controles mecânicos e coercitivos.

1.4 ORGANIZAÇÃO DO LIVRO

Este livro foi organizado obedecendo ao seguinte critério: a Parte I é uma introdução à teoria administrativa, possibilitando ao leitor conhecer as origens dessa ciência, bem como a necessidade do aprofundamento das técnicas já desenvolvidas e a continuação do estudo do desenvolvimento constante do campo da administração.

Na Parte II, veremos os subsistemas organizacionais, que são as grandes áreas funcionais que compõem a empresa. Qualquer que seja o tipo de empresa, economia mista, empresa privada, entidades sociais, de ensino, hospitais etc., essas áreas estão presentes, de forma explícita ou implícita, e é importante conhecer os princípios que comandam as atividades de cada uma delas.

Dentro de cada área e em toda a empresa, as atividades componentes do processo administrativo são fundamentais para que se possam obter resultados. As atividades abordadas na Parte III são as mais importantes, havendo outras, como direção e comunicação, que de uma forma ou de outra foram abordadas dentro de outros assuntos. Por exemplo, muitos dos conceitos pertinentes à atividade de direção foram abordados quando falamos sobre liderança.

A Parte IV está relacionada com a empresa, sua existência em um ambiente específico, os problemas que podem surgir e como uma empresa atua para manter sua posição de forma mais adequada.

Como o leitor pode observar, o livro foi estruturado partindo-se do específico para o geral dentro da ciência administrativa, para que o indivíduo que estivesse na fase introdutória de conhecimento da ciência administrativa, quando chegasse ao final do livro estivesse com o quadro completo dos elementos mais importantes que compõem a ciência.

Posteriormente, poderá aprofundar seus conhecimentos, definindo qual a parte mais importante ou que lhe desperta maior interesse.

QUESTÕES PARA DISCUSSÃO E REVISÃO

1. Quais são as funções de um administrador? Como eles auxiliam a administração a atingir seus objetivos? Essas funções são requeridas em qualquer tipo de organização?
2. Como uma organização pode ser considerada eficaz?
3. Está a Administração consolidada como ciência?
4. Defina a Administração com suas próprias palavras. Você pratica a Administração enquanto elabora um trabalho escolar? Explique.
5. Como a mudança ambiental provoca diferenças na forma de administrar?

2

A Linha do Tempo e a Teoria Administrativa

Onde se inicia a história da administração é puramente uma questão de escolha. Podemos, por exemplo, começar pela Antigüidade, Idade Média ou Renascimento; outros preferem iniciar pela Revolução Industrial.

A Antigüidade caracteriza-se por ter sido uma época particularmente profícua para as ciências. Seus pensadores e filósofos criaram e desenvolveram muitas áreas do conhecimento humano, com tal profundidade que até hoje se fazem sentir os efeitos de seus trabalhos.

No que se refere à administração, nunca foram encontradas obras que comprovem seu desenvolvimento na Antigüidade. Entretanto, a construção de uma pirâmide, a estrutura de uma cidade como Atenas e a administração de um império tão vasto como o Império Romano certamente revelam conhecimentos de administração.

É difícil compreender, à primeira vista, por que a administração não recebeu igual tratamento na época; porém, a realidade social contemporânea torna mais fácil a compreensão desse fenômeno. Predominava, nessa época, forte preconceito em relação ao trabalho, a tal ponto que era considerado uma atividade desprezível.

Uma das principais razões para esse preconceito foi a escravidão, que na época era legalizada, oferecendo solução fácil aos problemas práticos e, ao mesmo tempo, criando uma inevitável correlação entre trabalho e escravo.

Outra razão, também importante, foi a orientação dos povos primitivos para a guerra, em que se sobressai a importância social do soldado e, conseqüentemente, a inferioridade social daqueles que trabalham e que, portanto, não podem dedicar-se às guerras.

Os antigos acreditavam que havia dois campos antagônicos e possíveis de atuação: o intelectual, cabível aos cidadãos, e o material, cabível aos escravos. A aplicação das ciências em problemas práticos era condenada.

2.1 IDADE MÉDIA E RENASCIMENTO

Embora a Idade Média tenha sido bem mais rica e eficiente no domínio da técnica do que a Antigüidade, as condições ainda não permitem o desenvolvimento de uma abordagem racional do trabalho.

A crença religiosa e o misticismo assumiram grande importância social, a ponto de, na época, ter sido pensamento generalizado que todas as coisas eram dirigidas e controladas por Deus e que somente a ele caberia mudá-las. Tanto a posição social do indivíduo como a própria natureza seriam imutáveis pelo homem.

A escravidão que entravou o progresso técnico da Antigüidade foi substituída pelo tradicionalismo e pelo misticismo da Idade Média.

Além disso, os preconceitos em relação ao trabalho ainda permaneceram; os nobres, por exemplo, orgulhavam-se de não trabalhar.

Com o preconceito das classes mais favorecidas em relação ao trabalho, e a tradição e o misticismo impedindo as inovações técnicas, a Idade Média transcorre sem grandes alterações nas aplicações práticas das ciências.

Essa mudança só encontra lugar no Renascimento, em que o Humanismo – uma nova doutrina filosófica – recupera o patrimônio filosófico, literário e artístico da Antigüidade, e liberta, através da racionalidade, o homem do misticismo medieval.

Com o Renascimento, a estrutura social da Idade Média, baseada no misticismo e na tradição, dá lugar a uma nova ordem social calcada na objetividade e na racionalidade.

Os preconceitos em relação ao trabalho são esquecidos, e inicia-se uma transformação de tratamento ao trabalho que culminará séculos depois com Taylor e Fayol.

Leonardo da Vinci (1452-1519), por exemplo, revela-se adepto das aplicações práticas da ciência e condena as ciências que não nasçam da experiência ou que não permitam aplicações práticas. Considera a mecânica a ciência mais nobre e útil, o paraíso para a aplicação das ciências matemáticas.

2.2 REVOLUÇÃO INDUSTRIAL

A Revolução Industrial constituiu-se numa profunda transformação na cultura material do Ocidente. Usualmente consideramos que ela surgiu em torno de 1700.

Com os preconceitos às aplicações das ciências na Antigüidade e com o tradicionalismo da Idade Média, o século XVIII encontrou o mundo utilizando, com raras exceções, os mesmos utensílios, as mesmas técnicas, as mesmas formas de comunicação que eram usadas desde os primórdios. Os Estados guardavam as características do feudalismo, com seus territórios isolados e praticamente independentes, onde a atividade econômica principal era a agrícola, explorada com técnicas bastante rudimentares.

Nessa época, não existiam empresas da forma como as conhecemos hoje. Elas eram domiciliares, praticamente não havia divisão de trabalho e a produção estava a cargo de artesãos que executavam o trabalho manualmente, sendo poucas as máquinas utilizadas. Os mercados dessas empresas eram circunscritos pelos respectivos territórios dos Estados, e predominavam as relações empregador-empregado.

Não se pode afirmar que a Revolução Industrial tenha tido início numa data fixada, mas foi em fins do século XVIII que tomou grande impulso.

Nessa época, era a Inglaterra o país que tinha mais condições para efetuar grandes mudanças, pois havia abundância de mão-de-obra, de capitais, de meios de transporte e de novas tecnologias: o vapor.

A revolução agrícola efetuada anos antes liberou grandes contingentes da população para as grandes cidades, em busca de melhores oportunidades.

A comercialização dos produtos agrícolas por meio dos transportes marítimos trouxe para os ingleses concomitantemente o desenvolvimento do mercado financeiro inglês e a hegemonia marítima.

Com essas condições, a chamada Revolução Industrial nasceu na Inglaterra e posteriormente espalhou-se para o mundo. Teve como conseqüências profundas mudanças econômicas, sociais e políticas, tais como:

- rápida e intensa urbanização;
- durante o século XIX, duplicação da população da Europa;
- início do desenvolvimento industrial;
- aperfeiçoamento dos meios de transporte;
- incremento do comércio interno e do internacional;
- redistribuição das riquezas e do poder entre os países.

A estrutura administrativa dos governos revelou-se inadequada para observar a nova realidade – muitos governos ainda guardavam a estrutura medieval.

Logo se percebeu esse descompasso e tratou-se de aplicar a racionalidade aos problemas sociais.

As novas indústrias ressentem-se de melhor administração, pois passam a enfrentar situações jamais ocorridas até então. Nas pequenas oficinas da Idade Média, a produção era pequena, distribuída a mercados regionais, o trabalho era artesanal e praticamente não havia distribuição de trabalho. Com a Revolução Industrial, as empresas crescem, utilizam-se máquinas, emprega-se grande número de pessoas, a produção é em larga escala; atendem-se a mercados maiores e mais distantes, e acirram-se as disputas por mercados – a concorrência.

As empresas foram adaptando-se à nova situação; na medida do possível, por tentativa e erro. Foi nessa ocasião que surgiram as primeiras obras que buscavam a aplicação do método científico no estudo do trabalho. Além disso, tornaram-se necessárias a especialização e a divisão do trabalho.

Por exemplo, tomar a teoria da burocracia de Weber, ou a da Administração Científica de Taylor e Fayol, como marco histórico é uma alternativa, uma vez que muitos conceitos recentes ainda sofrem influência dessas velhas teorias, principalmente as ainda envolvidas com estilos conservadores de administração.

Trabalhos clássicos em teoria administrativa, em particular, os desenvolvidos por Simon e Barnard, identificam as disciplinas de Psicologia, Teologia e Economia com a "falsa ideologia de interesses próprios" e não como disciplinas que efetivamente contribuem com a evolução da Teoria Administrativa. Simon descreve a evolução da teoria indo de disciplinas que enfatizam o indivíduo para disciplinas que enfatizam a interdependência, cooperação, como aspectos essenciais da vida e como forças construtoras da civilização. Simon critica as teorias que precedem a dele por serem intuitivas e especulativas, ou seja, sem fundamento científico.

Mary Parker Follet, contrariando Simon e Barnard, gostava de ligar a filosofia clássica à teoria administrativa *e* incorporava idéias de políticos, biólogos, historiadores, economistas e até teólogos para solucionar problemas que requeriam perspectivas multidisciplinares. Nesse momento estava criada a interdisciplinaridade no campo da ciência da administração, que só muito tempo mais tarde foi reconhecida e amplamente utilizada.

A raiz da administração moderna está fincada em um número de teóricos e estudiosos da prática administrativa que desenvolveram princípios de racionalidade em busca de maior eficiência. O que **Adam Smith (1772)**, **Taylor (1903)**, **Harrington Emerson (1913)** e **Fayol (1916)** produziram como registro oficial de suas descobertas não é mais lido, no original. O que temos são citações e reproduções dos principais conceitos, hoje já superados por outros mais modernos. Devemos reconhecer, contudo, que nesse período a preocupação era com a solução de problemas do chão de fábrica e com pouca ênfase nos demais aspectos da empresa. As publicações eram de interesse restrito, muito difíceis de ser publicadas e de custo alto. Outro aspecto importante a ser considerado, que mudou a visão da organização, na época, foi o surgimento do primeiro livro de Contabilidade, publicado em 1494, por um monge veneziano, **Luca Paccioli** (*Summa de arithmetica, geometria, proportioni et proportionalità*), que ensina como usar a dupla entrada nos livros (débito/crédito). Isso veio dar aos contadores visão melhor de como organizar os movimentos financeiros das empresas, apesar de o primeiro balanço só aparecer muitos anos depois, em 1830, com a invenção do balanço patrimonial, que serviu para separar o capital da empresa dos bens de seu proprietário. Até então tudo era misturado e não se sabia de quem era o dinheiro e que uso poderia ser feito com ele para o benefício do negócio. Outro acontecimento importante foi o já mencionado livro de Taylor, em 1903, que introduzia o conceito da relação chefe e subordinado. É preciso salientar que uma mão feminina mexeu com a prática da gestão da organização científica. **Mary Parker Follet** argumenta contra os princípios da obediência cega e defende o conceito de equipe e princípios de responsabilidade compartilhada. Follet propunha o que ela chamava de "uma autoridade mais horizontal do que vertical", o que, segundo ela, "promoveria uma troca mais livre de conhecimento dentro das organizações. Idéias essas que ressurgiram com força total no final do século passado, com o título de gestão participativa". O trabalho de **Mary Parker Follet**, uma coletânea de artigos, produto de 12 palestras proferidas por ela, chamado *Dynamic administration*, só foi publicado oito anos após sua morte, em 1941. Pioneira na questão da delegação e administração participativa nas soluções de problemas, ela não é muito citada nos meios acadêmicos nos dias de hoje.

Três importantes eventos, no entanto, ampliam a linha do tempo em questão. Em 1916, surgiu a Warton School, primeira escola de Administração; entre 1915 e 1920, com a necessidade de crescer, a Du Pont, seguida pela GM, introduziram o conceito de estrutura multidivisional, e o conceito de organização.

2.3 ADVENTO DA ADMINISTRAÇÃO CIENTÍFICA

Geralmente, admite-se que a história da administração científica começou com Frederic Winslow Taylor (1895). Entretanto, há indícios de que o enfoque científico de controlar as indústrias teria origem anterior, especialmente na Grã-Bretanha. Provavelmente, o enfoque científico foi aplicado antes de Taylor, desde o ano de 1795, na *Soho factory* de James Watt Jr. e Matthew Boulton. Eles introduziram técnicas que incluíram a padronização dos componentes dos produtos, o planejamento da produção, os padrões de operação e o pagamento de incentivos. Essa empresa, cuja atividade era de fundição, poderia reivindicar o papel de ser uma das primeiras ilustrações de administração científica.

2.4 PRINCÍPIOS DE TAYLOR

Taylor entrou em contato com os problemas de administração em 1884, quando se tornou engenheiro-chefe da Midvale Steel Company. Ele reconheceu que, apesar da maneira superior e, muitas vezes, arrogante da administração em relação aos trabalhadores, em verdade eram essencialmente os trabalhadores que moviam as fábricas.

Depois de estudar o problema, Taylor formulou a primeira apresentação sistemática da administração científica em um trabalho intitulado *A piece-rate system*. Seu objetivo principal era resolver o problema dos salários, porque verificou que, no sistema de pagamento por dia de trabalho, os homens logo concluíam que não havia nenhuma vantagem, para eles, em trabalhar arduamente, e diminuíam a produção em virtude de seus desejos de evitar cortes. Conseqüentemente, ele argumentava que, se a administração soubesse quanto tempo um homem levaria para completar seu trabalho, essa informação eliminaria a necessidade de cortes. Em outras palavras, se a administração pudesse estabelecer padrões de desempenho fixos, o trabalhador seria forçado a fazer um "bom dia de trabalho" para receber salários razoáveis. Além disso, a exata determinação científica da velocidade em que um trabalho poderia ser feito seria o meio de resolver o problema do salário.

Taylor usou dois métodos básicos no tratamento desta questão. Esses métodos eram: um estudo do tempo-base e a introdução de padrões diferenciais. Resumidamente, o estudo do tempo-base era um meio de obter um tempo-padrão, adicionando os tempos unitários requeridos por ações individuais que, agregadas, comporiam o trabalho todo. Em essência, concebeu um método para a fixação prévia e precisa de um padrão de desempenho, o que permitiria a extensão do sistema para o trabalho não repetitivo. Entretanto, esse método não era suficiente porque a administração ainda necessitava de um meio que induzisse o operário a trabalhar no padrão máximo estabelecido pelo estudo do tempo-base. Taylor projetou um esquema de pagamento por peça pelo qual uma baixa remuneração por peça era paga para uma pequena produção e remunerações mais altas por peça, para produções maiores. Desse modo, a diferença do pagamento dado a um mau trabalhador e a um bom trabalhador era ainda maior do que a diferença entre suas respectivas produções. Embora Taylor pretendesse, por meio desse sistema, diminuir os ganhos daqueles que não atingissem os padrões, o efeito foi o pagamento de salários substancialmente mais altos aos bons trabalhadores. Além disso, foi assegurado aos trabalhadores que, se eles mantivessem o ritmo especificado de trabalho, seus salários nunca seriam cortados.

Alguns anos mais tarde, examinando seu trabalho *A piece-rate system*, Taylor considerou-o de importância secundária, sentindo apenas que seu objetivo principal de defender o estudo do tempo-base como fundamento de uma administração eficiente era, ainda, considerado relevante.

O artigo de Taylor de 1903, intitulado *Shop management*, é considerado um clássico na literatura da administração científica porque é, ao mesmo tempo, um somatório das realizações do passado e um modelo de desenvolvimento futuro. Na discussão aberta sobre o *Shop management*, Taylor percebeu que, no campo da administração, os dois fatos mais notáveis são:

1. a grande desigualdade ou falta de uniformidade, mesmo nos lugares mais bem administrados, no desenvolvimento dos vários elementos que constituem a administração;
2. a falta de relação aparente entre uma boa administração da fábrica e o pagamento de dividendos.

Essencialmente, isso significa que uma fábrica pode ter uma divisão de manufaturados funcionando bem, mas a fábrica pode ser mal administrada em relação às vendas e às organizações financeira e operacional. Além disso, o resultado operacional líquido pode ser um prejuízo em vez de lucros. Reciprocamente, uma boa administração de vendas pode trazer lucros, mesmo diante de práticas pobres de produção, mas também é possível que, não obstante uma boa administração de vendas, prejuízos possam resultar de uma administração de produção pobre.

Taylor demonstrou que seu propósito, ao escrever esse artigo, era pleitear altos salários e baixos custos de produção como um fundamento para melhor administração. Ele viu como um dos modos de realizar esse objetivo defender a iniciativa do trabalhador. Percebeu que a administração deveria contratar trabalhadores superiores, pois assim haveria a possibilidade de combinar altos salários com baixos custos de produção, desde que esse trabalhador superior pudesse executar mais trabalho do que um similar inferior. Havia ênfase relativamente leve em relação ao padrão diferencial; realmente, a única consideração importante era usar alguns meios pelos quais trabalhos extras eram remunerados com altos pagamentos extras. Essencialmente, a maior ênfase ainda permanecia no **melhor tempo** por meio de um **estudo científico de tempos unitários**.

Taylor não estava somente preocupado em obter maior esforço dos trabalhadores, mas também em introduzir métodos de trabalho eficientes que incluíam:

- padronização de ferramentas e equipamentos;
- rotina de programação;
- cartões de instrução;
- estudos de movimento;
- seleção dos trabalhadores mais adequados;
- garantia de amplo material para os trabalhadores;
- introdução de símbolos como índices.

Até este ponto se poderia ter a impressão de que a administração científica foi principalmente planejada como um esquema para obter o máximo esforço do trabalhador, ou um sistema de métodos eficientes de fábricas. A aplicação de técnicas científicas na administração envolve, de qualquer modo, maior amplitude, e Taylor reconhece essa necessidade na difícil tarefa de reestruturar a organização toda. Ele não esperava obter resultados imediatos, e começou com os fundamentos por meio de cuidadosa experimentação, observação, análise, interpretação e planejamento.

A alteração mais evidente na organização foi a introdução de um departamento de planejamento, que Taylor viu como o verdadeiro centro cerebral da fábrica. Sempre que possível, o trabalho que era feito antigamente pelos homens da oficina deveria ser delegado aos auxiliares do departamento de planejamento a fim de aliviar os trabalhadores da oficina de certas rotinas do escritório. Taylor listou 17 funções de chefia do departamento de planejamento e, apesar de muitos itens da lista não serem considerados como parte das funções de **planejamento** hoje, outros ainda são partes características do planejamento moderno.

Uma extensão lógica depois da introdução de um departamento de planejamento foi o estabelecimento da especialização entre os membros do planejamento e da direção. Então, sob o novo funcionamento da organização, cada trabalhador recebia suas ordens diariamente e mantinha contato com oito chefes, e cada um deles realizava sua própria função específica.

Em 1911, Taylor definiu uma nova teoria importante: *The principles of scientific management*. Nessa época, Taylor visualizou os efeitos de suas idéias com um âmbito muito maior. Ele sentiu que o país todo estava sofrendo com a ineficiência em quase todas as ações diárias e que o remédio para essa ineficiência baseava-se na administração sistemática. Ele também queria provar que a *melhor administração* é uma ciência verdadeira e que os princípios fundamentais da administração científica eram aplicáveis a todas as atividades humanas, desde as mais simples ações individuais até o trabalho nas grandes companhias.

No desenvolvimento do novo tipo ideal de administração, Taylor listou quatro princípios fundamentais que diferenciavam a administração científica das outras formas de administração industrial. Sob seu sistema, os novos deveres dos administradores eram os seguintes:

- eles desenvolvem uma teoria para cada elemento do trabalho humano que substitui o velho método das regras práticas;
- eles selecionam cientificamente e então treinam, ensinam e desenvolvem o trabalhador, enquanto, no passado, o trabalhador escolhia seu próprio trabalho e autotreinava-se da melhor forma possível;
- eles cooperam com os homens entusiasticamente de forma a assegurar a concordância dos trabalhos realizados de acordo com os princípios da ciência que estava sendo desenvolvida;

- há uma divisão bastante similar de tarefas e responsabilidade entre a administração e o trabalhador operacional.

Taylor verificou que os primeiros três itens, na verdade, eram a forma e a essência de todo o sistema. No quarto item ele introduz uma nova consideração na filosofia da administração, proporcionando uma organização para aliviar a responsabilidade do trabalhador braçal que deve concentrar-se mais nas atividades de produção. Taylor corrigiu seu antigo ponto de vista sobre administração por incentivos, através do conceito de igualdade de responsabilidade entre administração e produção.

Para a época, as descobertas de Taylor representaram uma evolução, reforçadas pelos trabalhos de outros dois grandes precursores da ciência administrativa. Um deles foi Henry Laurence Gantt (1861-1919), discípulo de Taylor que continuou a aperfeiçoar a obra do mestre, mesmo depois de sua morte (1915). A preocupação de Gantt era a de eliminar o problema humano criado por Taylor em seu processo de racionalização do trabalho; enquanto Taylor preocupava-se com o aspecto tecnológico e metodológico, Gantt preocupava-se com o aspecto psicológico e humanístico, insistindo na importância do elemento humano na produtividade. Houve duas importantes contribuições de Gantt à administração científica: uma foi o desenvolvimento de um plano salarial e de incentivos ao trabalho operário; a outra foi no auxílio do planejamento do trabalho do indivíduo, com o desenvolvimento de um gráfico de distribuição de carga de trabalho, chamado **Gráfico de Gantt**.

Outro indivíduo que muito contribuiu para o desenvolvimento do trabalho de Taylor foi Frank Buncker Gilbreth (1868-1924), que, seguindo a linha de Gantt na humanização do trabalho operário, procurou dar um aspecto mais científico aos estudos de tempos e movimentos, eliminando o aspecto subjetivo do processo.

Como podemos observar, a teoria científica foi uma teoria construída basicamente por engenheiros, cuja preocupação básica é aumentar a produtividade dentro de um nível operacional por meio da utilização do que podemos chamar a engenharia das organizações.

2.5 CONTRIBUIÇÕES DE HENRI FAYOL

O trabalho do francês Henri Fayol foi considerado uma das maiores contribuições para o campo da gerência e da administração. Seu trabalho foi realizado aproximadamente na mesma época que o de Taylor, pois viveu no período de 1841-1924. Entretanto, ao contrário de Taylor, que começou no nível operacional de uma organização (oficinas), Fayol trabalhou nos níveis organizacionais de cúpula administrativa, buscando uma definição das responsabilidades em todos os níveis organizacionais. Ele provou também a aplicabilidade de seus princípios tanto em organização de transformação (indústria), como na área governamental.

Fayol estava principalmente preocupado com a função administrativa da direção, pois sentia que a habilidade administrativa era a mais importante que se requeria da direção da companhia. Como resultado, conclui que há necessidade definida e possibilidade de ensinar administração. Essas observações permitiram que ele escrevesse um trabalho bastante amplo, publicado em 1908, que se intitulou *Os princípios da administração*, em que ele mostra as possibilidades de formar administradores e criar o ensino formal de administração.

Nesse trabalho, ainda, procurou, de forma mais clara, os cinco elementos primários do processo administrativo, que vêm sendo utilizados até hoje: planejamento, organização, direção, coordenação e controle.

Os 14 princípios de Fayol eram:

1. **Divisão de trabalho:** os princípios de especialização do trabalho, de forma a concentrar atividades para maior eficiência.
2. **Autoridade e responsabilidade:** autoridade é o direito de dar ordens e o poder para a obediência.
3. **Disciplina:** disciplina é absolutamente essencial para o progresso da empresa.
4. **Unidade de comando:** um empregado deve receber ordens de somente um superior.
5. **Unidade de direção:** uma cabeça e um plano para um grupo de atividades, tendo os mesmos objetivos.
6. **Subordinação do interesse individual para o interesse geral:** o interesse de um empregado não deve prevalecer sobre o da organização.
7. **Remuneração do pessoal:** compensação deveria ser justa e, na medida do possível, satisfatória ao indivíduo e à empresa.
8. **Centralização:** é essencial para a empresa e uma conseqüência natural do processo de organizar.
9. **Rede escalar:** a rede escalar é a cadeia de superiores que vai da mais alta autoridade até o mais baixo degrau.
10. **Ordem:** a organização deveria providenciar um lugar para cada indivíduo.
11. **Eqüidade:** eqüidade é o senso de justiça que deve prevalecer na organização.
12. **Estabilidade:** é necessário tempo para o empregado adaptar-se a seu trabalho e desempenhá-lo eficientemente.
13. **Iniciativa:** em todos os níveis organizacionais, entusiasmo e energia são partes da iniciativa.

14. ***Esprit de corps***: esse princípio enfatiza a necessidade de trabalho em grupo e a manutenção de relacionamento interpessoal.

O desenvolvimento da teoria clássica foi dedutivo, isto é, seu fluxo de lógica foi do geral para o específico, e seus fundamentos especificados nos princípios apresentados.

2.6 MODELO BUROCRÁTICO

Muito próximo à teoria clássica, o modelo burocrático, à primeira vista, faz-nos imaginar uma organização tão complexa que impede que o trabalho seja feito. Porém, o estudante não deve prender-se a julgamentos de valor da palavra *burocrático*. A organização burocrática pode ser boa ou má, dependendo de como é administrada.

Para nosso propósito, significará um modelo de organização relativamente formal e impessoal. É uma teoria que reflete muitos dos princípios da teoria clássica, e pode ser aplicada tanto à organização pública como à privada, e, como todos os modelos, é raro ser encontrada na forma pura.

Burocracia foi primeiramente descrita como *tipo ideal* de estrutura organizacional por Max Weber, um sociólogo alemão, que escreveu *A teoria social e econômica da organização*, em 1947. Quando Weber desenvolveu seu modelo de burocracia, não tinha a intenção de que fosse um modelo para uma organização, mas, muito mais, a identificação das características típicas de determinado tipo de organização. Seu tipo ideal é importante quando encarado como um instrumento analítico para comparações históricas de diferentes situações reais, ajudando a isolar fatores cruciais de comparação.

Weber enfatiza o profissionalismo na burocracia, acreditando que o sistema não poderia funcionar eficientemente, a menos que estivesse provido de pessoas competentes e especializadas.

O processo de seleção deve ser racional, baseado em testes etc., certificando a competência real.

As origens do modelo burocrático foram baseadas nas deficiências apresentadas pelas teorias surgidas anteriormente. Weber definiu as características do modelo burocrático da seguinte maneira:

- a organização burocrática é regida por normas escritas que determinam atos e decisões administrativas. Essas regras estão além dos indivíduos que ocupam o cargo, permitindo dessa forma manter a continuidade do trabalho;
- a burocracia baseia sua divisão de trabalho de forma que estabelece o grau hierárquico de cada cargo, o poder e a responsabilidade; as atribuições e as condições necessárias;

- no sistema burocrático, o fator mérito individual é o mais importante no critério de seleção, promoções e transferências de pessoas de um cargo a outro;
- Weber enfatiza a necessidade de separar o corpo administrativo da propriedade da administração;
- os bens da organização burocrática devem estar livres de qualquer controle externo, não se permitindo monopolização de posições;
- a burocracia procura caracterizar a profissionalização de seus membros.

A todo momento, Weber procura desvincular a empresa e os indivíduos ao mesmo tempo que exige a aceitação dos objetivos organizacionais. Ele procura vincular as identificações à posição e não a seu ocupante.

Quando da aplicação do modelo de Weber em um caso real, ele deveria sofrer os mesmos problemas que uma organização construída nos moldes dos princípios da teoria clássica. A impessoalidade e a racionalidade do modelo não permitem liderança competitiva, ou sobrevivência em um ambiente dinâmico. O *modus operandi* mecânico e a desatenção ao comportamento humano inibem a criatividade e a flexibilidade, tão necessárias na organização moderna.

Na realidade, não há um único modelo de burocracia, mas diferentes graus de burocratização. Se formos analisar o modelo de Weber, ou qualquer outro modelo derivado dele, poderemos perceber que não há utilização de um modelo puro, pois algumas regras não são seguidas ou mesmo estabelecidas.

Existem alguns autores mais modernos que não encaram o modelo burocrático como uma situação nova, mas uma continuidade de outras teorias já estudadas anteriormente. Portanto, podemos rotular organizações mais burocráticas ou menos burocráticas. Essa forma de estudar a organização foi muito adequada no século XIX, porém hoje já se está mostrando inadequada pelo surgimento de teorias que procuram eliminar as deficiências criadas pelo modelo burocrático. A rapidez das mudanças tecnológicas não permite trabalhar com um sistema rígido imposto por esse modelo.

2.7 EVOLUÇÃO DA TEORIA ADMINISTRATIVA

Podemos considerar 1945, com o final da Segunda Guerra, outro marco para a teoria organizacional. Nasce a preocupação com o indivíduo e a empresa deixa de ser vista como máquina e passa a ser vista como um conjunto de pessoas, com necessidades, interesses, relacionamentos, grupos. A visão comportamental e seus elementos eram o que definia nível de produção individual e organizacional e não a paga monetária. Três indivíduos marcaram essa época: Abraham Maslow, com a idéia seminal da hierarquia das necessidades, que estabelece um referencial para obter um comprometimento dos empregados com a produtividade, **Herbert Simon**, com o livro *Administrative behavior* (1947), que aborda a racionalidade da tomada de decisão, e **Peter Drucker**, com o livro *The practice of management*, publicado em 1954, que defendia a satisfação das necessidades empresariais. Muitas linhas de pensamento surgiram e foram denominadas "Escolas". A primeira delas foi a de relações humanas.

Estudos e teorias em ciência do comportamento e pesquisa operacional têm aumentado nos últimos 20 anos e têm afetado tão profundamente a prática administrativa e da tomada de decisão, que nenhum atingiu ainda um corpo de teoria unificado.

2.7.1 Relações humanas

A. INTRODUÇÃO

Uma dramática revolução efetuou-se no último século, não apenas no que produzimos, mas também na forma pela qual produzimos. A Revolução Industrial atingiu não apenas a tecnologia, mas também as relações humanas. Como a tecnologia aumentou mais e mais sua complexidade, as pessoas tornaram-se mais dependentes umas das outras e os problemas de trabalharem juntas mais difíceis. A Revolução Industrial trouxe transformações fundamentais ao significado de ser empregado.

Um dos pontos importantes da Revolução Industrial é a especialização. Economicamente, a especialização trouxe também muitas desvantagens: o tédio e a perda do sentido da importância individual, da realização e do orgulho pelo trabalho. Tarefas e trabalhos especializados requerem a determinação de cada detalhe do trabalho e, desse modo, privam o indivíduo da oportunidade de mostrar iniciativa ou originalidade. A especialização apontou a linha divisória entre trabalhadores e a administração.

Além da especialização, outro efeito da Revolução Industrial é o crescimento do tamanho das organizações. Do ponto de vista das relações humanas, a maior desvantagem do crescimento do tamanho é que o crescimento resultante da burocratização tende a restringir o entendimento individual, levando, finalmente, a problemas de comunicação.

Na era da administração científica, as mudanças foram minimizadas. O comportamento era geralmente regido por regras e regulamentos. A organização moderna, porém, é objeto de mudanças constantes. Como resultado, pouco pode ser considerado rotina e, conseqüentemente, é essencial um planejamento cuidadoso e uma comunicação elaborada. Também, normalmente, as pessoas resistem às mudanças; conseqüentemente, métodos apropriados são necessários para motivá-las a trabalharem juntas. Então, se o administrador de uma organização deve entender as reações de seus subordinados em relação a seus trabalhos e às mudanças que ocorrem, ele precisa entender o que desejam do trabalho. No passado, o trabalho visto desse modo não ocupou essa posição importante que ele ocupa na sociedade contemporânea. Hoje, aceitamos o trabalho como parte de uma vida normal e saudável. Todas as recompensas psicológicas, econômicas e sociais que podem ser derivadas de um emprego levam as pessoas a sentirem-se privadas se elas não tiverem uma oportunidade de trabalhar em empregos que lhes proporcionem essas recompensas.

O homem médio gasta aproximadamente um terço de suas horas diárias no emprego. Se esse emprego não é satisfatório, ele pode ficar frustrado e os resultados são dispendiosos tanto para ele mesmo como para seu empregador. Um empregado infeliz transporta sua infelicidade para sua família e para a comunidade. Um moral baixo leva à ineficiência, lentidão e descontentamento.

B. FILOSOFIA DAS RELAÇÕES HUMANAS

Um dos primeiros a reconhecer a necessidade de explicar a natureza humana ou a dinâmica de uma organização empresarial foi Elton Mayo, mais tarde conhecido como um dos fundadores da escola de relações humanas da filosofia da administração. Ele, muitas vezes, contava sua história favorita:

> "Como freqüentemente, depois que todos os especialistas em administração tinham ido ao departamento de trabalho para aumentar sua produtividade e tiveram sucesso em elevá-la somente zero ou dois por cento, ele ia e ouvia e conversava com os empregados, e a produtividade crescia em 20 a 40 por cento."

Essa experiência particular de Mayo sugere que há outros fatores relacionados ou não relacionados que contribuem para o crescimento da produtividade. Em 1924, Vernon e Wyatt empreenderam um estudo para verificar o fato de que um único fator (isto é, o conceito da administração científica de *um melhor caminho*) não é necessariamente a causa de alta ou baixa produtividade. A importante descoberta observada nesse estudo foi de que *"a fadiga não é a única interferência que diminui a produção; a monotonia é igualmente efetiva"*. Isso, em parte, leva à conclusão de que o comportamento humano é realmente mais complexo do que o assumido pelos proponentes da administração científica.

O antigo estudo, mais freqüentemente citado, para investigar o complexo da natureza humana no trabalho, *Experimento de Hawthorne* (1927 a 1932), foi elaborado na Western Electric Company. O propósito do experimento inicial era estimar o efeito da iluminação no trabalhador e em seu trabalho. Em essência, um grupo foi separado para a observação dos efeitos das diversas mudanças nas condições de trabalho. Alguns dos resultados foram:

- houve contínuo aumento no trabalho sempre que as mudanças desejadas foram efetuadas;
- em cada departamento houve uma situação humana – essas situações nunca foram idênticas – e em cada situação diferente o supervisor desempenhou papel diferente;
- finalmente, em um período posterior, algumas empregadas do grupo mencionaram preferência pela **atmosfera**, "a ausência de censura administrativa e de práticas de supervisão".

Isso mostrou que os trabalhadores poderiam agir eficientemente se lhes fosse dado certo grau de responsabilidade. Em essência, o maior impacto da experiência foi:

"Enfatizar a mudança, não para excluir o indivíduo, mas para salientar a importância dos grupos e dos métodos de entendimento do comportamento dos grupos, ou formalmente organizados e reconhecidos pela administração, ou constituídos por eles mesmos, como organizações informais."

O "estudo de Hawthorne" representou um marco na teoria do comportamento humano. Ele gerou muito interesse nos problemas humanos do trabalho. Talvez a maior contribuição do "estudo de Hawthorne" seja a ênfase na proposição de que "um problema humano para ser solucionado requer dados, informações e ferramentas humanas".

As conclusões mais importantes da experiência de Hawthorne foram:

- determinação do nível de produção por normas sociais e integração do indivíduo ao grupo;
- os indivíduos não agem isoladamente, mas seguem o grupo;
- as recompensas e sanções impostas pelo grupo determinam o comportamento do indivíduo;
- o reconhecimento da existência de grupos informais bem estruturados;
- as relações humanas constituem as interações de pessoas e grupos;
- a importância do conteúdo do cargo no moral do indivíduo.

2.7.2 Abordagem da ciência do comportamento

A ciência física vem há muito tempo estudando cientificamente várias formas de matéria e energia, e o sucesso desses estudos é atestado pelo alto grau de tecnologia de nossa era moderna.

A ciência biológica adicionada à dimensão das pesquisas científicas procura estudar os fenômenos da vida, introduzindo variáveis complexas em seu campo de estudo.

A ciência comportamental é o produto da expansão das fronteiras da ciência para incluir comportamento humano e mentalidade, processo grupal e todos os processos esquisitos e intrincados de que a mente do homem é capaz.

O domínio da ciência do comportamento é, na prática, altamente interdisciplinar. Entretanto, a área inclui campos como: Psicologia, Sociologia, Ciência Política, Economia e Relações Humanas.

Os objetivos da ciência do comportamento são dois: a pesquisa básica e a aplicação dos resultados. Seu objetivo fundamental como ciência é o da pesquisa desapaixonada do conjunto de fatores básicos do comportamento humano e o desenvolvimento e o teste das teorias de comportamento. Para uma visão imediatista, a ciência do comportamento está mais preocupada com a aplicação das teorias testadas e as soluções de problemas na área da saúde mental do indivíduo e do grupo, relacionamento empregado-empregador, treinamento e utilização de pessoal.

Embora o termo *comportamental* aplicado à administração tenha sido usado desde o princípio, popularizou-se em 1952 com a instituição da Foundation for Research on Human Behavior, em 1951. O livro que pode ser considerado um clássico na década de 30 foi *As funções do executivo*, de **Chester Barnard (1938)**, que contribuiu tanto para as questões da reestruturação, como para revisar o papel do chefe e o do subordinado iniciado por Taylor. Ele introduz conceitos de liderança, responsabilidade, poder e cooperação. Em seu livro, ele afirma: "As organizações são uns sistemas de atividades cooperativos e sua coordenação exige algo intangível e pessoal, que depende principalmente de relacionamento." Barnard foi apoiado nesse trabalho por Kurt Lewin e os dois são responsáveis pela introdução da teoria da conduta, que dentro da teoria da administração foi o marco histórico sobre todos os conceitos e idéias sobre Desenvolvimento Organizacional, no final da década de 70.

Os estudos comportamentais podem ser classificados em três níveis de análise:

1º) comportamento do indivíduo na organização concentrando-se em tópicos como: personalidade, mudança, aprendizagem, motivação, atitudes e estilos de liderança;
2º) comportamento de **grupo**. Muitos dos estudos desenvolveram-se com pequenos grupos experimentais em laboratórios. Essas pesquisas são úteis porque permitem controle cuidadoso dos fenômenos em questão, e são relevantes porque as pessoas freqüentemente operam em pequenos grupos. Os estudos de comportamento grupal têm tratado dos seguintes tópicos: normas, padrões de interação, conflitos de grupos, liderança emergente e solução de problemas;
3º) nível de complexo organizacional da instituição. Aqui, o macrocosmo de toda a organização é visto em relação a todos os outros como um sistema de classificação das organizações, ou dos efeitos do comportamento projetado para o sistema total.

Podemos considerar que esses três níveis agrupados definem o conjunto de princípios que envolvem a Teoria do Comportamento Organizacional; partindo do nível micro (indivíduo) ou do macro (organização), o objetivo é um só: estudar os fenômenos sociais por meio do *comportamento* dos indivíduos e do estudo das causas que o influenciam, ou seja, suas pesquisas buscam entender, predizer e controlar o comportamento humano na organização. Isso representa a visão comportamental da administração, porém é apenas uma parte do problema, devendo ser complementado pelos demais segmentos da teoria.

A abordagem da ciência comportamental é uma extensão da teoria de relações humanas, porém estuda um novo ângulo da administração e da organização. A abordagem comportamental sugere que as necessidades físicas e emocionais das pessoas compõem a base para a organização. Uma organização talvez surja espontaneamente da associação de pessoas que tenham as mesmas necessidades, interesses e objetivos.

Desde o *estudo de Hawthorne*, muitos estudos feitos dentro da ciência do comportamento serviram para aumentar nossos conhecimentos sobre o comportamento humano na organização. As descobertas da ciência do comportamento podem ser igualmente aplicadas a empresas, hospitais e governos. Entretanto, há necessidade de desenvolver um corpo de conhecimento para cada tipo de organização.

Com base nas conclusões de Mayo, a Psicologia Organizacional desenvolveu pesquisas, procurando analisar todas as variáveis que envolvem o homem, como ele mesmo, suas necessidades, vontades, motivações, impulsos etc. O homem em relação ao grupo, interação, coesão grupal, conflitos, lideranças e seguidores.

Grupos em relação a outros grupos, formas de pressão e de influenciar, competição grupal, cisão grupal, estrutura grupal.

Contudo, apesar de mostrar grande interesse pelo indivíduo, essa teoria tende a ser manipulativa, pois procura descobrir formas intrínsecas de obter maior produtividade ou qualquer que seja o objetivo da organização.

2.7.3 Abordagem sistêmica

A abordagem sistêmica originou-se nos principais conceitos de cibernética que envolvem em seu campo de estudos os sistemas e tem como princípio básico a ciência da comunicação e do controle. Cibernética é uma ciência relativamente nova e foi criada por Norbert Wiener.

A abordagem sistêmica é uma abordagem integrativa. Na teoria administrativa, ela tenta combinar os vários elementos da ciência comportamental, ciência administrativa e abordagem clássica de forma coesa. Uma definição completa de sistema pode ser a seguinte:

> "Um sistema é um grupo de elementos inter-relacionados e integrados de forma a obter determinado resultado."

A expressão *teoria geral de sistemas* surge com o trabalho de Ludwig von Bertalanffy, *The theory of open systems in Phisics and Biology*, 1951, o qual iniciou um movimento intelectual para uma ciência unificada. A teoria geral de sistemas procura a formulação de um esquema teórico e sistemático, que permita a descrição de todas as relações que se apresentam no mundo real. São evidentes as amplas possibilidades que oferece um esquema geral como o indicado. Pode construir modelos que tenham aplicação em muitas áreas de estudo e, como objetivo a longo prazo, poderia chegar a oferecer uma estrutura geral, um sistema dos sistemas, que vincule entre si todas as disciplinas científicas, mediante relação lógica entre todas elas. A resolução de problemas e a tomada de decisão constituem objetivos de estudo e investigação para os quais é necessário recorrer ao uso de várias disciplinas.

Muitos estudiosos procuram desenvolver modelos para a concepção de um sistema organizacional. Embora tenham sido bem-sucedidos, ainda deixam muito a desejar em termos de solidificar os conceitos sobre os quais a teoria moderna deverá mover-se.

Após pesquisa bibliográfica, fizemos um resumo dos principais modelos desenvolvidos, apresentados no Quadro 2.1.

Quadro 2.1 *Principais modelos para concepção de um modelo organizacional.*

Modelos	Fundamento Teórico
Tavistock	Desenvolveu a idéia do sistema sociotécnico e, em seguida, a do sistema aberto.
George	Desenvolveu a idéia do sistema interno (interação e sentimentos individuais) e o sistema externo (ambiente físico, tecnológico e cultural). São sistemas interdependentes.
Likert	Conceito de modelo organizacional composto de outros sistemas ou grupos e não indivíduos.
Robert Kahn	Procura diferenciar o grupo psicológico do formal que é a organização e que Likert não esclarece muito bem.

Ainda como grande contribuição de Bertalanffy surgiu o conceito de sistema aberto e sistema fechado. Segundo Bertalanffy, um organismo vivo não é mera aglomeração de elementos separados, mas um sistema definido que possui organização e integração. Um organismo é um sistema aberto que se mantém constantemente no mesmo estado, porém a matéria e a energia que o integram renovam-se constantemente.

Essa descrição de um sistema é exatamente aplicável a uma típica organização. Uma empresa é uma organização criada pelos homens que mantêm interação dinâmica com seu ambiente: clientes, competidores, organizações de trabalho, fornecedores, governo etc. Além disso, é um sistema integrado por diversas partes relacionadas entre si, que trabalham em harmonia umas com as outras, com o fim de alcançar objetivos tanto da organização como de seus integrantes.

Em toda organização, existem certos subsistemas e funções-chaves que integram o sistema informativo-decisional da mesma e que atuam em um mesmo ambiente dinâmico, sujeito a rápidas mudanças. Entre eles, podemos mencionar:

- um subsistema censor, para medir as variações internas e externas do sistema;
- um subsistema de tomada de decisões, que recebe informações e emite mensagens de planejamento;
- um subsistema de processamento de informações, que compreende os sistemas de acumulação e processamento de dados;
- um subsistema executivo, que usa informação, energia e materiais para executar as tarefas;
- um subsistema de controle, que acompanha atividades e fornece informações aos demais subsistemas.

O que expusemos é, em linhas gerais, um exemplo de aplicação do conceito de sistema à empresa.

Ao colocar-se em termos de sistema, a organização vê-se como um sistema que é composto de muitos subsistemas. Ao mesmo tempo, a organização é um subsistema de um sistema ambiental genérico. Freqüentemente, os elementos do ambiente que estão em competição com a organização são os subsistemas que se separam do subsistema ambiente. Podemos compor o sistema total como:

- sistema competitivo;
- sistema ambiental;
- sistema interno.

A. SISTEMA COMPETITIVO

Esse sistema é representado pelo complexo organizacional onde os grupos internos competem pela distribuição dos recursos escassos em um ambiente. Como não há recursos suficientes para todos, tanto interna como externamente, os grupos competem entre empresas e intergrupos pelos recursos disponíveis e buscam novos recursos substitutivos.

B. SISTEMA AMBIENTAL

O sistema ambiental de uma organização é o espaço econômico, político e social no qual a organização opera. Alguns autores consideram o sistema competitivo como parte do ambiente.

C. SISTEMA INTERNO

O sistema interno é a organização propriamente dita, e é composto por vários subsistemas: Produção, Marketing, Finanças, Recursos Humanos, Projetos etc., dependendo do grau de complexidade da organização. O subsistema administrativo pode também ser considerado como parte do sistema interno e tem como função facilitar a eficácia das operações dos subsistemas funcionais. O modelo descrito pode ser representado de forma muito simples, de acordo com a Figura 2.1.

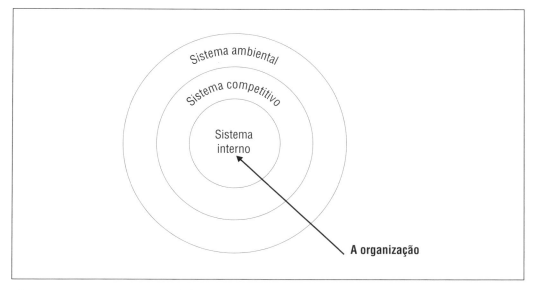

Figura 2.1   *Sistema total de sua composição.*

2.7.4 Tendência atual da abordagem sistêmica

Existem atualmente alguns autores preocupados em desenvolver a teoria de sistemas dentro de uma nova linha de pensamento, a **hierarquização de sistemas**. Não se pode dizer quem iniciou essa nova teoria. Encontramos em alguns livros menção superficial de hierarquização de sistemas. Um livro que aborda o assunto com maior detalhe é o *Theory of hierarchical, multilevel, system*, de M. D. Mesarovic, Macko e Takahara.

Mesmo a teoria desenvolvida no livro de Mesarovic é muito mais aplicável a uma ciência pura que à ciência da Administração, embora esteja voltada para modelos de decisão.

Segundo Mesarovic, os modelos para os quais está explicitamente reconhecido que o sistema consiste em uma família hierarquicamente arranjada de subsistemas (tomada de decisão) são bastante complexos.

Os autores reconhecem que existem três formas de conceituar a hierarquização de sistema: nível de abstração, nível de complexidade em tomada de decisão e nível de prioridade ou ação em um sistema de decisão de multiunidade.

Talvez o argumento mais importante para o conceito de *sistemas* para uma organização seja a empresa viver em um ambiente muito instável. A rápida expansão da tecnologia, do mercado econômico e das mudanças políticas e sociais gera constantes pressões para a organização mudar, adaptar e crescer para fazer frente aos desafios do ambiente.

Muitos estudiosos procuraram desenvolver modelos para a concepção de um sistema organizacional. Embora tenham sido muito bem-sucedidos, ainda deixam muito a desejar em termos de solidificar os conceitos sobre os quais a teoria moderna deverá mover-se.

Podemos observar que esses conceitos não são conflitantes, mas decorrentes um do outro, visto que esclarece o modelo inicial e coloca novas variáveis que contribuirão para a definição de organização em termos de modelo sistêmico. A idéia básica de que organização como sistema deve levar em consideração a interação entre as variáveis internas e as ambientais é defendida por todos os autores.

O primeiro podemos chamar de hierarquização por estrato. Esse conceito de hierarquia é apresentado com o objetivo de explicar em termos de *descrição* um sistema complexo. A descrição estratificada só é efetiva quando cada nível hierárquico, isto é, cada estrato atua independentemente dos outros estratos.

O segundo nível é a hierarquização por camadas. Essa modalidade de hierarquização é voltada para a solução de problemas complexos. Segundo o autor, o problema deve ser fracionado em problemas menores, que constituirão uma família de subproblemas de decisão, cuja solução é atingida de forma seqüencial, de tal modo que o nível mais baixo será completamente especificado e sua solução atingida. Os problemas menores, ou subsistemas de decisão, constituirão camadas que caracterizam a hierarquização.

O terceiro nível é a hierarquização por escalão. Esse tipo é voltado para a estruturação organizacional de sistemas. Para que seja possível esta hierarquização, é necessário que o sistema em estudo atenda aos seguintes requisitos:

- o sistema seja constituído de uma família de subsistemas interdependentes e que sejam passíveis de uma identificação explícita;
- alguns dos subsistemas possam ser definidos como unidades com autoridade para a tomada de decisão;
- as unidades que tomam decisões possam ser relacionadas de forma hierarquizada, isto é, de forma que algumas delas sejam influenciadas ou controladas por outras unidades tomadoras de decisão.

2.7.5 Abordagem contingencial

A abordagem sistêmica contribui para o desenvolvimento da abordagem contingencial também chamada situacional. Essa abordagem tem como princípio básico que não basta considerar as várias relações internas e externas à organização; é necessário também que a organização esteja pronta para adaptar-se às diferentes situações que esses ambientes possam apresentar.

A teoria de sistemas fornece uma visão da organização funcional, dentro de um ambiente que à primeira vista parece muito abstrato para soluções de problemas administrativos. Surge então a abordagem contingencial, que trabalha os elementos do sistema a cada evento emergente e suas inter-relações. Como a teoria de sistemas reconhece, os subsistemas que compõem uma organização são inter-relacionados, mas o que é necessário ao administrador é saber como agir no ambiente para solucionar os problemas decorrentes dele. A teoria contingencial é dinâmica e busca soluções flexibilizando as ações, dependendo do evento ocorrido, oferecendo a melhor solução. A *melhor* solução é a que é sensível às características da situação enfrentada. A Figura 2.2 ilustra o modelo administração situacional ou contingencial. Cada uma das funções é desenvolvida à luz da configuração do sistema interno e do ambiente organizacional.

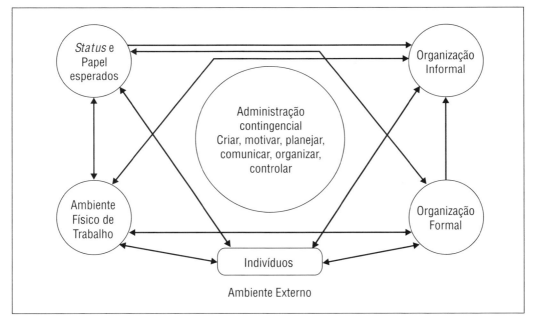

Figura 2.2   *Ilustração do modelo administrativo situacional ou contingencial.*

Uma organização dinâmica pode relacionar-se com o ambiente de duas formas:

- ajustando-se ao ambiente, ou
- mudando esse ambiente.

Toda organização deve estar atenta para os elementos do ambiente, que são muitos e que mudam com certa rapidez. Essa é a base para a visão contingencial da organização: a organização adapta e auxilia a moldar seu ambiente de forma a torná-lo viável.

Quadro 2.2 *Resumo das principais teorias de organização.*

Abordagem: Características	Clássica	Relações Humanas	Sistemas	Contingencial
Conceito de Organização	É o estudo das atividades que são empreendidas para conseguir objetivos. Identificadas as atividades, são agrupadas em funções que facilitam a especialização e a coordenação.	Do estudo da motivação do homem e seu comportamento são deduzidas normas, que ajudarão no projeto de uma organização que estimule as pessoas a cooperar na consecução dos objetivos de empreendimentos.	O estudo concentra-se nas decisões que precisam ser tomadas para alcançar os objetivos, e a organização deve ser estruturada para esse fim. Desde que as decisões exigem informações e as informações devem ser transmitidas, a abordagem baseia-se no estudo das comunicações.	Prontidão em que a organização deve estar para acompanhar a evolução de seu ambiente.
Natureza da Solução	Distribuição racional do trabalho para obtenção de: – especialização eficiente – estrutura de autoridade para manter coordenação e controle.	Cooperação. Motivação.	Minimização da carga de comunicações.	Interação empresa-ambiente.
Meios	"Princípios" tirados da experiência.	Participação dos grupos de trabalho nas decisões que os afetem.	Provisão de canais de informação e comunicação apropriados às decisões a serem tomadas.	Perfeito entrosamento entre as partes do sistema.
Fatores Estudados	Natureza do trabalho. Especialização. Carga de trabalho. Autoridade. Responsabilidade.	Desejos e necessidades individuais. Comportamento dos grupos. Comportamento do chefe. Comportamento intergrupo.	Tomada de decisão. Canais de comunicação. Necessidades de informação.	Subsistemas, interação adaptação e flexibilidade organizacional.

2.8 EVOLUÇÃO TEÓRICA

Como já dissemos na apresentação deste livro, sob todo esforço de melhorar o desenvolvimento organizacional está um conjunto de idéias, afirmações, teorias e modelos sobre como uma organização funciona e o que a faz funcionar melhor. Todo administrador tem sua própria teoria. Consultores estão sempre sendo chamados em função de suas próprias teorias. Ao fazermos uma investigação bastante exaustiva nos títulos das publicações sobre como dirigir sua empresa com sucesso, podemos observar o surgimento de novas teorias ou idéias inovadoras, como se isso pudesse ser tratado como a moda é tratada, no senso de alta costura. As idéias vêm em ondas, são testadas e vão. As tentativas de erros e acertos são as atitudes mais freqüentes para enfrentar problemas administrativos de várias ordens. Somente alguns conceitos mais sólidos ficam e, assim, as idéias voltam com o tempo, apesar de muitas vezes não terem sido bem-sucedidas. Como o fracasso talvez tenha sido uma questão de erro do momento, é preciso sempre fazer novas tentativas.

A visão tecnocrata e a humanística são as mais presentes na revisão de tudo o que foi visto até agora em termos de teoria administrativa. As idéias mais freqüentes hoje são as desenvolvidas pelos teóricos que podem ser classificados em quatro categorias:

- **teóricos racionais:** enfatizam objetivos organizacionais, papéis e tecnologia, e buscam formas de desenvolver estruturas organizacionais que melhor atendam às demandas ambientais;
- **teóricos humanísticos:** enfatizam a interdependência entre pessoas e organizações; estudam as formas de melhor atender às necessidades das pessoas, suas habilidades, valores e o relacionamento formal necessário dentro de qualquer organização;
- **teóricos políticos:** vêem o poder, o conflito e a distribuição dos recursos escassos como os problemas centrais; o argumento é de que as organizações são como florestas, onde a cooperação só é possível com a atuação dos administradores que estão preparados para tratar com poder, coalizão, negociação e conflito;
- **teóricos simbólicos:** enfocam o problema do significado. Estão mais interessados em investigar os desvios organizacionais e a limitada habilidade dos administradores de obter a coesão por meio de uma configuração racional do modelo organizacional. Do ponto de vista desses teoristas, os administradores deveriam apoiar-se em imagens, dramas, mágicas e outras idéias sobrenaturais e algumas vezes contar até com a sorte para obter algum sucesso.

A idéia de mencionar esses teóricos, que hoje estão cada vez mais presentes em nossa literatura, é a de que as buscas, apesar de se dizerem inovadoras, não se desvinculam, como em passe de mágica, do passado. Os fantasmas estão sempre presentes na criatividade dos teoristas, mesmo porque os fatos é que fazem gerar idéias e somente com o exame do que ocorre na vida real de cada organização, associado com os eventos que permeiam essa vida, é que poderemos analisar e chegar a novas idéias de como abordar o mesmo problema, caso ele se apresente um dia. Como o mesmo problema é difícil de repetir, pois a sociedade é dinâmica, os exemplos servem como base de apoio e não como garantia de sucesso. Temos que buscar nossas próprias soluções, desenvolver nossas próprias teorias. Os modelos de sucesso só poderiam ser utilizados caso a sociedade se mantivesse estática.

2.9 CONTRIBUIÇÃO DE OUTRAS DISCIPLINAS

Outra forma de olhar o campo da administração é considerar o vasto número de disciplinas que têm diretamente contribuído para o desenvolvimento da teoria e mesmo para o enriquecimento dessa ciência.

PSICOLOGIA. É a ciência que procura medir, explicar e, de alguma forma, modificar o comportamento do homem. Ela preocupa-se com o estudo e a compreensão do comportamento do indivíduo. Aqueles que têm contribuído mais para o campo da administração são os teóricos da personalidade, psicólogos orientadores e psicólogos organizacionais.

Anteriormente, eram mais preocupados com problemas de fadiga e outros fatores relativos a problemas de condições de trabalho. Hoje, a contribuição desses indivíduos está mais voltada para treinamento, supervisão, estilo de liderança, necessidades, forças motivacionais, desempenho, medidas de atitude e melhoria do comportamento dos indivíduos dentro da organização, procurando sempre facilitar comportamentos desejáveis e eficiente desempenho.

SOCIOLOGIA. Enquanto os psicólogos estudam o indivíduo, os sociólogos preocupam-se com o sistema social dentro do qual cada indivíduo desempenha seu papel, ou seja, a Sociologia estuda o homem em relação a seu semelhante. Especificamente, a Sociologia tem dado grande contribuição à administração por meio do estudo do comportamento do grupo na organização, e particularmente em organizações formais complexas. Dentro da administração, as áreas que têm recebido grandes benefícios dos sociólogos são: dinâmica de grupo, teoria da organização formal, autoridade, comunicação, poder e conflito.

PSICOLOGIA SOCIAL. Campo relativamente novo que procura estudar o comportamento interpessoal. Enquanto a Psicologia e a Sociologia procuram estudar o comportamento do indivíduo e do grupo, respectivamente, a Psicologia Social procura explicar como e por que os indivíduos se comportam de determinada maneira quando numa atividade em grupo. Uma das principais áreas de estudo da Psicologia Social é a **mudança**: como implementar e como reduzir barreiras para aceitação. Adicionalmente, encontramos psicólogos sociais que contribuem significativamente para medir atitudes no processo de solução de problemas e para explicar como a atividade em grupo pode satisfazer a necessidades individuais.

ENGENHARIA. O início do desenvolvimento da ciência administrativa, particularmente durante o começo do século, estava centralizado na eficiência e na definição de tarefas e de normas de trabalho. De forma geral, a contribuição feita nesse período era o resultado do uso de técnicas de engenharia.

A engenharia tem auxiliado significativamente no processo de integrar as condições físicas de trabalho à capacidade humana. Houve efetiva redução de fadiga e aumento da produção, por meio de análise da tarefa, fluxo de trabalho e procedimentos e seleção de localização.

ECONOMIA. Economistas têm contribuído bastante pelo trabalho de previsão e tomada de decisão. Os esforços por eles desenvolvidos para otimizar a alocação de recursos têm auxiliado os administradores no problema de adaptação às condições externas.

Conceitos tais como custos fixos e variáveis, custo de oportunidade, marginalismo, elasticidade, análise do *break even*, retorno do investimento e previsão econômica são usados por administradores.

MATEMÁTICA E ESTATÍSTICA. Essas duas disciplinas têm trabalhado paralelamente à Economia, fornecendo ferramentas para melhorar o processo de decisão. A contribuição das ciências quantitativas à teoria administrativa provém do trabalho desenvolvido para tomar decisões sob condições de risco e incerteza, avaliação de sistemas e algumas técnicas específicas de decisão, tais como programação linear, teoria das filas etc.

2.9.1 Pesquisa operacional

A Pesquisa Operacional, principalmente, é o veículo pelo qual os objetivos da administração científica são atingidos. Ela utiliza a estatística, a matemática e a lógica para estruturar e resolver um problema. Durante a Segunda Guerra, quando a pesquisa operacional foi primeiramente usada, grupos de cientistas eram capazes de gerar informações táticas por meio de cálculos matemáticos para aumentar significativamente a eficiência dos britânicos na defesa contra bombas e submarinos inimigos.

Desde a guerra, grande número de novas técnicas em pesquisa operacional tem sido desenvolvido. Ela tem crescido de forma a atingir maturidade sofisticada, e é capaz de solucionar vários problemas insolúveis anteriormente.

A pesquisa operacional é a maior contribuição das teorias matemáticas à ciência administrativa e está diretamente ligada ao processo decisório. Ela só foi possível a partir do desenvolvimento de modelos matemáticos de decisão e sua evolução deve-se ao surgimento do computador.

Os campos de aplicação da pesquisa operacional são vários, podendo ser agrupados em três:

a) **De projeção:**
- Pesquisa de Mercado
- Economia
- Mudanças Tecnológicas

b) **De controle:**
- Acidentes
- Produtividade e Eficiência
- Quantidade do Produto
- Estoque
- Absenteísmo

c) **De Decisão:**
- Organizacional
- Industrial
- Transporte
- Comunicação

BIBLIOGRAFIA BÁSICA

BAKER, Frank. *Organizational systems*: general systems approaches to complex organizations. Homewood: Irwin Séries, 1973.

BARNARD, Chester. *Funções do executivo*. Cambridge: Harvard University Press, 1938.

CHURCHMAN, E. West; ACKOFF, Russel L.; ANSOFF, Leonard. *Introduction to operational research*. New York: John Wiley, 1957.

DUBIN, Robert. *Human relation in administration*. Englewood Cliffs: Prentice Hall, 1961.

FAYOL, Henri. *Administração industrial e geral*. São Paulo: Atlas, 1967.

KOONTZ, O'DONNELL. *Administração*: um livro texto. São Paulo: McGraw-Hill do Brasil, 1974.

LAWLER, Edward E. *Motivation in organizations*. California: Books: Cole, 1973.

MARCH, James G.; SIMON, Herbert. *Organization*. New York: John Wiley, 1958.

MAYO, Elton. *The human problem and the industrial civilization*. New York: Viking, 1960.

TAYLOR, F. W. *Princípios de administração científica*. São Paulo: Atlas, 1966.

WEBER, Max. *The theory of social and economic organization*. New York: Oxford University, 1947.

WIENER, Norbert. *Cybernetics*. Harward University Press, 1948.

QUESTÕES PARA DISCUSSÃO E REVISÃO

1. Qual a relação existente entre a administração científica e a administração moderna?

2. O que o experimento de Hawthorne provou na evolução da Teoria Administrativa?

3. Existe um ponto de crítica e ruptura de idéias entre a Escola Clássica e as Escolas Modernas de Administração? Quais os principais?

4. Ao analisarmos a abordagem sistêmica, observamos que se trata de uma linha integrativa. Como se dá a integração entre a questão humana e tecnocrata dessa abordagem?

5. Qual a filosofia que envolve a teoria contingencial e sua importância para o administrador de hoje?

3

Trabalho Humano

Todo ato humano é, em geral, um trabalho. Nesse conceito muito amplo incluem-se atividades involuntárias e próprias do organismo, na área fisiológica, e também as atividades voluntárias, desde os simples gestos e movimentos até os mais elaborados processos intelectuais. No sentido econômico e social, o trabalho pode ser definido como o *emprego que faz o homem de suas forças físicas e mentais, para a produção de riquezas*.

Se quisermos definir uma linha de tempo da evolução do trabalho desde a Antigüidade até nossos dias, sem que isso signifique acompanhamento cronológico na História, poderíamos limitar-nos a um estudo das diferentes etapas por que passou o trabalho em sua evolução progressiva do nível inferior para o nível superior na escala de interesse dos estudiosos do assunto do mais imperfeito para o mais perfeito, dentro do aspecto de qualidade e do mais simples até o mais sofisticado, do ponto de vista tecnológico. As diferentes épocas por que vem passando o mundo caracterizam-se pela predominância de determinados tipos de trabalho, o escravo, o servil, o assalariado, o liberal.

O homem, no trabalho, procura manipular o meio ou é por ele manipulado nesse processo. Por meio de determinada técnica, o trabalho é a transformação da natureza pelo homem que, por sua vez, reage sobre o homem, modificando-o. Há trabalho de criação, construção, destruição de resultados subjetivos ou quantificados, atividade individual ou em grupo.

Todos esses aspectos do trabalho são motivo até o presente de estudos e pesquisas, buscando melhor entendimento de sua dinâmica, porém, do ponto de vista econômico, a tecnocracia do trabalho tomou uma dianteira, em função de sua necessidade emergencial do aumento da produtividade.

Desde a época de Taylor, até os dias de hoje, a questão do trabalho sofreu evolução considerável, graças ao desenvolvimento tecnológico e às pressões sociais, sempre em busca de humanizar o ambiente de trabalho e diminuir o esforço do homem na tarefa, substituindo-o por formas mais racionais de trabalho.

A escola humanista e sociotécnica que representa uma corrente da teoria administrativa nos anos 50 dividiu o trabalho em dois grupos de fatores, os quais influenciam na vida do trabalhador. Essa classificação permitiu ampliar as pesquisas comportamentais e melhorar o ambiente de trabalho. Os fatores que influenciam no trabalho humano são:

Fatores Técnicos	Fatores Humanos
Divisão de tarefas	Satisfação das necessidades
Identificação com a tarefa	Motivação
Significância da tarefa	Realização
Autonomia na execução	Crescimento pessoal

3.1 FATORES TÉCNICOS DO TRABALHO

3.1.1 Divisão das tarefas

Os princípios básicos a curto prazo da divisão de tarefa são: maior produtividade, melhor rendimento do pessoal envolvido e maior eficiência da Organização. A longo prazo são padronização e especialização, em função do detalhamento e simplificação das tarefas. Entendia-se que à medida que as tarefas fossem mais detalhadas, poderiam ser simplificadas eliminando tarefas desnecessárias e, assim, os resultados finais mais eficientes.

A divisão de tarefas foi enfaticamente defendida pelos proponentes da administração científica, apesar de a indústria estar utilizando e enfatizando a especialização desde o começo da Revolução Industrial. Taylor e seus colegas eram rígidos no sentido de que as vantagens da crescente especialização fossem levadas até o último componente individual; o trabalho era restringido tanto na satisfação como na profundidade e a produtividade era (teoricamente) maximizada. A divisão de tarefas é especialmente aplicada nas indústrias de produção em massa, onde a especialização era usada com intensidade. Entretanto, como vimos, estudiosos mais recentes estabeleceram que a crescente divisão de trabalho pode ter algumas disfunções importantes, porque a teoria mecanicista não enfatiza o elemento humano.

A divisão de tarefas toma força quando o princípio de especialização individual e o conseqüente aumento da produtividade despertam o interesse dos estudiosos da teoria administrativa. Adam Smith escreveu:

"A grande dádiva da divisão do trabalho é que o fracionamento de todo o trabalho em operações pequenas, simples e separadas em que cada operário pode especializar-se, possibilita que a produtividade total se multiplique geometricamente."

Considera-se que ninguém é fisicamente capaz de executar todas as operações das tarefas mais complexas, nem ninguém pode adquirir todas as qualificações necessárias para executar as várias tarefas que compõem uma operação complexa. Assim, para executar as tarefas que exigem muitos passos, é necessário dividi-las em diversas partes e entre muitas pessoas.

Tarefas simplificadas podem ser absorvidas sem muita dificuldade pelos empregados e terminadas depressa. Além disso, a disponibilidade de uma variedade de trabalhos permite que as pessoas escolham ou sejam indicadas para cargos que elas apreciem e para os quais estejam preparadas.

3.1.2 Identificação com a tarefa

Iniciada por Taylor e ampliada por Gilbreth, a Organização Racional do Trabalho foi introduzida com o objetivo de evitar movimentos inúteis e executar a tarefa de forma mais econômica do ponto de vista fisiológico, ou seja, não desgastando tanto o indivíduo. Para tanto, procurou-se desenvolver técnicas de racionalização do trabalho.

Pode-se definir racionalização do trabalho, de forma geral, como uma técnica para identificar e eliminar o uso de forma econômica de tempo, equipamento, material, espaço e recursos humanos. É a versão simplificada do estudo de tempos e movimentos. A diferença básica é que a racionalização do trabalho não envolve o estabelecimento de padrões de desempenho estabelecidos pelos estudos de tempos, nem inclui o uso de técnicas estatísticas ou matemáticas pelos engenheiros industriais.

Os princípios da teoria de racionalização do trabalho envolvem:

- o corpo humano;
- o arranjo físico do local de trabalho;
- o uso correto do instrumental.

Buscava-se com isso a perfeita identificação do homem com a máquina em um movimento harmônico, para que ao final de um dia de trabalho não apresentasse desgaste de nenhuma natureza.

Os principais objetivos da introdução das técnicas de racionalização do trabalho são:

a) aumentar a produtividade do trabalhador;

b) amenizar as mudanças, do ponto de vista do trabalhador.

Ambos os métodos encontram resistência, uma vez que requerem do trabalhador um comportamento passivo, e também porque mudanças normalmente representam uma ameaça à segurança que ele sente dentro da situação atual.

Existem várias formas de utilizar com sucesso as técnicas de racionalização para introduzir mudanças nos métodos de trabalho:

- deve-se fazer um esforço para dar ao trabalhador as razões para qualquer mudança em seu método de trabalho;
- os trabalhadores devem saber, se possível, que a mudança será favorável a eles, ou pelo menos que não serão prejudicados;
- é importante que aceitem a mudança, pois geralmente isso requer novo comportamento;
- indivíduos devem participar das mudanças em seus métodos de trabalho, quando possível, de forma a poderem ajudar no resultado.

Em outras palavras, racionalização do trabalho é baseada no conceito de relações humanas, e todo o pessoal da organização deve participar do processo de aperfeiçoar o método de trabalho, cada um dentro de sua habilidade.

Um conceito fundamental é que a simplificação do trabalho deve ser feita em um clima de trabalho em grupo. É importante que todos sejam providos de liberdade e treinamento para reconhecer oportunidades de melhoria no trabalho.

TÉCNICAS DE RACIONALIZAÇÃO DO TRABALHO. Racionalização do trabalho consiste em várias técnicas para aperfeiçoar os métodos de trabalho do supervisor e do operário. Muitas dessas técnicas são resultado de pesquisas e experiências passadas. As seguintes técnicas podem ser brevemente descritas como:

- passos para simplificação do trabalho;
- conceitos para analisar *layout* e movimento do corpo;
- técnicas para gráficos de estudos da simplificação do trabalho.

O estudo envolve, portanto, conhecimentos de anatomia e fisiologia humanas, além de conhecer aspectos de engenharia, para poder desenvolver um conjunto de estudos sem alterar o processo produtivo de forma drástica.

Passos para simplificação do trabalho. A simplificação do trabalho pode ser descrita segundo uma seqüência de passos:

- **selecionar a tarefa a ser melhorada:** o que necessita ser melhorado nem sempre é aparente. Essa fase envolve o desenvolvimento do pensamento criativo do supervisor e do subordinado. Basicamente, do ponto de vista da simplificação do trabalho, a tarefa simples, em que é gasto muito tempo para executá-la, e tarefas que envolvem muitos empregados para executá-las também oferecem possibilidades de racionalização;

- **registrar os detalhes do trabalho:** o próximo passo é determinar e registrar cada detalhe da operação, processo ou tarefa, na seqüência em que isso apareça;
- **análise dos detalhes:** na análise dos detalhes, deve-se ter o cuidado de concentrar-se nos aspectos importantes da tarefa e objetivar sempre a utilidade da tarefa que está sendo analisada;
- **desenvolver uma melhor forma:** na fase de desenvolver uma melhor forma de executar a tarefa, deve-se procurar eliminar tarefas desnecessárias, combinar alguns passos ou, ainda, reorganizar a seqüência da operação.

Conceito de análise de *layout*. Uma área que tem contribuído muito para a eliminação de movimentos não produtivos de uma tarefa é a do *layout* do lugar de trabalho do indivíduo, e a área que envolve esse lugar. Sabemos que o arranjo físico de uma fábrica depende de uma série de fatores. Usualmente, há limitação em espaço e equipamento que impede um *layout* ideal, porém quase todos podem ser melhorados de uma forma ou de outra. Abordaremos com maiores detalhes a área de produção.

Gráficos de simplificação de trabalho. Um grande número de gráficos está disponível para auxiliar o supervisor a atingir seus objetivos, no processo de simplificação do trabalho. Seu uso auxilia a identificar e avaliar as condições e métodos atuais de trabalho. Quatro tipos de gráficos são mais usados: o de fluxo de processo, o diagrama de fluxo, um gráfico de atividade e um gráfico de análise da operação (muitas vezes, chamado de gráfico da mão direita e mão esquerda).

Esses tipos de gráficos são designados para auxiliar a identificação e eliminação de passos desnecessários na execução da tarefa.

3.1.3 Significância da tarefa

Para que uma tarefa fosse definida como tal, ela deveria ter um peso bastante significativo no processo produtivo; caso contrário, era incorporada em outra tarefa. A própria amostragem da tarefa permite-nos avaliar sua significância, e podemos simplificar o processo produtivo refletindo sobre os custos de produção.

3.1.4 Autonomia

Significa o grau de liberdade de que o trabalhador dispõe para executar sua tarefa, adaptando-a a sua capacidade, a sua competência e a seu ritmo de trabalho, sem, contudo, produzir pontos de congestionamento nos processos produtivos, os chamados gargalos. Nesse contexto, considera-se de grande importância a capacidade de tomada de decisão em diferentes níveis de complexidade, dependendo da dinâmica de trabalho de cada indivíduo.

3.2 ASPECTO HUMANO DO TRABALHO

Para ganhar a contribuição total e efetiva de seus membros, a organização necessita ter um entendimento do comportamento humano. Tanto a organização como o indivíduo beneficiam-se desse conhecimento.

As organizações têm crescido de maneira muito complexa no último século. E o conhecimento dos indivíduos tem-se mostrado também complexo. As ciências do comportamento, principalmente Psicologia, Sociologia e Antropologia, têm-se dedicado a gerar novos conhecimentos sobre o ser humano. O crescimento de uma sociedade industrializada e sofisticada contribui para uma modificação do comportamento do homem, e gera novas necessidades que devem ser estudadas.

3.2.1 Personalidade e satisfação das necessidades

A Psicologia e a Psiquiatria são ciências que muito têm contribuído para o campo da administração, uma vez que buscam o conhecimento do comportamento humano. Anteriormente, a preocupação era com problemas de fadiga e outros fatores ligados aos problemas de condições de trabalho. Atualmente, a contribuição dessas disciplinas está mais voltada para o treinamento, supervisão, estilo de liderança, personalidade, necessidade, forças motivacionais, desempenho, medidas de atitude e melhorias do comportamento do indivíduo dentro da organização, procurando sempre facilitar comportamentos desejáveis e desempenhos eficientes.

Isso só vem reforçar a importância do administrador de empresas em conhecer aspectos não só do estudo da percepção da pessoa, como também da personalidade do indivíduo para poder enfrentar, na vida prática, os problemas, minimizando os erros de decisão. O conhecimento que o administrador tem sobre os aspectos que envolvem o processo de percepção da pessoa pode ser classificado em dois grandes grupos: o julgamento de pessoas que não conhecemos e o julgamento de pessoas que conhecemos. O administrador, em seu dia-a-dia, está a cada minuto envolvendo-se com pessoas de forma direta ou indireta, pessoas com as quais interage intensivamente, nunca interagiu ou interage esporadicamente. Cada vez que há uma interação, forma-se um julgamento do comportamento da pessoa. Alguns desses julgamentos não passam de comentários inofensivos que não afetam as pessoas atingidas, outros são de grande importância para a pessoa que está sendo julgada. Por exemplo, as pessoas que ocupam altos cargos têm que decidir com certa freqüência quem escolher entre muitos candidatos, para um emprego, ou quem promover, ou demitir. Parece, portanto, importante conhecer o processo de percepção da pessoa para podermos minimizar erros de julgamento interpessoal na área de Administração de Recursos Humanos.

O JULGAMENTO DE PESSOAS QUE NÃO CONHECEMOS. O Administrador de Recursos Humanos está constantemente julgando pessoas que não conhece no momento em que participa de um processo de seleção de pessoal para um cargo para o qual os candidatos estão sendo buscados no mercado de trabalho e não dentro da própria organização, ou seja, seleção de candidatos provenientes de um recrutamento externo.

Existem muitos tipos de pessoas e não podemos falar sobre coisas variadas e complexas, sem que as classifiquemos de acordo com critérios lógicos. Dessa forma devemos classificar grande número de possíveis traços de acordo com os quais os seres humanos podem variar. Para o processo de seleção, os traços mais importantes a serem considerados no indivíduo são: traços físicos, aptidões mentais, interesses, personalidade e antecedentes. Para outros objetivos, outros traços poderão ser interessantes. Daí podemos inferir que é impossível definir toda a gama de traços possíveis de ser analisados em um indivíduo, pois isso dependerá dos objetivos definidos para o julgamento.

Mesmo quando se fala em seleção de pessoal, nem sempre todos os traços já definidos podem ter significância. Por exemplo, para alguns cargos os traços físicos serão mais importantes que as aptidões mentais. Disso podemos concluir que, após definir os traços que devem ser considerados na análise, devemos definir os pesos que daremos a cada traço.

O JULGAMENTO DE PESSOAS QUE CONHECEMOS. No ambiente organizacional, esse problema surgiu quando apareceu a necessidade de avaliar o indivíduo. A avaliação de pessoal em uma organização é feita com vários objetivos; entre eles estão o de promoção e, muitas vezes, o de demissão. Se errarmos nesse julgamento estaremos criando sérios problemas organizacionais, pois poderemos estar causando um trauma nas pessoas que primeiro elogiamos e depois rejeitamos violentamente, ou o processo inverso de estarmos rejeitando pessoas excelentes.

Existem vários sistemas definidos para avaliação de pessoal, porém, até agora, não me pareceu haver pelo menos um que não seja criticado e apresente vícios e tendências com o passar do tempo. Talvez isso seja um desafio para nós. Talvez estejamos julgando a pessoa como desejamos que ela seja e não como ela realmente é, funcionando aí os estereótipos.

Os aspectos considerados anteriormente são alguns dos mais importantes dos quais um Administrador deve ter consciência ao exercer sua função. Outros problemas organizacionais, tais como resolução de conflito, promoção de soluções criativas de problemas, interação grupal, que são, de maneira geral, preocupações de todos os administradores, não só o de Recursos Humanos, necessitam dos conhecimentos do processo de percepção de pessoa.

O que impulsiona muito o comportamento humano é a satisfação de nossas necessidades. Predominantemente, entre elas estão as **necessidades primárias**. Agimos primeiramente para sobreviver – comer, respirar, satisfazer a nossa sede e reproduzir a espécie. Muitas pessoas satisfazem a essas necessidades rapidamente, porém o mundo está cheio de pessoas que ainda não estão nesse estágio de satisfação.

Quando as necessidades primárias estão satisfeitas surgem as **secundárias**. Essas são as necessidades sociais e podem ser divididas em duas categorias:

- **afiliativa:** referente a ser aceito no meio, ter afiliação e amor;
- **egoística:** refere-se à necessidade de ter uma posição com relação às pessoas e não convívio com elas. Exemplo: poder, *status*, prestígio ou estima.

O comportamento humano é motivado em torno de um objetivo determinado pelas necessidades não satisfeitas. A maneira como as pessoas comportam-se ao procurar satisfazer a essas necessidades é determinada, em grande parte, pela personalidade.

As diferenças de personalidade entre indivíduos são bastante grandes. Uma pessoa relativamente agressiva procura a amizade de outras, enquanto outros dependem de acontecimentos para poder relacionar-se com alguém.

Seria conveniente se pudéssemos satisfazer a nossas necessidades uma de cada vez. Isso, porém, é difícil. Duas ou mais necessidades freqüentemente ocorrem ao mesmo tempo. Sem um sistema para estabelecer prioridades, não teríamos condições de satisfazer a nenhuma das necessidades.

Um processo de controle faz parte do sistema motivacional, e indica um comportamento muito mais amadurecido do que aquele baseado apenas em impulsos. Uma pessoa altamente motivada pode, ao mesmo tempo, ser uma pessoa muito emocional, e uma pessoa frustrada no processo de satisfação das necessidades talvez reaja emocionalmente.

3.2.2 Motivação

Como conseguiremos que os funcionários façam o que esperamos deles? Esse é o desafio da motivação: assim como o moral, ela abrange muitas formas complexas de comportamento humano. As pessoas dedicam grande parte de suas vidas às empresas onde trabalham.

Constroem estilo de vida, seu sistema de valores e seu interesse central de vida em torno de seu trabalho. Isso é suficiente para que a preocupação não seja só com o dinheiro. Motivação refere-se a desejos, aspirações e necessidades que influenciam a escolha de alternativas, determinando o comportamento do indivíduo. Os motivos são as formas de tensão que ocorrem nos indivíduos. Motivação é o processo de mobilização de energia. Isto ocorre com cada indivíduo. É alguma coisa interna ao indivíduo. A Administração deve procurar o que motiva o indivíduo e criar um ambiente ou clima que possibilitem a satisfação individual de necessidades e objetivos organizacionais, por extensão. O simples tratamento premiação/punição não se aplica a esses casos; muitas vezes, o que pensamos ser uma premiação tende a ter um resultado negativo, ou seja, desmotivação.

A. NATUREZA DA MOTIVAÇÃO

Com base no que foi exposto anteriormente, podemos estabelecer, por hipótese, que a motivação consiste nos seguintes elementos:

- cada indivíduo tem necessidades, as quais variam em intensidade e persistência;
- a satisfação dessas necessidades é o objetivo ou fim em torno do qual a motivação é dirigida;
- quando definimos o objetivo, isso é traduzido em desejo;
- a atividade proposta resulta da aplicação de um incentivo ou estímulo para atingir o objetivo.

Esquematicamente, temos:

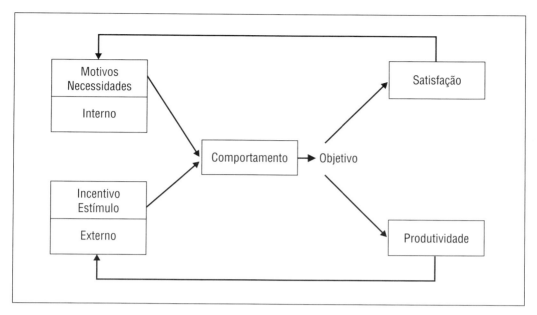

Figura 3.1   *Funcionamento do processo motivacional.*

Exemplo:

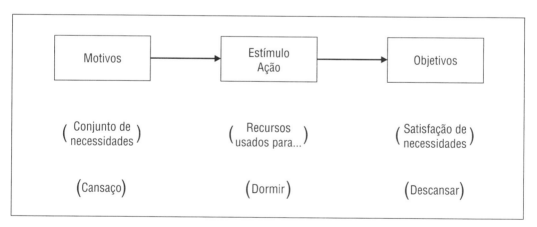

Figura 3.2   *Exemplo de como funciona o processo motivacional.*

Nosso interesse principal, naturalmente, é estudar o indivíduo em relação à organização e seu trabalho. Após um pequeno conhecimento sobre comportamento e necessidades humanas, poderíamos imaginar que a motivação relacionada ao contexto organizacional é bastante simples. Poderíamos raciocinar da seguinte forma: "Se o indivíduo percebesse que, após atingir os objetivos organizacionais, os objetivos individuais estariam também satisfeitos, os problemas estariam resolvidos."

B. TEORIAS SOBRE MOTIVAÇÃO

As teorias sobre motivação são importantes porque elas são o resultado de pesquisas intensivas em organização, para descobrir a melhor forma de motivar pessoas. Elas são também amplamente traduzidas em programas de ação para auxiliar a empresa em sua eficácia organizacional. Nosso interesse aqui não é analisar teorias motivacionais do ponto de vista puramente psicológico, mas as com abordagem organizacional, que incluem:

- teoria de hierarquia das necessidades;
- teoria de higiene;
- teoria de participação;
- teoria da interação;
- teoria das restrições motivacionais.

3.2.3 Maslow: teoria de hierarquia das necessidades

Maslow propôs que a teoria motivacional perfeita deverá presumir que as pessoas estão em um estado motivacional permanente, mas a natureza da motivação pode ser diferente de grupo para grupo ou de pessoa para pessoa, em determinadas situações.

Ainda mais, as pessoas dificilmente atingem o estado de total satisfação, a não ser por certo período de tempo.

Quando um desejo é satisfeito, outro surge em seu lugar, e se este é atendido, outro o substitui.

Essa seqüência sem fim originou a teoria motivacional de Maslow, que defende uma hierarquia de necessidades.

Considera, outrossim, as necessidades ordenadas, segundo sua força relativa, como motivadores humanos.

Sua classificação inicia-se com necessidades fisiológicas (básicas), seguindo-se as necessidades de segurança, de associação (sociais), de satisfação do *ego-status* e de auto-realização.

De acordo com a teoria motivacional, a hierarquia acima apresenta a ordem geral das várias necessidades.

Maslow afirma que a hierarquia é caracterizada por certos pontos básicos:

- as necessidades superiores têm desenvolvimento gradativo posterior;
- quanto mais elevada for a necessidade, menor a influência ou pressão na sobrevivência do indivíduo;
- a vida, em termos das necessidades superiores, significa maior rendimento biológico, menos doença, melhor sono etc.;
- as necessidades superiores, subjetivamente consideradas, são menos urgentes;
- a busca e a satisfação de necessidades superiores representam uma tendência altamente positiva;
- as necessidades superiores exigem melhores condições externas (econômicas, educativas etc.), para torná-las possíveis.

Maslow indica, ainda, que os vários níveis são interdependentes e justapostos. A necessidade colocada em nível mais alto pode surgir antes que a inferior esteja completamente satisfeita. E os indivíduos podem modificar, por vezes, a ordem e a importância de suas necessidades.

3.2.4 Herzberg: teoria de higiene

Herzberg realizou um estudo sobre motivação que vem, de certa forma, complementar o estudo de Maslow.

Ele afirma que, apesar de a motivação humana ser caracterizada por necessidades básicas, ela é orientada diretamente para a realização de determinados objetivos ou incentivos desejáveis, positivos, ou, para evitar conseqüências indesejáveis, negativas.

Enquanto Maslow se preocupou com as fontes de motivação de forma geral, Herzberg dirigiu sua atenção apenas às que se relacionam com a realização do trabalho. A Figura 3.3 ilustra as diferenças entre Maslow e Herzberg.

Somente os níveis mais elevados da hierarquia considerada por Maslow são tidos como realmente motivadores por Herzberg. Os sistemas de necessidades arroladas em níveis inferiores, como as de segurança e básicas, e parte das de associação foram classificados como sistemas de **insatisfação potencial**, e não como fontes de motivação para o trabalho. A satisfação das necessidades básicas, segundo ele, não motiva, mas sua ausência implica fontes de insatisfação.

Figura 3.3   *Teoria dos dois fatores de Herzberg.*

Complementa, ainda, que as necessidades básicas, ao contrário das de nível superior, são cíclicas, isto é, voltam sempre a um ponto zero.

As outras criam um estímulo interior de natureza permanente.

	Fatores Básicos	Motivadores
Ausentes	Insatisfação	Ausência de satisfação
Presentes	Ausência de insatisfação	Satisfação

A potencialidade de qualquer dos fatores apontados por Herzberg é também influenciada pelas características de personalidade do indivíduo.

Com relação a esse ponto, ele refere-se a duas categorias de pessoas: os *desejosos de motivação* e os *desejosos de apoio*.

Os **desejosos de motivação**, são, em geral, os que são motivados pelos fatores mais elevados, como realização, promoção e outros fatores relacionados ao trabalho em si.

Por outro lado, os **desejosos de apoio** tendem a estar mais interessados nos fatores subjacentes ao trabalho, como condições de trabalho, supervisão, remuneração etc., e menos interessados no tipo e qualidade de seu trabalho.

O levantamento da tendência motivacional da empresa é outro ponto importante de análise, pois a organização empresarial pode ser um dos fatores que levam a uma das situações descritas.

O fato é que as pessoas podem estar firmemente preocupadas com as necessidades de alto nível. Por outro lado, podem voltar às preocupações de nível menor, quando as necessidades mais altas são constantemente frustradas.

3.2.5 McGregor: teoria da participação

McGregor enfatiza que, em geral, as tentativas para influir no comportamento de indivíduos estão baseadas em suposições, generalizações e hipóteses relativas à natureza humana. Isto é, a maioria das pessoas age como se suas crenças sobre o comportamento fossem corretas e não requeressem exame ou verificação.

Quando um subordinado comete um erro e o superior explica-lhe pacientemente, mais uma vez, o procedimento correto que deve ser seguido, estará atuando baseado na hipótese de que a informação adicional dada ao subordinado será de maior eficácia para evitar o mesmo erro no futuro que os efeitos de uma admoestação.

As hipóteses básicas que diferentes pessoas têm do comportamento humano na empresa variam de maneira considerável, mas existem dois pontos de vista, ou concepções, que possuem características próprias. McGregor denomina esses dois pontos de vista de **Teoria X** e **Teoria Y**.

3.2.6 Teoria X: a concepção tradicional

McGregor enfoca a teoria tradicional do comportamento humano, adotada por certas empresas, como sendo caracterizada por determinadas hipóteses, entre as quais estão:

- o ser humano médio ou padrão tem aversão pelo trabalho e o evitaria, se pudesse;
- por isso, a maioria das pessoas deve ser obrigada, controlada, dirigida e intimidada com punição para ser levada a empregar esforço adequado na realização dos objetivos organizacionais;
- o ser humano médio prefere ser dirigido, evita responsabilidade, tem relativamente pouca ambição e deseja segurança acima de tudo.

Como podemos observar, a Teoria X julga as capacidades humanas como se fossem potencialmente estáticas. Infere-se daí que, se o objetivo é obter trabalho produtivo, algum fator deve ser introduzido para justificar as deficiências humanas, tais como deficiências intelectuais, passividade e irresponsabilidade.

Duas estratégias surgem da Teoria X:

- compensar as deficiências humanas, compelindo o indivíduo a atuar da maneira devida, por meio de regulamentos, disciplina e controles;
- obter os efeitos, por meio de promessas de recompensa, elogios, permissividade.

Muito embora as duas formas sejam diferentes, elas se alicerçam no mesmo pressuposto de que o trabalho produtivo é uma forma artificial de comportamento para a maioria dos indivíduos e de que alguma pressão deve ser estabelecida com a finalidade de extrair-se um trabalho produtivo.

A crítica a ambas as variações da Teoria X é que elas não reconhecem, e portanto, não estimulam a tendência humana natural de desenvolver o talento e a responsabilidade para níveis progressivamente mais altos, como vimos em Maslow e Herzberg.

3.2.7 Teoria Y: a integração dos objetivos

A outra teoria de McGregor baseia-se nas seguintes hipóteses:

- o esforço físico e mental despendido no trabalho é tão natural como o despendido em recreação ou repouso;
- o controle externo ou os regulamentos não são os únicos meios para dirigir os esforços, tendo em vista o alcance dos objetivos organizacionais. O homem exercerá autocontrole e autodireção para alcançá-los;
- o homem aprende, em condições apropriadas, a não só aceitar, mas também procurar responsabilidades. O empenho em alcançar os objetivos é função das recompensas associadas a sua realização;
- é característica das pessoas a capacidade de exercer imaginação, talento, espírito criador, na solução de problemas organizacionais. Essa característica é, apenas, parcialmente explorada.

McGregor, nessas assertivas, afirma que, se o trabalho fosse estruturado de maneira a propiciar oportunidades para estimular a consciência da realização do desenvolvimento pessoal, essas atribuições produziriam motivação mais poderosa para criar um esforço continuado do que qualquer estímulo externo. Isto vem ao encontro da teoria de Herzberg, quando este afirma que a motivação vem de dentro do indivíduo e, quando externa, provoca, na maioria das vezes, somente movimento.

Essas duas teorias, X e Y, baseadas em pontos de vista diferentes, elaborados por McGregor, têm sido objeto de discussão e pesquisa.

Provavelmente, em certos pontos, elas se autoconfirmam.

Se a empresa espera que as pessoas atuem em conformidade com a Teoria X e trata seus funcionários adequadamente, eles podem pautar seu comportamento nos moldes desejados.

O mesmo pode acontecer com a Teoria Y.

O sistema de organização do trabalho e o de motivação cooperante estão bastante relacionados a essas teorias.

Enquanto no primeiro sistema dá-se ênfase maior à "aquisição" do tempo de um homem e de lhe dizer precisamente o que fazer e como fazer, o sistema de motivação cooperante, correspondente à Teoria Y, coloca maior ênfase nos motivos do ego. Há maior oportunidade para o desenvolvimento do entusiasmo em relação ao próprio trabalho e a suas realizações. Podemos observar no Quadro 3.1 as diferenças entre elas.

Quadro 3.1   *Teorias X e Y.*

Teoria X	Teoria Y
1. As pessoas são preguiçosas e indolentes.	1. As pessoas são esforçadas e gostam de ter o que fazer.
2. As pessoas evitam o trabalho.	2. O trabalho é uma atividade tão natural como brincar ou descansar.
3. As pessoas evitam a responsabilidade, a fim de se sentirem mais seguras.	3. As pessoas procuram e aceitam responsabilidades e desafios.
4. As pessoas precisam ser controladas e dirigidas.	4. As pessoas podem ser automotivadas e autodirigidas.
5. As pessoas são ingênuas e sem iniciativa.	5. As pessoas são criativas e competentes.

Esses conceitos resultam, caracteristicamente, no planejamento do programa de objetivos por meio do acordo superior subordinado e do julgamento das responsabilidades pelos resultados obtidos, ou seja, tomada de providências para favorecerem maiores contribuições dos indivíduos aos processos organizacionais de estabelecimento de objetivos, organização, direção e controle.

Os interacionalistas consideram uma organização como um sistema social existindo em um estado de estabilidade relativa no ambiente. Dentro desse sistema existem três classes de variáveis – atividades, interação (contatos ou comunicação entre indivíduos) e sentimentos. Essas atividades podem ser observadas, descritas e medidas; porém, sentimentos, atitudes, normas e valores dos indivíduos são difíceis de descrever e especificar; são parte da realidade do sistema social. Podemos, então, considerar que o sistema consiste em atividades, interação e sentimentos e seu inter-relacionamento mútuo. O conceito de sentimentos inclui a motivação. George C. Homans[1] define que sentimentos são "parte do que é chamado interesse do indivíduo sobre ele mesmo" e, se examinarmos esses motivos, podemos descobrir, na maioria deles, que não são nem individualistas nem egoístas, mas produto da vida grupal e servem para os objetivos do grupo em sua totalidade. A interação, atividades e sentimentos estão relacionados à motivação de indivíduos e grupos quando e se a participação e a cooperação de empregados são desejadas.

Em desafio à teoria clássica de administração, March e Simon[2] elaboraram a teoria de limitações motivacionais que afetam:

- decisões organizacionais;
- motivação de um indivíduo em manter-se na organização.

De acordo com March e Simon, o equilíbrio reflete o sucesso organizacional em obter para seus membros pagamentos adequados à motivação de continuar pertencendo a ela. As decisões dos empregados em permanecer na organização diferem de suas decisões de produzir. A teoria de motivação em permanecer no grupo reforça a importância de obter um mínimo de satisfação no trabalho, e isso leva-nos a considerar suas atitudes em torno da organização, seu trabalho e seus colegas. Não é fácil obter um equilíbrio no modelo, porém a organização poderá usar a estrutura de cargos, planos salariais e avaliação formal para obter resultados desejados ou pelo menos aproximar-se de resultados desejados.

Essas teorias têm todas um objetivo em comum, ou seja, definir as condições que podem inibir ou facilitar a produtividade ou eficácia humana. Resumindo, todas podem ser colocadas em uma escala linear, tal como no Quadro 3.2.

---

1 HOMANS, George C. *The human group.* New York: Harcourt, 1950. p. 95.
2 MARCH, James G.; SIMON, Herbert. *Organization.* New York: John Wiley, 1958. p. 33-34 e 82-83.

Quadro 3.2 *Escala linear das teorias.*

	Ineficácia	Eficácia	Teoria
Maslow	Fixação em baixa necessidade	Auto-atualização	Hierarquia das necessidades
Herzberg	Higiene	Motivar significa trabalhar	Higiene
McGregor	Prática administrativa desmotiva X	Convite à inovação Y	Participação
Homans	Individualismo	Interação, participação e cooperação	Interação
March Simon	Não-identificação com a empresa	Identificação com a empresa	Limitação motivacional

Enquanto Maslow interessava-se por desenvolver um esquema para explicar a intensidade de certas necessidades, Herzberg considerava que os resultados do estudo sobre o comportamento dos indivíduos no trabalho poderia aumentar a produtividade, diminuir o absenteísmo e melhorar as relações de trabalho. Apesar de termos identificado outros pesquisadores da motivação humana no trabalho, esses dois autores foram os que mais influenciaram a teoria administrativa. Como decorrência do estudo de Herzberg, as dimensões de realização profissional e crescimento do indivíduo no trabalho puderam ser incentivadas com resultados favoráveis.

Trabalhos desafiantes, de maior responsabilidade, levam os indivíduos a motivação maior, ao crescimento e desenvolvimento profissional. Esses estudos foram de extrema importância no campo de formação de executivos.

Dentro desse contexto, muito se tem falado sobre a prática do enriquecimento do cargo como forma de permitir atender às necessidades de auto-realização, definida por Maslow e defendida por Herzberg.

As técnicas utilizadas no passado, como expansão do cargo, rotação de tarefas, já não são satisfatórias para motivar o empregado.

Uma nova proposta surge a cada ano que passa e modifica a situação de como o trabalho individual é olhado pelo mercado de trabalho, pelas empresas e pelo próprio empregado. No Quadro 3.3, podemos constatar os movimentos para cima e para baixo de como o potencial humano é tratado.

Quadro 3.3   *Potencial humano: movimentos de altos e baixos a partir de 1971.*

Movimentos para cima	Movimentos para baixo
1974 Qualidade de vida do trabalhador 1975 Garantia de pensão 1976 Crescimento de pessoas com MBA 1978 Círculos de Qualidade 1979 Treinamentos em todos os níveis 1981 1982 1984 Trabalho em grupos 1984 Escritórios coletivos 1985 Busca de comprometimento do empregador 1986 1988 Mudanças administrativas 1990 Diversificação 1991 1991 Delegação (dar poder) 1993 1998 Escritório virtual	 Demissões em massa Concessões negociadas Contratos de trabalho temporários Aumento das diferenças salariais Enfraquecimento dos líderes Enxugamento (*downsizing*)

3.3 LINGUAGEM ATUAL

Como o sistema de gestão baseado no cargo está ultrapassado nos dias de hoje, uma vez que foi baseado em tecnologia de baixa e média complexidade e com mão-de-obra com exigência de qualificação baixa, foi necessário desenvolver uma nova linguagem para tratar a questão do trabalho individual, ou seja:

- **multifuncionalidade:** conceito de variedade na tarefa é ampliado para o conceito de multifuncionalidade; o mercado de trabalho moderno está exigindo profissionais com várias habilidades; eles são chamados também de multiespecialistas, profissionais que possuem uma ou mais formações específicas, e apresentam também noções genéricas sobre outros assuntos;
- **visibilidade no mercado:** hoje, não basta ser competente, é preciso parecer competente; as atitudes tomadas, ao longo da carreira, ficam gravadas, de forma positiva ou não, na mente das pessoas; o conceito de identidade da tarefa e sua relação com o reconhecimento tornam-se ultrapassados quando se exige preocupação maior com o relacionamento e com a expansão das atividades empresariais do que propriamente com o resultado final;
- **visão estratégica:** a visão estratégica motiva o profissional a prever, de forma rápida, para onde o mercado caminha e que mudanças de-

verão ocorrer em sua carreira; possuir visão estratégica é uma condição indispensável para que o profissional tenha alto nível de adaptação;
- **capacidade de inovação:** mais do que responsabilidade e proatividade, exige-se hoje que o profissional seja inovador, que faça parte da solução e não do problema, a liberdade para criar é um fator motivacional moderno, as pessoas quando pertencentes a ambientes rotineiros e metódicos tendem a tornar-se desmotivadas ou acomodadas, resultando em baixa produtividade e alta rotatividade.

Essas são algumas das questões que fazem a motivação para o trabalho aumentar, e as empresas devem estar atentas para elas e abrir espaço dentro da estrutura para que isso seja uma realidade.

3.3.1 Motivação: teoria e prática

Teorias bem desenvolvidas são a base para sua aplicação. Todas as teorias sobre motivação aqui brevemente discutidas deveriam ser base para uma aplicação efetiva. Todas essas teorias falam muito sobre o comportamento humano e os motivos para esse comportamento, porém, o fazem de forma bastante genérica, dificultando a aplicação para os casos particulares. Há considerável evidência que suporta cada uma das teorias, porém há algumas exceções.

Necessitamos de maiores informações e conhecimentos sobre incentivos financeiros, aplicação da teoria das necessidades, determinação dos objetivos que os indivíduos realmente procuram, pessoas em níveis diferentes na organização, diferentes trabalhos e diferentes estágios da carreira, para desenharmos um modelo adequado de administrar pessoas.

Alguns cientistas comportamentais têm pensado na reestruturação do trabalho como solução para torná-lo mais motivador. Para lutar contra os burocratas, que dão uma abordagem mais mecânica ao trabalho, esses cientistas têm sugerido técnicas tais como: expansão dos cargos e responsabilidades, iniciando programa de transferência e promoção planejada e criar horas flexíveis de trabalho. Ainda que algumas dessas técnicas sejam desenvolvidas para o setor industrial como uma reação contra a monotonia de uma linha de montagem, elas podem ser aplicadas para qualquer empregado burocrático.

EXPANSÃO DO CARGO. É a técnica que tem recebido a maior atenção da ciência do comportamento. A tarefa pode ser expandida tanto horizontal como verticalmente.

Um programa bem-sucedido de expansão da tarefa deverá idealmente aumentar a satisfação do empregado. Porém, como uma organização não existe senão para criar satisfação ao empregado como um fim, deverá também haver benefícios diretos à organização. Há evidências de que a expansão das tarefas produz baixa rotatividade e reduz a ausência no trabalho.

A expansão vertical do cargo corresponde a adicionar tarefas do nível superior dentro da escala hierárquica, ou seja, permitir que o empregado execute algumas tarefas de seu supervisor também chamadas **enriquecimento do cargo**. A expansão horizontal do cargo significa adicionar a ele tarefas que são executadas dentro do mesmo nível hierárquico. Obviamente, o uso dessa técnica deve ser balanceado. Uma grande diversidade de tarefas requer grandes habilidades.

ROTAÇÃO DE CARGOS. Essa técnica é adequada para o problema de insatisfação do trabalhador cansado por excesso de estrutura do trabalho. A rotação de tarefa pode ser usada de forma planejada como um programa de treinamento. O empregado gasta alguns meses em uma atividade e depois é transferido. Grandes organizações, em seus programas de desenvolvimento de gerentes, utilizam a técnica de rotação de cargos, mudando os indivíduos entre posições de linha e *staff*. A vantagem da rotação de cargo está clara. Amplia a mente dos empregados e dá-lhes uma grande experiência, permitindo grande entendimento de outras atividades dentro da organização, principalmente quando ocupam altos escalões.

HORÁRIO FLEXÍVEL. É um sistema em que o empregado é contratado para trabalhar certo número de horas, porém é livre para definir em que hora irá trabalhar, dentro de um limite. O empregado é obrigado a trabalhar dentro de um tempo fixo e tem livre escolha do período para variar conforme seja de sua conveniência. O período variável pode permitir horas extras a serem acumuladas e o empregado pode obter um dia livre ao fim do mês. O principal é que a tarefa seja executada no tempo requerido.

Sob o regime de horário flexível, o empregado assume a responsabilidade de completar a tarefa e aumenta o sentimento pessoal de alto valor. Esse sistema é condizente com o ponto de vista de que o indivíduo é pago para produzir, e não para estar em seu posto de trabalho por um período de tempo.

O conceito parece contribuir para a redução de ausência ao trabalho, para reduzir fadiga e para aumentar a lealdade organizacional.

O que podemos concluir é que há muito mais a ser motivado do que a aplicação de técnicas mencionadas, ou outras tais como: telefone privado, espaço no estacionamento, plano de benefício bastante rico, caixas de sugestões, carro privado etc. Motivação é uma filosofia que deve ser emanada de cima e espalhada para toda a organização. Essa filosofia parte do princípio de que o indivíduo responsável tem mais criatividade sem sofrer pressão e administra bem seu tempo.

O fato é que as organizações e as pessoas dependem umas das outras. As pessoas olham para as organizações como uma forma de satisfazer a suas necessidades econômicas, sociais e pessoais; em retorno, uma organização não pode sobreviver sem o talento e a energia de seus empregados. Os teóricos humanísticos, como já foi mencionado, argumentam que a principal tarefa dos administradores é construir um sistema organizacional que consiga produzir harmonia entre as necessidades do indivíduo e as da organização. Quando conseguem, os dois lados são beneficiados; quando falham, os dois sofrem. O indivíduo se sentirá alienado, apático e explorado. A organização, talvez, considere que seus empregados chegam tarde e saem cedo, quando se dão ao trabalho de comparecer, e empenham-se muito pouco quando estão presentes.

Os teóricos humanísticos ainda insistem no fato de que os administradores devem entender e responder às necessidades intrínsecas ao ser humano no trabalho. A hierarquia de motivação de Maslow sugere que as necessidades evoluem à medida que são satisfeitas, ou seja, sempre surgirão novas necessidades a serem satisfeitas. Argyris e McGregor preferem direcionar suas teorias para dois focos, um centrado no indivíduo e outro na organização, como se fossem dois corpos independentes que se juntam em algum momento em suas vidas. Esses princípios conduziram os estudos para os grupos organizacionais, cultura, desenvolvimento e outros aspectos independentes da tecnocracia da produção.

BIBLIOGRAFIA BÁSICA

ARGYRIS, Cris. *Integrating the individual and the organization*. New York: John Wiley, 1964.

DALTON, Gene; LAWRENCE, Paul. *Motivation and control in organization*. Homewood: Richard D. Irwin, 1971.

DEL FOSSE, M. G. *Racionalización del trabajo*. Barcelona: Editorial Hispano Europea, 1970.

DURKHEIM, Émile. *The division of labor in society*. Londres: Collier Macmillan, 1964.

FRANCE, W. A. *Automation and division of labor*. Ann Arbor: University of Michigan Press, 1966.

HERZBERG, Frederick. *The motivation to work*. New York: John Wiley, 1959.

HOMANS, George. *The human group*. New York: Harcourt, 1950.

KATZ, D.; KAHN, R. L. *Psicologia social das organizações*. São Paulo: Atlas, 1988.

LIKERT, R. *A organização humana*. São Paulo: Atlas, 1973.

McGREGOR, Douglas. *O lado humano da empresa*. São Paulo: Martins Fontes, [s.d.].

SARTAIN, Baker. *The supervisor and his work*. New York: McGraw-Hill, 1972.

SMITH, Adam. *Whealth of nations*. New York: Modern Library, 1973.

QUESTÕES PARA DISCUSSÃO E REVISÃO

1. O estudo do trabalho contém o aspecto humano e o aspecto técnico em sua concepção teórica. Como é possível a união desses dois diferentes aspectos em perfeito equilíbrio?
2. Até que ponto a racionalização é um benefício para o empregado?
3. A motivação é a mola para maior produtividade. Essa afirmação é verdadeira? Como executá-la?
4. Existem muitas práticas na administração do trabalho que buscam a motivação para o trabalho. Quais são elas?
5. Quais as maiores contribuições para o estudo do trabalho humano?

4

Trabalho em Grupo

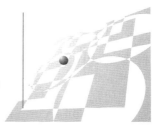

As pessoas não são ilhas. Sempre há necessidade de interação social, mesmo quando se trata de um trabalhador autônomo.

Um indivíduo associa-se a outros em forma de grupos e a organização não só necessita trabalhar com indivíduos, mas também reconhecer o grupo. Se ignorar esse aspecto, poderão ocorrer sérios conflitos organizacionais. Os indivíduos têm necessidades sociais, procuram companhia, afeto e reconhecimento. Esse fenômeno ocorre também no trabalho. Socialização por meio de formação de grupos é uma característica de todas as organizações.

Argyris e Schön argumentam que a dinâmica interpessoal na organização é sempre manipulativa, uma vez que as pessoas buscam o uso das teorias comportamentais para enfatizar autoproteção e controle sobre os demais membros do grupo. Isso leva ao desenvolvimento de um modelo alternativo de eficácia, baseado em valores comuns e aprendizado contínuo do comportamento de outros e suas diferenças.

Pequenos grupos são sempre criticados por suas tendências a gastar muito tempo para produzir pouco, porém ser satisfatórios ou ineficazes depende de como são conduzidos, e nenhuma organização poderá abrir mão deles. Os administradores devem entender que os grupos sempre funcionam em dois níveis: tarefas e processos, e ambos precisam ser bem administrados. Entre os vários processos em que os grupos estão envolvidos, um é o que se relaciona com suas normas, regras, papéis informais, liderança e conflitos interpessoais. É o que veremos a seguir.

4.1 RAZÕES PARA A FORMAÇÃO DE GRUPOS

O que atrai os indivíduos para o grupo? Podemos assumir que o grupo tem um ou mais objetivos, porém um objetivo pode simplesmente satisfazer à necessidade social ou de afiliação dos indivíduos. Mas o mais importante é a segurança e o apoio encontrada em um grupo.

Um indivíduo talvez perceba uma ameaça de algumas fontes: a organização, seu superior ou seu companheiro de trabalho. Se ele estiver sozinho, talvez se sinta inseguro e incapaz de lutar contra essas forças, gerando frustração. Aliado, porém, a outros que estejam na mesma situação, criará força natural. Coletivamente, seu grupo talvez encontre coragem para solicitar maiores salários, ou, talvez, na tentativa de diminuir a competição no trabalho e eliminar a tensão do ambiente, distribua as tarefas a todos os componentes e certifique-se de que todos no grupo têm trabalho equilibrado.

O poder de influenciar o comportamento de outros é freqüentemente associado com o grupo de alto *status*. Na organização, formam-se grupos de alto prestígio que adquirem essa reputação pela alta qualidade de seu trabalho ou pela natureza da função que desempenham. Em algumas organizações, o pessoal que compõe o grupo de *staff* é o de maior prestígio. Em outras palavras, o pessoal de linha é o mais importante. Algumas vezes, o trabalho mais perigoso marca uma elite.

Uma razão final que devemos mencionar para o desejo de um indivíduo afiliar-se a um grupo também se relaciona à necessidade de apoio. As pessoas são freqüentemente inseguras sobre suas interpretações ou percepção de muitas coisas. Essa incerteza pode ser sobre procedimentos organizacionais, supervisão etc. O indivíduo ganha confiança quando divide suas inquietações com outras e torna-se capaz de ver a realidade dentro de seu próprio ponto de vista. As pessoas cujas percepções são apoiadas por outras sentem-se seguras e transmitem apoio a elas.

Há dois tipos fundamentais de grupos aceitos pelos teóricos da Administração: o **grupo formal** e o **grupo informal**.

4.2 GRUPOS FORMAIS

Os grupos formais são criados e delineados para alcançar objetivos específicos e realizar tarefas específicas para a organização, buscando atingir seus objetivos. Esses grupos se estabelecem com base na racionalidade, lógica e eficiência, e são projetados para realizar funções específicas dentro da organização. Este é o tipo de grupo que aparece no organograma. A Figura 4.1 representa os grupos formais dentro do Departamento de Engenharia de uma grande companhia.

A Seção de Engenharia Industrial, por exemplo, é claramente projetada para realizar suas funções de planejamento de produção, análise de métodos, e maquinaria planejada com a maior eficiência e ausência de duplicação de esforços por outros grupos. Esse conceito de *montagem* da organização, numa base racional, é levado, através do planejamento da organização total, até a menor unidade (grupo).

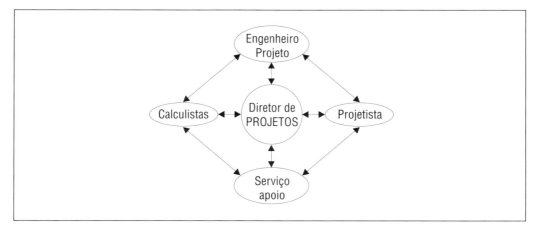

Figura 4.1   *Grupo formal de uma empresa de engenharia.*

O papel de cada membro do grupo está relacionado com as tarefas específicas de cada um, sendo que o chefe exerce maior influência na produtividade de cada um. A interação é intensa e de todas as direções.

Os grupos formais podem ser de dois tipos, baseados na *duração* de sua utilidade ou necessidade. Assim, um grupo pode ser **permanente** ou **temporário**.

Os *grupos formais permanentes* são unidades necessárias ao dia-a-dia operacional da organização cuja função é importante para a eficiência.

Exemplos de grupos formais permanentes incluem: o departamento de contabilidade, o departamento de engenharia, o departamento de produção, o *staff* pessoal e o *staff* legal.

Esses grupos são permanentes, como uma atividade necessária, mesmo que eles mudem o pessoal ou modifiquem certas tarefas específicas. Uma unidade de contabilidade, por exemplo, será sempre um grupo formal permanente em uma companhia, enquanto ela permanecer atuando, pois demonstrativos da *performance* financeira sempre serão necessários. O método de efetuar as tarefas contábeis pode mudar, por exemplo, de lançamentos manuais para contabilidade por computador, mas a função da contabilidade será sempre necessária.

Os *grupos formais temporários* são atividades como comitês *ad hoc*, *staff*, equipes de estudo especial, grupos de trabalho e equipes de projeto. Esses grupos são formados para realizar tarefa específica e são dissolvidos depois que esse trabalho é realizado. Por exemplo, a equipe de estudo é formada para investigar a viabilidade econômica do lançamento de um novo produto. Quando a equipe tiver concluído seu estudo e submetido seu relatório à alta administração, ela não será mais necessária e deixará de ser um grupo formal. Os membros da equipe retornarão a seus trabalhos anteriores, em suas unidades formais permanentes. Entretanto, se a equipe tiver que ser mantida para realizar outro estudo, e outros estudos depois deste, ela poderá deixar de ser temporária e tornar-se um grupo formal permanente. Portanto, as diferenças-chaves entre os grupos temporários e permanentes são o objetivo de sua atividade e o tempo de duração de sua existência.

4.3 GRUPOS INFORMAIS

É o conjunto de interações e de relacionamento que se estabelecem entre os vários elementos humanos em uma organização, ou não.

A organização formal espera que seus membros realizem atividades inerentes às funções para as quais seus serviços foram requisitados. Em outras palavras, se um homem é contratado como operador de computador, espera-se que ele opere computadores no tempo estabelecido. Isto supõe que as necessidades do homem estejam satisfeitas por realizar sua função formal na organização. Mas, uma vez que o homem possui necessidades, além dessas mínimas de realizar seu trabalho, ele procurará preencher algumas dessas necessidades, desenvolvendo uma variedade de relacionamento com outros membros da organização. Se a estrutura da área de trabalho e o horário permitem, esses relacionamentos informais se transformarão em grupos informais.

Em outras palavras, o homem é um ser social e não um robô. Ele possui uma natureza tal que, como regra geral, não lhe permite viver no isolamento total. Ele necessita de interação com outras pessoas e essa necessidade de interação estende-se a seu trabalho e ao trabalho formal na organização. O resultado dessa exigência de interação é uma organização social geralmente chamada de **grupos informais**.

Fatores que dão origem ao grupo informal:

- interesses comuns;
- interação provocada pela própria organização formal;
- flutuação de pessoal dentro da empresa;
- períodos de lazer.

Os grupos informais surgem de uma combinação específica das necessidades humanas que são influenciadas pelo tipo de filosofia administrativa da organização formal. Os grupos informais existem dentro de todas as organizações formais. Eles evoluem naturalmente, sempre que as pessoas interagem por extenso período de tempo. Eles podem evoluir por diversas razões e para atingir diversos objetivos. Trataremos desses aspectos do grupo informal nas próximas seções deste capítulo.

4.4 FORMAÇÃO DOS GRUPOS

Qualquer grupo, para existir, pressupõe a concordância de alguns objetivos básicos, bem como dos meios para atingir estes objetivos. Nem todas as pessoas unem-se a um grupo pelas mesmas razões e propósitos. Schein enumerou cinco funções que um grupo informal pode proporcionar a seus membros:

1. uma saída para as necessidades de afiliação (amizade, apoio, amor);
2. um meio de desenvolvimento, engrandecimento, ou confirmação de um sentido de identidade e manutenção da auto-estima;
3. um meio de estabelecer e testar a realidade. Por exemplo, se um empregado acha que seu patrão é autoritário e de difícil convivência, ele pode testar a realidade dessa percepção, conferindo-a com os outros membros da organização;
4. um meio de aumentar a segurança e o sentimento de poder lutando contra as ameaças. Por exemplo, concordando em restringir a produção, um grupo pode contrabalançar parte do poder que a administração pode exercer sobre um empregado individualmente;
5. um meio de conseguir que um trabalho, que era desejado pelos membros, seja realizado. Por exemplo, apresentando visão unificada ao supervisor, acumulando e disseminando informações, impedindo a monotonia, e assim por diante.

Os grupos informais sempre serão encontrados nas organizações e, por eles, as pessoas poderão satisfazer a necessidades não atendidas pelo grupo formal, pois eles podem atuar para aumentar a satisfação dos indivíduos no trabalho. Entretanto, se um grupo informal desenvolve objetivos que interferem com os do grupo formal (por exemplo, redução de trabalho), ou se a competição ou a hostilidade surgem entre grupos informais que são subunidades de um grupo formal, a eficiência da organização será reduzida.

4.5 COESÃO DO GRUPO

Os grupos diferem em seu grau de coesão, isto é, no vigor das forças que unem os membros do grupo. Os membros dos grupos altamente coesos são extremamente unidos e confiantes no espírito de associação do grupo. Então, o moral será alto e os membros do grupo permanecerão juntos em muitas situações. Os grupos menos coesos, por outro lado, são mais prováveis de dissolução ou dispersão, e exibem moral mais baixo.

4.6 FATORES QUE INFLUENCIAM A COESÃO

As pessoas são extremamente atraídas para grupos de difícil acesso. Os grupos com política de associação restrita, períodos de experiência, severos ritos de iniciação, e assim por diante, conferem um *status* de elite a seus membros. Dentro da organização, tanto os grupos formais, como os informais buscam meios de demonstrar e manter seus *status*. Isso pode ser conseguido através do uso de privilégios especiais (como a chave do banheiro dos executivos), ou exigindo que os novos membros "dêem provas" antes de ser totalmente aceitos pelos membros mais antigos do grupo. Se o *status* de um grupo declina, por exemplo, devido a admissões de novos membros pouco qualificados, ou muda no ambiente social de forma que as capacidades especiais do grupo não são mais necessárias, a coesão pode ser afetada.

A coesão é alta quando os membros do grupo vêem seus objetivos pessoais próximos dos objetivos do grupo. Se, entretanto, os objetivos pessoais e os objetivos do grupo conflitam, os membros se tornarão insatisfeitos. Alguns objetivos pessoais somente podem ser alcançados dentro do contexto de grupo, devido à necessidade de ajuda e cooperação de outras pessoas. Além disso, as pessoas geralmente se sentem menos inibidas e mais livres de constrangimentos em grupos. Então, em uma situação de grupo, elas estão, freqüentemente, em condições de satisfazer a suas necessidades (desempenhar certas ações), que normalmente elas se sentiriam constrangidas em realizar. Quando isso ocorre, a atração pelo grupo aumenta.

Quanto mais afinidades houver entre o grupo e seus membros, tanto maior será a aceitação de suas regras e maior será a eficácia operacional do grupo.

Um grupo desorganizado ou pobremente organizado, ou um grupo com conflitos internos de *status*, aproxima-se de grupo competitivo. Numa situação de cooperação, entretanto, em que as recompensas são equivalentes para todos os membros que estão resolvendo os problemas, haverá maior evidência da coordenação do esforço, atenção com os companheiros, compreensão mútua, produtividade, e um sentido de obrigação para com os outros. Deveríamos observar que as recompensas não precisam ser iguais, mas equivalentes. Os grupos reconhecem o princípio da "justiça distributiva"; os membros do grupo são recompensados com base em suas contribuições para as tarefas do grupo. Essas recompensas podem tomar forma de um prestígio maior ou *status* dentro do grupo, assim como uma parte maior nas recompensas recebidas pelo grupo todo.

Em resumo, os indivíduos sentem-se mais atraídos pelos grupos nos quais suas necessidades pessoais podem ser satisfeitas; essa atração maior resulta em maior coesão do grupo.

4.7 EFEITO DA COESÃO NA PRODUTIVIDADE

A produtividade de um grupo coeso será ligeiramente superior a um não coeso, assim como o respeito dele por seu supervisor. É isso mesmo? Um grupo de trabalho coeso é mais produtivo?

A resposta parece ser: "algumas vezes". Os grupos coesos são mais produtivos apenas quando têm confiança na administração e percebem que a companhia é íntegra.

Em outras palavras, o grupo coeso trabalhará para os objetivos da organização, mas somente quando os objetivos da organização corresponderem a padrões aceitos pelo grupo. Se o grupo é hostil à administração, ele pode desenvolver objetivos diferentes dos aceitos pela organização. Como resultado, ele pode ser menos produtivo (do ponto de vista da organização) devido às restrições do grupo ao rendimento, e assim por diante. Um grupo pode fazer isso por sua habilidade em apresentar uma frente unida; considerando que um indivíduo isolado possa sentir medo de divergir do comportamento desejado, um grupo proporciona segurança e proteção mútua. Além disso, o sistema do grupo de sanções sociais e recompensas pode trazer um membro divergente para agir de acordo com o restante do grupo. Passaremos agora ao exame de como e por que isso pode ocorrer.

Quadro 4.1 *Fatores que aumentam ou diminuem a coesão grupal.*

Fatores que aumentam a coesão grupal	Fatores que diminuem a coesão grupal
1. Grupo fornece *status* e reconhecimento a seus membros 2. Presença de inimigos externos ao grupo 3. Avaliação favorável sobre o grupo por elementos de fora do grupo 4. Afinidade pessoal entre seus membros 5. Competição intergrupal 6. Oportunidade de interação	1. Discordância sobre a forma de solucionar problemas grupais 2. Experiência desagradável de algum membro do grupo 3. Falha do grupo em trabalhar em torno de um objetivo comum 4. Comportamento dominador por parte de um ou mais membros do grupo 5. Competição dentro dos grupos 6. Bloqueio de comunicação

A ação administrativa pode ter impacto significativo de forma favorável ou desfavorável à coesão grupal, por meio de suas ações ou estilo de liderança. Por exemplo, um sistema de recompensa baseado no produto do grupo pode facilitar a coesão grupal; por outro lado, um estilo de liderança muito centralizador poderá dificultar a interação entre os elementos do grupo, não permitindo comunicação lateral. Ela também pode querer dividir o grupo para quebrar a coesão e fazer com que ele aceite imposições do tipo dividir para governar.

4.8 TENSÃO NO GRUPO

Quando os indivíduos necessitam agrupar-se para desempenhar alguma atividade, sempre existe um foco de tensão no ar, que pode externalizar-se a qualquer momento. Os administradores precisam compreender as causas da tensão, a fim de saná-las eficientemente. Mas, antes de cuidar da origem da tensão, precisamos estudar os sintomas, isto é, os tipos de comportamento apresentados pelos membros da equipe que indicam que estão sob tensão. As reações podem ser agrupadas em quatro categorias:

1. **reações agressivas:** os participantes podem discutir abertamente uns com os outros. A discussão torna-se disfuncional, porque focaliza personalidades e filosofias, em vez de fatos. A crítica construtiva às idéias dos outros sem uma tentativa de considerar os aspectos positivos é um exemplo de comportamento "agressivo";
2. **reações evasivas:** quando colocado em face de problemas difíceis, o participante pode preferir evitar enfrentá-los e recuar para os tópicos ou tarefas que lhe são mais familiares e confortáveis. Mudança de tópico, saídas da sala ou faltas à reunião de equipe são exemplos de comportamento evasivo;
3. **reações concordantes:** as equipes são compostas de indivíduos. Amizades são construídas sobre ponto de vista e filosofias semelhantes. As reações concordantes ocorrem quando os participantes lidam com problemas dentro de seu círculo de amizade, e não com os outros membros da equipe que precisam considerar a proposta. "Tenho certeza de que Ana concordaria comigo" é uma resposta concordante freqüentemente utilizada;
4. **reações dependentes:** quando em face de um problema difícil de natureza comum à equipe, o participante pode apelar para os outros (tornar-se dependente para soluções). Apelando para os outros constantemente, ele lesa a equipe, roubando-lhe ou negando-lhe seu próprio recurso. Os membros que sempre concordam com os comentários precedentes apresentam comportamento dependente.

Quaisquer que sejam as reações emocionais aos problemas encontrados na equipe de projeto, a tensão drena a energia dos membros do grupo na realização da tarefa determinada. Essas reações emocionais roubam à equipe as valiosas contribuições de recursos, criatividade e discernimento dos membros: torna-se menor a qualidade do trabalho da equipe. O administrador do projeto enfrenta constantemente um desafio para construir sua equipe com sucesso e evitar as disfunções da tensão devida à associação em equipe.

4.8.1 Origem da tensão nos grupos

Como foi mencionado anteriormente, a tensão é uma conseqüência inevitável do desenvolvimento de grupo. A tensão nos grupos deriva de três fontes principais:

1. **problema de definição de função:** Qual é minha função? Meu *status*? Quem são meus associados? O que eles fazem? Qual é o *status* deles?
2. **problemas de definição de autoridade:** Qual ou quanta influência terei? Quem tem ascendência sobre mim? Quais as fontes de autoridade? Como posso aumentar meu grau de autonomia? Quais os custos do decréscimo de autonomia?
3. **problemas de desenvolvimento profissional:** Serei capaz de expandir minhas habilidades, contatos, recompensas financeiras, aptidões profissionais?

A pesquisa da ciência comportamental aplicada indica que essas questões são consideradas na ordem acima. Cada membro novo de uma organização temporária está preocupado, em primeiro lugar, com sua função, depois com sua influência e, por último, com o que ele extrairá da experiência.

4.9 CHEFIA DE UM GRUPO

A descrição de um líder baseada na conotação geral apresentada na literatura deve relacionar qualidades, tais como inteligência, carisma, entusiasmo, bravura, integridade, autoconfiança etc. A literatura sobre liderança é volumosa e contraditória. Falamos no início deste capítulo, muito brevemente, sobre o líder de grupo. Vamos agora falar em como chefiar um grupo. Primeiro, deve-se fazer distinção entre líder e chefe.

4.9.1 Chefe *versus* líder

Administrar e liderar são duas atividades complementares. Muitas organizações buscam pessoas com fortes características de liderança e as expõem a atividades que fazem com que essas características sejam desenvolvidas. Porém, essas mesmas organizações esquecem que um líder forte com poucas habilidades para administrar é muito pior do que um bom administrador com poucas habilidades de liderar. O desafio real é ter capacidade de combinar as duas coisas.

Administrar é tratar com complexidade e liderar é tratar com mudanças, dentro de um complexo organizacional. Sem bons administradores, as organizações tendem a tornar-se caóticas e sem consistência naquilo que é mais importante: qualidade e lucratividade. Sem bons líderes, as organizações serão incapazes de lidar com as constantes mudanças que são necessárias para sobreviver e competir eficazmente no mundo dos negócios. Muitas mudanças sempre demandam mais liderança. Essas diferentes funções – lidar com complexidade e lidar com mudanças – compõem as atividades do administrador/líder. Cada sistema exige decisão sobre o que necessita ser feito, criar rede de pessoas e relacionamentos com capacidade de atingir um objetivo definido.

A **liderança** é definida como um fenômeno complexo. O *líder* é a pessoa que tem habilidade de influenciar outros no trabalho ou em qualquer atividade na comunidade.

O *chefe* é designado. Ele tem o poder legítimo e pode tanto premiar como punir. Sua habilidade em influenciar é baseada na autoridade formal inerente a sua posição. Em contraste, o líder pode tanto ser apontado, como surgir naturalmente. Uma das abordagens mais comuns na literatura sobre liderança é que toda organização deve ter líderes eficientes. Por outro lado, se todo chefe deveria idealmente ser bom líder, nem todo líder tem necessariamente a capacidade de desempenhar uma atividade administrativa.

Quando fizemos a abordagem de grupos, tratamos liderança dentro do aspecto de representante do grupo. Aqui, faremos uma abordagem de líder segundo o aspecto de chefia ou supervisão de grupos formais.

Supervisão é a atividade de liderança desempenhada dentro de um relacionamento pessoal com o subordinado. Em qualquer negócio, o trabalho é executado por pessoas, e o modo como esse trabalho é feito depende bastante da supervisão que essas pessoas recebem. O supervisor é o elemento que está em contato com os trabalhadores e é quem interpreta as políticas da empresa dentro do respectivo nível hierárquico em que atua. Ele influencia os subordinados dentro do trabalho por meio da determinação de regras. Por outro lado, ele deve ter a sensibilidade de perceber as necessidades dos subordinados e auxiliá-los a satisfazer a essas necessidades.

CONCEITOS DE PODER. A capacidade de exercer influência, mudar as atitudes ou o comportamento de indivíduos ou grupos.

CONCEITO DE INFLUÊNCIA. Quaisquer ações ou exemplos de comportamento que causem mudança de atitude ou de comportamento em outras pessoas ou grupo.

4.9.2 A chefia e a influência

A chave para a supervisão é a influência. Se o supervisor não pode influenciar as ações de seus subordinados, ele será incapaz de cumprir seu papel e perderá a confiança deles. A influência que um supervisor pode exercer em um subordinado é determinada pelo tipo de poder que ele demonstra ter. J. R. P. French e Bertran Raven[1] indicam cinco tipos diferentes de poder no relacionamento supervisor-subordinados: poder coesivo, poder de recompensa, poder da sabedoria, poder pela identificação e poder legal. Brevemente, poderemos definir esses poderes como:

- **poder coesivo:** provém da habilidade do supervisor em aplicar ou não ao subordinado alguma punição, dependendo de seu comportamento;
- **poder de recompensa:** provém da habilidade do supervisor de dar algum reconhecimento ao subordinado por seu trabalho;
- **poder da sabedoria:** provém da crença do subordinado de que o supervisor tem o conhecimento ou habilidade de executar as tarefas de modo superior ao dos demais;
- **poder pela identificação:** resulta da identificação do subordinado com o chefe e do uso dessa identificação como referência para definir seu próprio comportamento;
- **poder legal:** origina-se da crença do subordinado de que o supervisor possui esse poder legal oriundo da posição que ele ocupa.

O poder legal e o poder da sabedoria dão ao supervisor uma base maior para convencer os subordinados a executar uma tarefa, porém a ênfase deveria ser dada ao poder da sabedoria e ao da identificação, que são os dois que dão maior satisfação no trabalho e alto índice de desempenho organizacional.

4.9.3 Estilo de chefia

Existem vários estudos sobre estilos de liderança, porém todos tendem a um mesmo resultado de que não há estilo puro:

---

1 The bases of social power. In: CARTWRIGHT, D. *Studies in social power*. Ann Arbor, University of Michigan Press, 1959. p. 150-167.

- **período em que o líder é tratado como unidimensional:** de traços e atributos;
- **período da multidimensionalidade:** comportamental;
- **período em que se descobre a importância da situação e dos fatores contextuais no processo de liderança:** contingenciais.

O comportamento do chefe é comumente descrito em termos da abordagem que o chefe usa para relacionar-se com o subordinado, e o estilo de chefia é a forma de influenciar o subordinado a aceitar as decisões do trabalho do dia-a-dia. As contingências exigem adaptação do estilo ao momento e ao tipo de liderado.

O Quadro 4.2 ilustra esses aspectos.

A teoria desenvolvida por R. Tannenbaum e W. H. Schmidt, para definição de um estilo de chefia, mostra que existe uma linha contínua dentro de dois extremos (o diretivo e o participativo). A base dessa teoria é que o chefe diretivo não permite que o subordinado participe nas tomadas de decisão. Todas as decisões são tomadas por ele e usa sua influência para que o subordinado as aceite. Por outro lado, o chefe participativo encoraja a dividir igualmente com ele as tomadas de decisões sobre o trabalho. Entre esses dois extremos existem muitas combinações de estilo.

Como definir um estilo mais adequado para chefia? Há diversos determinantes que auxiliam o indivíduo a definir seu estilo. A seguir, damos alguns des-

Quadro 4.2 *Espectro de estilo de liderança de Tannenbaum.*

Linha centralizada no chefe ←					Linha centralizada no subordinado →
Autocrático					Democrático
líder toma a decisão e a comunica	líder vende sua idéia	líder apresenta a idéia e pergunta se há dúvidas	líder apresenta decisão a ser modificada	líder apresenta o problema e o grupo participa da solução	líder permite que o grupo funcione dentro dos limites definidos pelo superior

Fonte: TANNENBAUM, R.; SCHMIDT, W. H. *Como escolher um padrão de liderança.*

ses determinantes, considerando a dimensão autocrática-democrática, desenvolvida por Tannenbaum.

Determinantes do Estilo de Chefia
(Dimensão Autocrática-Democrática)

A. *Sua própria inclinação de liderança*
   1. Suas premissas sobre o pessoal e o trabalho.
   2. Sua confiança em seus subordinados.
   3. Seus sentimentos de segurança em certa situação.
   4. Expectativa própria.
   5. Sua personalidade e necessidades.
B. *A expectativa de seu superior*
C. *Fatores da natureza do trabalho*
   1. Extensão à estruturação ou não do trabalho.
   2. Interdependência das tarefas.
   3. Quando o departamento é afetado por mudanças ou crises.
   4. Clima organizacional.
   5. Tamanho do grupo.
   6. Complexidade do trabalho.
D. *Fatores do subordinado*
   1. Competência (conhecimentos, habilidade, experiência).
   2. Entendimento do problema.
   3. Entender e aceitar os objetivos da empresa.
   4. Sua necessidade por independência.
   5. Tolerância por situação ambígua.
   6. Histórico de seu sucesso ou falha.

Como podemos observar, o estilo de liderança é definido dentro de uma situação emergencial, ou seja, depende da situação presente dentro do contexto organizacional.

A estrutura de uma organização fornece a base técnica pela qual a liderança é exercida. Todas as organizações necessitam de líderes competentes em todos os níveis. É importante para a empresa manter uma estrutura e um clima organizacional adequado para poder desenvolver a liderança. A seleção e a promoção, assim como o treinamento, devem ser planejados para criar oportunidades de desenvolver e aperfeiçoar a técnica de liderança. Podemos ilustrar no Quadro 4.3 como cada líder se comporta e o que ocorre dentro dos grupos, dependendo do tipo de liderança exercida.

Na prática, tem sido difícil aplicar as teorias sobre lideranças, desenvolvidas de resultados de pesquisas. Uma das razões dessa dificuldade é que o comportamento dos administradores é influenciado por uma complexidade de fatores que vai além dos envolvidos no processo de liderar. Outra razão são as peculiaridades inerentes a cada empresa que obrigam a adaptação das teorias desenvolvidas dentro de um aspecto genérico, prejudicando o resultado.

Quadro 4.3   *Estilos de liderança.*

	Liderança			
	Autocrática	*Laissez-faire*	**Democrática**	**Demagógica**
Tomada de Decisões	Somente o líder	Participação mínima do líder	Estimulada e assistida pelo líder	Aparentemente não impõe. Líder decide
Participação no Grupo	Não existe	Total liberdade para a tomada de decisões	As diretrizes são debatidas e decididas pelo grupo	Fascinação e manipulação
Programação dos Trabalhos	Líder determina	Participação limitada do líder. Apresenta alternativas	Próprio grupo esboça as providências e técnicas	Líder determina mascarando
Divisão do Trabalho	Líder determina	Grupo determina	Grupo determina	Líder determina submissão
Participação do líder	Líder é "pessoal" e dominador	Não faz nenhuma avaliação, exceto quando lhe pedem	Líder é um membro normal do grupo	Líder assegura as necessidades básicas

No Quadro 4.4, mostramos a relação entre as teorias de motivação, os estilos de liderança e o clima organizacional. A dimensão horizontal mostra o *continuum* que vai do sistema burocrático até o modelo adaptado dos revisionistas. A dimensão vertical indica os principais pesquisadores e suas descobertas. Uma revisão no estilo de liderança mostra como os chefes tendem a liderar no campo prático. Essa tendência pode ser resumida em três grandes estilos:

a) carismático;
b) os grandes organizadores; e
c) relacionamento líder-seguidor.

Quadro 4.4 *Teorias paralelas sobre motivação, estilo de liderança e clima organizacional.*

Teorias sobre Motivação	Dirigido hierarquicamente			Participação, interação grupal	
	Maslow	Física, psicológica, segurança, estima		Auto-realização	
	Herzberg	Fatores de higiene		Fatores de motivação	
	Argyris	Dependência, submissão, frustração		Aspiração em torno de satisfação psicológica	
	McGregor	Teoria X		Teoria Y	
Teoria sobre Estilo Liderança		**Sistema 1**	**Sistema 2**	**Sistema 3**	**Sistema 4**
	Likert	Autoritário	Benevolente	Consultivo	Participativo
	Blake & Norton	Preocupação máxima com produção		Preocupado tanto com a produção como com as pessoas	Preocupação máxima com pessoas
Teorias sobre Clima Organizacional	Bennis	Organização burocrática			Organização adaptativa organicamente
	Burnis & Stalker	Sistema mecanicístico			Sistema orgânico
	Teoria de Sistemas	Sistema fechado			Sistema aberto

Fonte: FRENCH, Wendell L. *The personnel management process*, 1987.

4.9.4 Como as mulheres lideram

Mulheres administradoras são hoje em número bastante significativo para serem ignoradas pela literatura. Porém, elas não estão adotando o estilo tradicional de comandar e controlar; estão adotando um estilo desenvolvido pela própria característica da mulher vista pela sociedade.

As mulheres, historicamente, são vistas pela sociedade como a figura que desempenha o papel de apoio e cooperação. Tiveram que desenvolver uma habilidade de administrar bem, sem se apoiar no poder e controle para motivar as pessoas; para tanto, passaram a utilizar com mais freqüência a liderança interativa. O sucesso das mulheres na administração mostra que o estilo não tradicional de liderança é bem recebido em alguns ambientes de trabalho e pode aumentar as chances de sobrevivência em um mundo de incertezas.

Podemos entender por liderança interativa como tentar transformar cada interação com colegas de trabalho na mais positiva possível, encorajar a participação, dividir poder e informação e fazer as pessoas sentirem-se mais importantes em seu trabalho. Vejamos:

- **encorajar a participação:** fazer as pessoas sentirem-se parte da organização. Criar uma identidade grupal, fazendo com que todos tenham voz sobre suas atividades, desde estabelecer padrões de desempenho até definir estratégia de execução;
- **dividir poder e informação:** enquanto a maioria dos líderes vê a informação como poder e o poder como comodidade para sua posição, na liderança interativa a queda desse mito aumenta a lealdade entre os funcionários em relação à organização;
- **fazer com que as pessoas se sintam importantes:** dar aos outros créditos e avaliações positivas pelo resultado de sua participação no trabalho. Mais importante é não ressaltar o papel do líder em relação a seus subordinados. A percepção de uma grande diferença em *status* e poder tende a diminuir a autoconfiança do subordinado e dificultar a inter-relação.

4.10 COMO TRATAR COM DIFERENÇAS DE PERSONALIDADE

Uma das regras gerais para a liderança eficiente de um grupo é supervisionar as pessoas com base em suas diferenças individuais. Essa afirmação é baseada na suposição de que, independentemente de sua capacidade, as pessoas possuem orientação e modos interpessoais diversos. Uma tentativa de considerar todos os estilos interpessoais da mesma forma provavelmente conseguirá resultados confusos. Por exemplo, um membro do grupo pode ser muito agressivo nas reuniões de grupo, enquanto outro pode ser muito tímido, permanecendo alheio numa discussão acirrada. Deverão ser adaptadas as solicitações para esses dois indivíduos para enquadrar o estilo de cada um. Apesar de ser impossível caracterizar todos os tipos de personalidade ou mesmo supor que os indivíduos possuam tipos puros e nítidos, podemos apresentar alguns tipos básicos e sugerir abordagens para tratar com cada um deles.

Tipos de Personalidade	
Característica do tipo de indivíduo	Abordagem
Prestativo	Incentivar seu interesse em trabalhar com outros.
Preocupado	Auxiliá-lo a começar.
Introvertido – tímido	Conversar impessoalmente sobre o que precisa ser feito.
Agressivo – impetuoso	Acatar suas idéias; utilizar sua energia.
Independente	Apelar para seu desejo de ir para a frente.
Metódico	Dar-lhe as atribuições bem detalhadamente.
Conservativo	Explicar seu raciocínio a ele.

O estudo anterior relaciona-se com o tipo de abordagem que um chefe deve ter com o subordinado, com base no traço de personalidade que caracteriza o tipo de indivíduo.

Um aspecto importante no tratamento adequado com diferentes pessoas é conhecer o quadro de valores que influenciam cada uma dessas pessoas em suas ações governamentais; para isso introduzimos o Quadro 4.5, em que se classificam os indivíduos em três categorias básicas: individualista, formalista e sociocêntrico.

É claro que essas três categorias não são rígidas; a forma de apresentação é apenas didática; o que vemos na prática são indivíduos que tendem mais para um ponto do que para outro. O que determina sua posição é a freqüência de seu comportamento.

4.11 CONCEITOS ATUAIS SOBRE GRUPOS

Na administração moderna, a criatividade é um dos pontos importantes para a empresa; ela é considerada vantagem competitiva. A tendência é estarmos redefinindo o papel do chefe/líder para mais *laissez-faire*; qualquer outro estilo assusta, pois temos a impressão de estar promovendo o caos. Os líderes de hoje têm a incumbência de facilitar a geração de conhecimento e seu perfil está mais para aquele que conduz ações interativas e compartilha informações. Isso põe por terra muito do poder e da autoridade, quebra estruturas rígidas, e a produtividade é revista.

Toda a teoria desenvolvida até agora, dos livros de Nonaka (1995) e (2001) e do livro de Stewart (1997), tidos como marco histórico da teoria do conhecimento, afirma categoricamente que os grupos são a força da geração do conhecimento na empresa e, de preferência, aqueles que misturam diferentes níveis hierárquicos

Quadro 4.5   *Sistema de valor pessoal – modelo.*

	Individualista	Formalista	Sociocêntrico
Crenças sobre Grupos	Existem para serem seguidas	Satisfatórias se formalizadas	Desejáveis para o bom relacionamento
Comportamento em Grupos	Não cooperativo, segue seu próprio curso	Produz soluções metódicas e estruturadas. Preocupado com procedimento	Apóia, coopera, aprecia a afiliação a grupos
Poder e Autoridade	Derivam da convicção pessoal	Derivam do sistema total	Derivam dos processos grupais
Decisão	Tomada com base nas crenças pessoais	Tomada de acordo com as regras	Tomada por consenso de grupo
Limites para as Ações	Existem somente quando percebidos	Rígidos, somente modificados pela "autoridade"	Podem ser modificados pelo grupo
Mudança	Depende da percepção da necessidade e da determinação para mudar	Depende das pressões ambientais	Depende da percepção grupal para mudar
Metas e Objetivos	Crescer, auto-realizar	Fama, poder, prestígio	Igualdade, justiça e satisfação grupal
Comportamento Individual	Tende às ações solitárias de autodesenvolvimento	Interesses metódicos, ordenados, especializados	Gosta de trabalhar com os outros, aberto, confiante
Motivação	Auto-realização	Recompensa, promoção, recomendação	Manutenção de afiliação grupal
Estilo de Liderança	Autocrático	Burocrático	Democrático

Fonte: CHARRON, C. G.; EVERS, S. M.; FENNER, E. C. *Behaviour*: a guide for managers. New York: Macmillan, 1976.

e setores funcionais formam pequenas comunidades organizacionais. Portanto, podemos definir "comunidades organizacionais" como grupos informais que interagem em um ambiente organizacional favorável à geração de conhecimento.

Para dar força ao grupo, existem os capacitadores, que são como os chefes/líderes. São eles que devem promover a criação do conhecimento e, para tal, dar liberdade para seus liderados pensarem, discutirem, trocarem idéias, enfim, criarem um contexto adequado para a geração do conhecimento.

BIBLIOGRAFIA BÁSICA

ARGYRIS, C.; SCHÖN, D. A. *Organizational learning*: a theory of action perspective. Reading, Mass.: Addison-Wesley, 1978.

BLAU, Peter. *Organizações formais*. São Paulo: Atlas, 1970.

CARTWRIGHT, D. *The social power basis*. Ann Arbor: University of Michigan Press, 1959.

CHARRON, C. G.; EVERS, S. M.; FENNER, E. C. *Behavior*: a guide to administrators. New York: Macmillan, 1976.

ECKLES, Robert W.; CARMICHAEL, Ronald L.; SARCHEST, N. R. *Essentials of management for first line supervision*. New York: John Wiley, 1974.

FESTINGER, L.; SCHACHTER, S.; BACK, K. *Pressão social em grupos formais*. Rio de Janeiro: Zahar, [19..].

FILLEY, Alan; HOUSE, Robert J. *Managerial process and organizational behavior*. Glenview: Scott & Foresman, 1969.

FRENCH, Wendell L. *The personnel management process*. 6. ed. Boston: Houghton Mifflin, 1987.

LIKERT, R. *The new pattens of administration*. New York: McGraw-Hill, 1961.

McDAVID; HARARI, H. *Social psicology individual, group and society*. New York: Harper & Row, 1968.

NONAKA, Ikujiro; TAKEUSHI, Hirotaka. *Criação de conhecimento na empresa*. Rio de Janeiro: Campus, 1997.

STEWART, Thomas A. *Intellectual capital*: the new wealth of organization. New York, Londres, Toronto, 1997.

ZANDER, A. *Dinâmica de grupo*. São Paulo: Pioneira, [19..].

QUESTÕES PARA DISCUSSÃO E REVISÃO

1. Defina os termos *grupo* e *dinâmica*. Discorra sobre a analogia entre dinâmica grupal e impulso eletrolítico.
2. Que influência tem o grupo formal e o informal na vida do indivíduo?
3. Como os grupos ligam o indivíduo à organização?
4. Qual o papel do líder na dinâmica grupal?
5. O que determina um estilo de liderança adequado?
6. Quais os novos conceitos sobre grupos?

Parte II

Grandes Áreas da Empresa

Apresentação da Parte II

Freqüentemente, formandos de outras áreas do conhecimento (direito, matemática, física, psicologia, jornalismo etc.), quando têm como primeiro emprego trabalhar em atividades administrativas, me perguntam como funciona uma empresa, qual é o fluxo lógico de papel, como se inicia uma atividade. Essa é a importância de conhecer as principais áreas funcionais de uma empresa de produtos ou serviços. Cada uma poderá ter uma organização própria e uma denominação específica para suas áreas de produção, marketing, finanças, recursos humanos, mas não há grandes variações. Uma empresa pode começar suas atividades em função de uma idéia, um projeto, um pedido de um cliente, ou de uma oportunidade identificada no ambiente, mas sempre haverá a necessidade de gerenciar o fluxo natural que envolve o início das atividades e seu caminho até o resultado final esperado.

Qualquer que seja seu início, sempre haverá a necessidade de produzir, de colocar o produto à disposição do cliente, avaliar sua situação financeira em função de sua operação e ter pessoas com competência para executar todas as tarefas decorrentes desse mínimo de setores funcionais que caracteriza uma organização. Esta parte do livro apresenta com maiores detalhes a composição conceitual dessas quatro áreas consideradas básicas.

5

Áreas Funcionais e Ambiente Organizacional

5.1 VISÃO GLOBAL DAS ÁREAS FUNCIONAIS

As áreas funcionais sofreram evolução no tempo, conforme podemos observar no Quadro 5.1. Essas mudanças não foram só no nome, mas também em sua concepção.

Quadro 5.1 *Linha do tempo em relação às áreas administrativas.*

Administração	Política dos Negócios	Liderança nos negócios
Pessoal	Recursos Humanos	Administração de pessoas
Vendas	Vendas e Marketing	Vendas e Marketing
Produção	Operação	Valor adicionado
Contabilidade	Contabilidade	Medida de Resultados
Finanças	Finanças	Finanças
De 1922 a 1945	De 1945 a 1998	A partir de 1999

Ao analisar a organização e suas principais funções, utilizaremos a teoria de sistema. A teoria de sistema, de Ludwig (1951), só foi considerada importante no campo da administração no final da década de 50, do século XX, início de 60, quando a visão de ambiente organizacional tornou-se importante.

A teoria de sistema permite melhor entendimento das várias funções da empresa, bem como dá visão global da organização e suas inter-relações com o ambiente interno e externo.

Muitos autores têm abordado o sistema organizacional com base em diferentes modelos. Para nosso propósito, ou seja, introduzir o leitor no modelo de organização, mediante a teoria de sistema, consideraremos o modelo preliminar de sistema organizacional de uma organização de acordo com a Figura 5.1.

A Figura 5.1 incorpora, rudemente, a idéia de sistemas abertos e fechados e prepara um caminho para a compreensão dessa teoria e como sua administração deve ser relacionada.

Os aspectos do meio e recursos são enfatizados no sistema aberto, ao passo que o sistema fechado limita a categoria de informações do *feedback* para operações, excluindo informação sobre o meio e os recursos.

As tomadas de decisão dentro da organização são feitas dentro de um contexto de fatores internos e externos à organização, que serve para identificar várias alternativas de curso de ação. Dessa forma, administrar torna-se um processo de guiar um sistema organizacional através de um ambiente que provê recursos, assistência e restrição a um conjunto de objetivos.

ANALISANDO AS PARTES DO MODELO

> ***Inputs***: consideramos como *inputs* os elementos de entrada que alimentam e ativam o processo organizacional e permitem um resultado. Esses elementos são os fatores de produção.
>
> ***Outputs***: são as várias saídas produzidas pelo modelo que podem ou não coincidir com os objetivos preestabelecidos. Esses elementos podem ser produtos, processos, informações e conhecimentos.

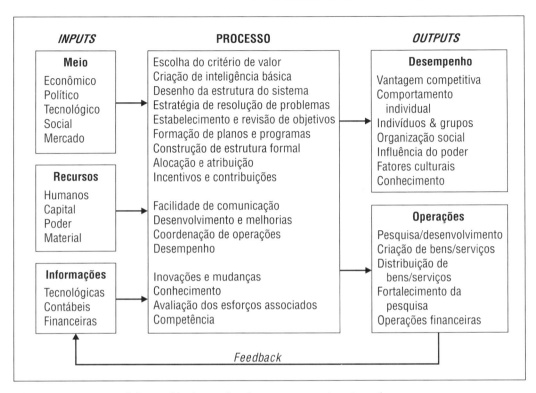

Figura 5.1 *Modelo preliminar de sistema organizacional.*

Dentro de um relacionamento *input/output*, podemos ter como exemplo o que mostra a Figura 5.2.

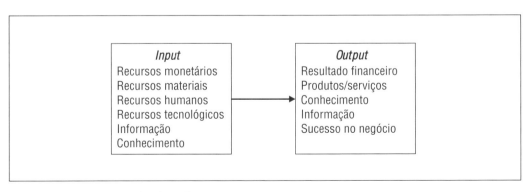

Figura 5.2 *Exemplo de relacionamento* input/output.

Podemos verificar que os *inputs* influenciam diretamente os *outputs*, e muitas vezes é deveras difícil conciliar os *inputs* disponíveis com os *outputs* desejáveis ou esperados.

O PROCESSO. O que chamamos de processo no sistema organizacional é o local onde os recursos são combinados e/ou transformados. Alguns autores o chamam de mediador dos elementos de entrada e saída do sistema. A forma de melhor utilizar os elementos de entrada é definida pelas políticas da empresa dentro do processo.

Essa introdução à teoria de sistema tem como função explicar a forma de tratamento que daremos aos capítulos que virão, quando tratarmos das funções administrativas.

Esse modelo sistêmico empresarial só é completo quando consideramos as variáveis externas que influenciam os negócios. Uma organização só poderá sobreviver se estiver atenta às condições do ambiente, também consideradas elemento do *input* ao sistema. Dentro do aspecto meio, temos os fatores econômicos, políticos, sociais, tecnológicos e de mercado, fatores esses que podem ser favoráveis ou desfavoráveis ao bom desempenho da empresa. Como fator de mercado, cabe-nos ainda subdividi-lo em mercado fornecedor de matéria-prima, hoje um fator bastante importante com a escassez de matéria-prima que o mundo vem enfrentando. Outro fator de mercado é o concorrencial, que de certa forma é favorável à organização, pois apresenta um desafio a sua posição no mercado global, tornando o negócio mais interessante.

Ainda dentro da abordagem sistêmica, poderemos tratar das decisões tomadas em qualquer função organizacional de forma hierarquizada. Essa hierarquização pode ser dividida em vários níveis, dependendo do tamanho e complexidade da empresa. Nessa nossa abordagem, fazemos as decisões em três níveis, que é o número de níveis que abrange a grande maioria das empresas.

Fazendo uma representação gráfica desse tipo de hierarquização de sistema de decisões, temos como modelo geral o representado pela Figura 5.3. Cada camada corresponde a um sistema de decisões dentro da hierarquia de sistema de decisões.

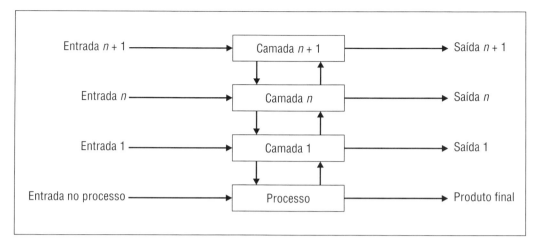

Figura 5.3   *Representação gráfica de um tipo de hierarquização de sistema de decisões.*

Dentro do conceito da teoria de sistema, somente o processo apresenta uma saída como produto final; as demais saídas são em forma de decisões que vão conduzir a atuação do processo. Dessa forma, apesar de o processo não ser um elemento de **decisão**, é uma parte muito importante do sistema, pois é ele que dará condições de avaliar as decisões tomadas nas camadas superiores.

Resta saber agora que tipos de decisões são tomadas nas camadas que compõem o processo decisório.

Qualquer que seja a área em que estejamos trabalhando – marketing, finanças, produção ou recursos humanos –, o fluxo de decisões funcionará dentro da mesma hierarquia, ou seja, decisões estratégicas em primeiro lugar, dando subsídios para as decisões operacionais. Vejamos então quais decisões estão inseridas em cada camada.

A Figura 5.4 mostra-nos que a camada mais alta é a camada $n + 1$, que são as decisões de cúpula ou da alta direção, estabelecendo o conjunto de políticas geral da empresa. Essa é a camada que está mais próxima do ambiente externo, enquanto a camada 1 é a que está mais próxima do ambiente interno; portanto, é a que tem maiores condições de poder compatibilizar as decisões estratégicas e transformá-las em ação.

Qualquer que seja o tamanho da empresa, o conjunto de decisões existirá sempre, apenas estará sobreposto em uma camada. Por exemplo, a camada n poderá tomar decisões referentes a ela própria e as referentes à camada $n + 1$ ou a camada 1 poderá ser responsável pelas decisões das camadas $n + 1$, n e ela própria, se a empresa for pouco complexa.

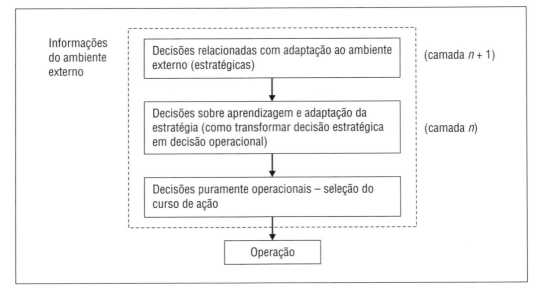

Figura 5.4   *Camadas hierárquicas e fluxo de decisões – processo decisório.*

Para maior entendimento de como funciona o processo de hierarquização das tomadas de decisões dentro da organização, apresentamos quatro áreas funcionais principais de uma organização, dentro da óptica de hierarquização, mostrando quais são as decisões tomadas em cada um dos níveis e como esses níveis se relacionam. O processo de cada uma das áreas também será mostrado nas Figuras 5.5, 5.6, 5.7 e 5.8. Nos capítulos subseqüentes, apresentaremos as áreas com mais detalhe, especificando suas atividades.

Quando associamos cada uma das camadas de decisão à estrutura organizacional, temos o conjunto de decisões de cada nível da estrutura, bem como o inter-relacionamento entre eles.

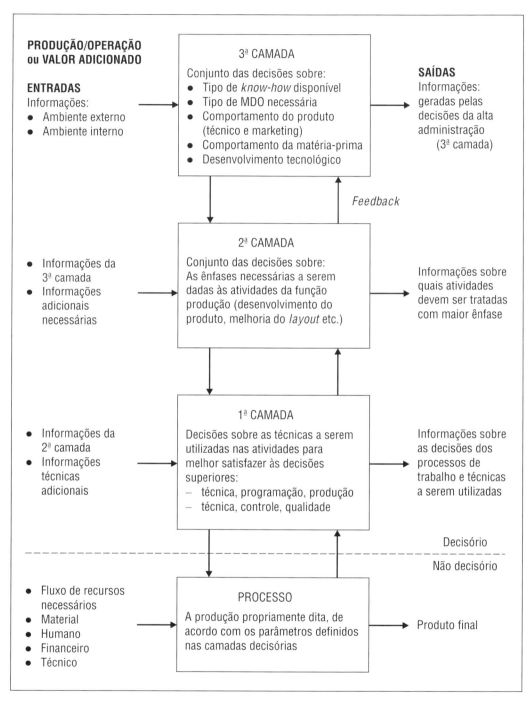

Figura 5.5 *Decisões tomadas em cada um dos níveis da área de produção e seu inter-relacionamento.*

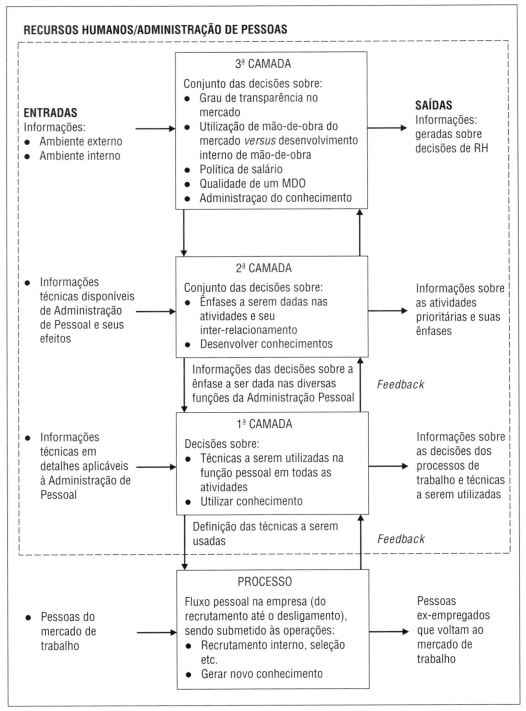

Figura 5.6 *Decisões tomadas em cada um dos níveis da área de pessoal e seu inter-relacionamento.*

ÁREAS FUNCIONAIS E AMBIENTE ORGANIZACIONAL 109

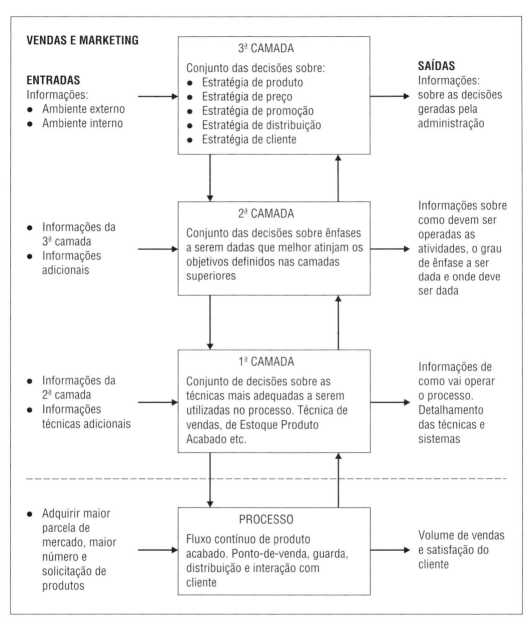

Figura 5.7   *Decisões tomadas em cada um dos níveis da área de marketing e seu inter-relacionamento.*

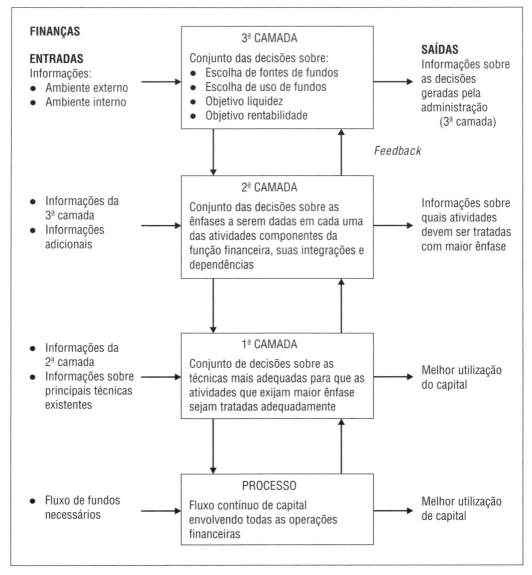

Figura 5.8   *Decisões tomadas em cada um dos níveis da área de finanças e seu inter-relacionamento.*

5.2 AMBIENTE ORGANIZACIONAL

A grande maioria dos textos sobre teoria administrativa dá ênfase às atividades internas, considerando-as de maior importância para a eficiência organizacional. Quando alguns autores consideram o ambiente externo inerente à organização, não fazem a interação dos dois ambientes, e essa ligação é tão crucial quanto qualquer operação interna. Até aqui, temos abordado os aspectos do ambiente interno, que é constituído dos processos administrativos, processos esses aplicados às funções administrativas. Neste capítulo, daremos grande ênfase ao ambiente externo, procurando relacioná-lo com o interno, como mostrado na Figura 5.9.

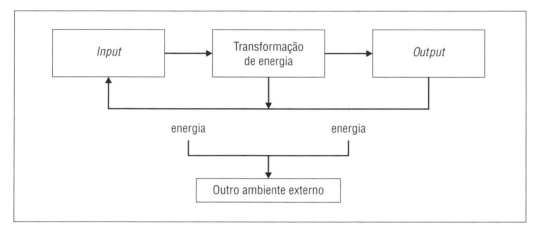

Figura 5.9   Modelo de um sistema aberto.

A preocupação de uma organização com seu ambiente externo deve-se ao fato de que ela é definida como um sistema aberto que capta energia desse ambiente, transforma-a e envia-a para o mesmo ambiente ou outro diferente daquele de onde a energia foi captada, como identificamos na Figura 7.2. Essa energia é captada e enviada sob a forma de informações, produtos e serviços.

Para que uma empresa seja assim considerada, ela deverá estar em contato contínuo com seu ambiente externo e saber adaptar-se às condições favoráveis e desfavoráveis que esse ambiente impõe à organização, sob pena até mesmo de sofrer solução de continuidade de suas operações.

O ambiente organizacional pode ser definido como a agregação de todas as condições, eventos e influências que envolvem e interagem nesse ambiente. Essa afirmação é extremamente ampla. Se tomarmos uma única empresa como modelo, seu ambiente é menor do que o ambiente total dos negócios, porém ainda permanece certa amplitude a ser considerada.

5.2.1 Componentes do ambiente externo

Existem alguns componentes do ambiente externo que podemos definir como comuns para qualquer organização, variando apenas na forma e no volume de influência para cada organização, e são esses componentes que iremos abordar. Os demais só caberiam se estivéssemos tratando de um tipo específico de organização, como, por exemplo, instituições de pesquisa que sofrem influência das universidades. Para as demais empresas, a universidade não influi direta, mas indiretamente, por meio do mercado fornecedor de mão-de-obra.

Tudo o que envolve e afeta os negócios torna-se inevitavelmente parte de seu ambiente: a vizinhança natural, a história dessa vizinhança, as condições econômicas, as condições político-legais, os padrões de cultura e a sociedade toda. Em seu próprio ambiente, a empresa deve estar constantemente alerta para mudanças. Ela pode:

- ajustar-se ao ambiente; ou
- se existir a habilidade, mudar o ambiente e gerar vantagem competitiva.

Um modelo abstrato da organização e seu ambiente pode ser visto na Figura 5.10.

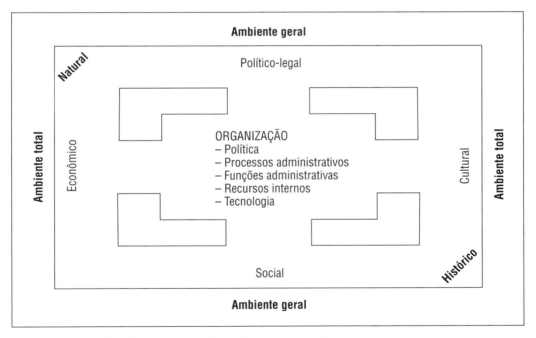

Figura 5.10 *Modelo abstrato de ambiente organizacional.*

O ambiente geral é composto de elementos da sociedade ampla que exerce influência sobre os subelementos dessa sociedade.

5.2.2 Influências que esse ambiente exerce sobre as empresas

AMBIENTE NATURAL. Consiste no ar, na terra, na água e em todos os recursos naturais. Muito do sucesso dos negócios dependerá de que posição a empresa irá adotar hoje quanto ao problema do uso adequado desses recursos naturais. Alguns desses recursos já se tornaram escassos. Por isso e pelas mudanças de valores relacionados aos recursos naturais, a administração de negócios está agora enfrentando um problema de adaptação a novos padrões e novas tecnologias, criando matérias-primas substitutas e reciclando.

AMBIENTE HISTÓRICO. Esse ambiente provê informações de origens da administração de negócios a todos os outros ambientes. O conhecimento de certas informações, tais como o surgimento de leis antitrustes e o histórico do surgimento de empresas gigantes, pode auxiliar a planejar melhor para o futuro, e criar vantagens competitivas para o negócio.

AMBIENTE POLÍTICO-LEGAL. O governo influencia substancialmente as operações das empresas. As leis, os regulamentos e as portarias emitidos pelos órgãos governamentais podem facilitar ou dificultar as atividades organizacionais. Um exemplo bastante típico é o de uma lei que estabelecesse um empréstimo compulsório para viagem ao exterior. Essa lei provocaria uma queda nas atividades das empresas de turismo, obrigando-as a procurar novos mercados. Por outro lado, essa mesma lei abriria novos mercados para as empresas financeiras que estabeleceriam um plano para financiar a parcela exigida pelo governo. Muitas vezes, a própria instabilidade governamental ou rumores de uma ação mais rígida do governo sobre determinada atividade podem prejudicar as atividades de uma empresa e impedir que ela atinja os objetivos propostos. A influência de governos estrangeiros sobre os negócios globais e protecionismos de exportação também influenciam os negócios.

O governo desempenha três papéis no ambiente dos negócios. Como regulador, desempenha dupla função: a de suporte e a de restrição. Regula a ação das empresas por meio de leis emitidas em todos os níveis governamentais. Como supridor, o governo é proprietário de terras e recursos naturais necessários à produção de bens e serviços. Como consumidor, o governo consome produtos e serviços produzidos por várias empresas. O governo pode ainda, em menor escala, desempenhar o papel de competidor em certo mercado, como o de produção de energia e o de produção de alguns medicamentos.

AMBIENTE ECONÔMICO DEMOGRÁFICO. O ambiente econômico é um dos mais importantes para a organização, e influencia mercados produtores, mercados consumidores e a própria natureza do negócio. Os fatores econômicos afetam:

- fontes de recursos para a empresa, tais como recursos financeiros e materiais;
- o mercado consumidor, mediante aumento da renda *per capita* ou da melhor distribuição da renda individual; nível de desemprego.

Esses fatores afetam diretamente a capacidade do indivíduo de comprar. O mercado competidor também pode ser afetado pelos fatores econômicos do ambiente externo, pois, se a empresa se encontra em dificuldade para a obtenção de recursos financeiros a ponto de provocar retração em seus negócios, pode com isso perder uma parcela do mercado para seus competidores.

Outro ponto muito importante é o relacionamento da empresa com mercados externos. Se o sistema produtivo está baseado em recursos de mercado externo, ou se produz bens e serviços para exportação, fatores econômicos como a taxa de inflação, a taxa de juros e a balança de pagamentos deverão influenciar nas atividades organizacionais.

O segmento demográfico global também é um elemento que deve ser considerado na análise do ambiente externo. O tamanho da população, a estrutura etária, a distribuição geográfica e as questões étnicas são informações importantes para definir a adaptação ou geração de produtos para o mercado.

AMBIENTE SOCIOCULTURAL. Fatores sociais em um ambiente empresarial apresentam problemas para o administrador pelo significado de seu impacto nas operações da empresa. Tais fatores são: taxa de crescimento da população e padrões de transição da área rural para a urbana.

A forma como esses fatores podem interferir reflete-se no processo produtivo e na tecnologia utilizada pela empresa, no que concerne à ecologia e poluição ou nível de educação e taxa de analfabetismo.

Esse ambiente é bastante relacionado ao ambiente social, pois alguns fatores sociais refletem-se diretamente na cultura do povo, e as normas culturais e religiosas desse povo interferem no produto de uma empresa. Muitas vezes, uma empresa é impedida de lançar determinado produto em um mercado, em virtude de a norma cultural e religiosa de um povo não permitir seu consumo. Aconteceu no passado com a pílula anticoncepcional, e ainda acontece até hoje, em menor escala. Esse exemplo serve para mostrar como é difícil mudar a mentalidade de um povo em função da criação de uma necessidade de consumo.

Muitas das mudanças nos fatores sociais e culturais estão incorporadas em programas governamentais, e as empresas devem estar sempre atentas à introdução dessas mudanças no ambiente.

AMBIENTE TECNOLÓGICO. Estamos entrando na chamada "sociedade que pensa". Modismo ou não, as empresas estão preocupadas com a gestão do conhecimento interno e externo. As inovações de produtos lançados no mercado, resultado de tecnologias modernas, são frutos dessa corrente. O desenvolvimento e a aplicação desse conhecimento são vistos hoje como vantagem competitiva. O governo poder ser um elemento que contribui para essa evolução; portanto, é importante conhecer as políticas de apoio a Pesquisa e Desenvolvimento, e em que as universidades estão envolvidas, no campo da pesquisa.

AMBIENTE INTERNO. Para efeito da análise do ambiente organizacional, podemos considerar o ambiente interno como subsistemas: o técnico, o organizacional, o normativo e o humano.

SUBSISTEMA TÉCNICO. Refere-se à tecnologia utilizada para atingir seu objetivo principal. Cada departamento tem uma variedade de técnicas e de processos para desempenhar suas atividades. Essas técnicas variam em complexidade, homogeneidade e repetitividade, dependendo da natureza do trabalho.

SUBSISTEMA ORGANIZACIONAL. Esse subsistema trata da forma de relacionamento entre os membros da organização e de quais padrões devem ser seguidos. Existem variações em como os relacionamentos são formalizados, centralização e descentralização das decisões e como as tarefas são agrupadas.

SUBSISTEMA NORMATIVO. Consiste na definição de valores, filosofias e objetivos. Novos membros de uma organização podem aprender mais rápido o que devem e o que não devem fazer quando já existem normas predefinidas.

SUBSISTEMA HUMANO. Refere-se aos tipos de personalidade, relações grupais e ao estilo de liderança que os membros de uma organização utilizam. Algumas organizações selecionam e treinam seu pessoal para que seja mais cooperativo e social, enquanto outras preferem seu pessoal mais agressivo e competitivo.

A fim de se relacionar efetivamente com seu ambiente, qualquer organização deve criar um sistema de informação que mantenha um canal sempre aberto entre o ambiente externo e o interno, com um fluxo permanente de informações de bom grau de qualidade e oportunas em relação ao tempo. Está claro que a empresa deve utilizar essas informações para definir sua política de ação. Podemos delinear um modelo conceitual para a definição de política empresarial, considerando o ambiente externo, na Figura 5.11.

Como podemos observar na Figura 5.11, os fatores do ambiente externo da organização afetam diretamente a tecnologia, o mercado e a natureza do negócio, e ao mesmo tempo criam oportunidades e riscos para a empresa.

Essas informações são necessárias à formulação de políticas e à identificação dos campos favoráveis de atuação da empresa. As decisões no âmbito estratégico vão moldar o ambiente interno e fazer com que haja perfeita interação entre os dois ambientes para contribuir com o sucesso da organização.

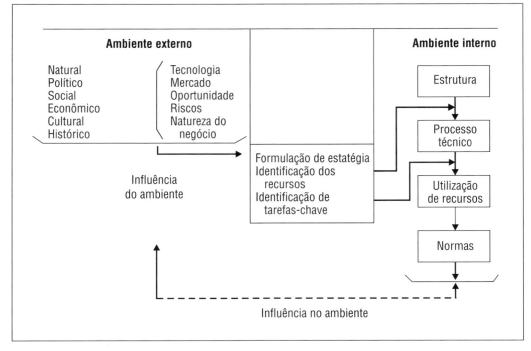

Figura 5.11 *Modelo conceitual de política administrativa.*

Entre outras, as informações sobre o ambiente externo devem ser utilizadas pelos empresários para:

- identificar políticas operacionais;
- adicionar outras estratégias de ação;
- identificar programas opcionais;
- selecionar oportunidades de atuação ou investimento.

O processo de monitorar o ambiente externo, em base contínua, inclui quatro atividades: rastrear, monitorar, prever e avaliar. O objetivo é estudar o ambiente externo e identificar ameaças e oportunidades.

Componentes da análise do ambiente externo	
Rastrear:	identificar recentes sinais de mudanças.
Monitorar:	determinar o significado desses sinais de mudanças.
Prever:	desenvolver projeções de resultados esperados, com base no monitoramento.
Avaliar:	determinar o tempo e a importância dessas mudanças para a estratégia da empresa.

Manter esse processo sempre ativo preserva o poder da empresa em competir no mercado.

Somente sobrevivem as organizações com capacidade de integrar efetivamente suas operações com seus ambientes. À medida que as mudanças do ambiente organizacional aumentam, a adaptação torna-se mais complexa e mais difícil de se obter, e as empresas que não conseguirem esse ajustamento estão destinadas a morrer.

A inter-relação da organização com seu ambiente nunca foi tão grande como hoje. As decisões tomadas em grandes e complexas organizações não só influenciam a comunidade em seu aspecto de desenvolvimento, como também as atividades econômicas nacionais e internacionais. A sociedade está percebendo essa interdependência e como resultado as organizações dos setores privados não são mais vistas como uma propriedade privada, mas como uma propriedade com grande responsabilidade social.

Existem muitas escolas que definem a responsabilidade social de uma empresa. Uma muito simplista é a de que a única responsabilidade da empresa é fazer para seus proprietários e acionistas o máximo possível. Essa é uma posição muito passiva e patriarcal.

Atualmente, são mais amplas as funções de uma organização atuante na sociedade, devendo contribuir para todos os grupos que compõem seu ambiente organizacional, tanto interno como externo. Alguns grupos, tais como proprietários, sociedade, comunidade etc., devem contribuir diretamente com outros, como, por exemplo, governo. A organização é uma fonte de informação que permite melhoria constante de decisões já tomadas.

BIBLIOGRAFIA BÁSICA

BERNARDES, Cyro. Sistemas hierarquizados e suas aplicações à administração. *Revista de Administração*, São Paulo: IA-FEA/USP, v. 20, nº 1, 1985.

McFARLAND, Dalton E. *Administration*: practices and foundations. New York: Macmillan, 1979.

ZACCARELLI, Sergio Baptista. Hierarquia das decisões estratégicas. *Revista de Administração*, São Paulo: IA-FEA/USP, v. 13, nº 1, 1978.

QUESTÕES PARA DISCUSSÃO E REVISÃO

1. A visão sistêmica permite análise organizada da empresa. Em que ela influencia a introdução de uma visão hierarquizada?

2. Qual o conceito de camadas e o que implica o processo de hierarquia das decisões?
3. O que é um ambiente organizacional?
4. Que elementos devem ser considerados importantes na análise do ambiente empresarial?
5. Qual a diferença entre ambiente externo e interno na organização?

6
Função Produção/ Operação/Valor Adicionado

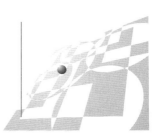

Nossa sociedade é formada por um sistema econômico em que qualquer empresa busca seu melhor desempenho por meio da conquista do mercado no qual atua, oferecendo produtos e/ou serviços de qualidade e a custos acessíveis. Se essa empresa está classificada como de produtos, é importante que a função produção seja bem estruturada. Trata-se de uma empresa de serviços, a área de produção adquire um perfil diferente, porém não menos importante. Um banco, por exemplo, dispõe de vários produtos, mas não podemos usar para ele a expressão *chão de fábrica*, tão usada numa indústria de aço.

A função produção é responsável pela transformação de matéria-prima, energia e informação em bens e/ou serviços.

Figura 6.1   *Fluxo de produção.*

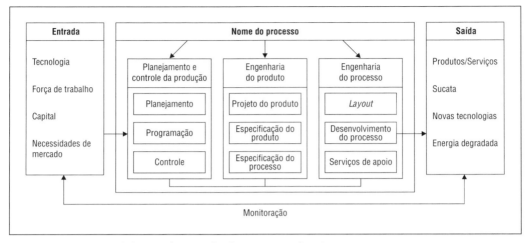

Figura 6.2   *Modelo sistêmico da função produção.*

Como já abordamos anteriormente, um negócio bem-sucedido é capaz de criar alguma coisa que as pessoas desejam, mais do que a retenção de seu dinheiro. O conhecimento dessa vontade nos é dado pelas informações de mercado, mediante investigação de necessidades ou tendências de comportamento de uma sociedade.

Já demos uma visão do sistema global da função produção, na Figura 5.5, na apresentação dessas áreas funcionais. Para entendermos cada parte daquele sistema, iremos desdobrá-lo no decorrer deste capítulo. Para tanto, definimos para essa função três subsistemas essenciais: a engenharia do produto, o planejamento da produção e a engenharia do processo. Uma característica a ser considerada nessa área é a peculiaridade de cada organização de definir seu modelo sistêmico, uma vez que ele depende de seu produto e de sua capacidade de produção.

Elementos de entrada do sistema produção: em nosso sistema básico, consideremos quatro elementos fundamentais para o sistema de produção poder tomar forma e operar. O primeiro é a tecnologia a ser empregada pela organização para a produção dos bens e serviços, ou seja, as características técnicas, tipo de matéria-prima e tipo de equipamento necessário que o produto exige. O segundo é o conhecimento do perfil da força de trabalho necessária à tecnologia definida e como se apresenta o mercado de mão-de-obra em relação a essa força de trabalho necessária. A capacitação da mão-de-obra de uma organização é um aspecto fundamental para o sucesso de sua produção e da qualidade de seus produtos, refletindo em sua produtividade. O terceiro refere-se ao capital financeiro que a organização dispõe para iniciar seus negócios e adquirir os elementos que impulsionam a produção, como os insumos de produção. O quarto e já tão falado aqui é o conhecimento e a certeza de estarmos produzindo algo que as pessoas querem e necessitam consumir.

Com base nesses quatro elementos, o núcleo do sistema poderá iniciar os preparativos para começar suas atividades, ou seja, detalhar os três subsistemas mencionados.

6.1 PRIMEIRO SUBSISTEMA

6.1.1 Engenharia do produto

Quando a empresa planeja um produto, decide-se sobre sua forma e projeto. Mesmo uma empresa já estabelecida periodicamente procura adequar seu produto, renovando o projeto.

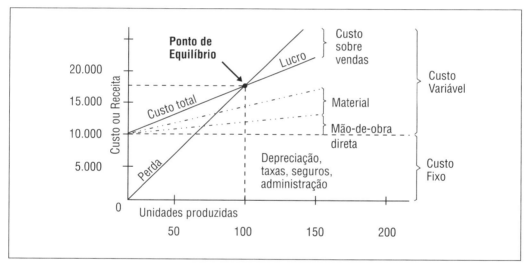

Figura 6.3   *Ponto de equilíbrio usando dados hipotéticos.*

Normalmente, o primeiro passo para o planejamento do produto é a pesquisa. Aqui as atividades são concentradas na concepção do novo produto ou melhoria do produto antigo ou em soluções de problemas de produção em relação ao projeto do produto em execução.

Uma vez que o produto está na mente, a empresa deve determinar seu valor econômico. Para o produto ser aceito, ele não deve apenas desenvolver sua função, mas ser vendido na quantidade suficiente para cobrir os custos totais de produção. A avaliação econômica é feita baseada em uma série de fatores, tais como: mercado, custo e disponibilidade do material, custo de produção etc. Essas informações colocadas juntas, como, por exemplo, no modelo usual do ponto de equilíbrio mostrado na Figura 6.3, permitem à empresa determinar o ponto de equilíbrio em que ela deverá estar operando.

6.1.2 Desenvolvimento do produto

É a fase da execução dos desenhos em todos os detalhes e, se for necessário, da construção de modelos. Os desenhos devem ser feitos de forma a mostrar aos executores cada detalhe do produto, bem como qual será sua forma final. Os modelos, chamados protótipos, devem ser testados para garantia do sucesso final. Essa fase é bastante longa, pois envolve atividades de experimentos que nem sempre são aproveitados.

6.1.3 Especificação do produto

Esse passo é uma continuidade do passo anterior. Essas especificações completam o projeto do produto e descrevem o material a ser usado e os procedimentos operacionais, tais como: padrões de desempenho, tolerância, unidades a serem produzidas, dimensões etc. Essa fase só ocorre quando a anterior estiver devidamente aprovada, pois é o detalhamento do produto final.

6.1.4 Especificação do processo

A especificação do processo é necessária em duas situações básicas:

- empresas em início de operação; e
- produtos que não se repetem.

Essas especificações constituem basicamente as etapas de execução pelas quais o produto passa, obedecendo a uma seqüência lógica de execução. Inicia-se com o fluxo de matéria-prima e termina no produto acabado até sua estocagem.

6.2 SEGUNDO SUBSISTEMA

6.2.1 Planejamento e controle da produção

Após a decisão de produzir um produto ou serviço, deve-se iniciar o planejamento dessas atividades.

A. LOCALIZAÇÃO DA PLANTA

A primeira atividade de planejamento de produção é a seleção da localização da fábrica. Para a decisão de seleção de onde será localizada a fábrica, devem-se considerar os seguintes fatores:

- **o mercado de mão-de-obra:** usualmente, uma empresa procura suprir suas necessidades de mão-de-obra usando recursos locais, uma vez que trazer elementos de outros pontos geográficos provoca mais despesas e o cumprimento de certas leis de proteção ao trabalhador, encarecendo o sistema de assistência aos empregados;
- **fácil acesso à matéria-prima:** como podemos observar, toda usina siderúrgica é localizada nos centros de produção de minérios ou em regiões onde o acesso é mais fácil. Esse é um fator que também influi no custo do produto;
- **mercado consumidor:** muitas empresas também optam pela localização da fábrica em local próximo ao mercado consumidor, reduzindo custos de transporte. Porém, é uma consideração mais secundária;
- **facilidades infra-estruturais:** água, força, luz, clima adequado ao produto, transporte. Muitas vezes é interessante iniciar uma fábrica em um centro pouco desenvolvido. Embora possa haver certas vantagens, como preço de terra, facilidade de expansão e menor pressão de controle da poluição, a região pode não apresentar recursos que permitam viabilidade econômica do projeto;
- **considerações locais:** algumas regiões são mais interessantes que outras, pois oferecem vantagens de incentivos para a expansão industrial que justificam custos de criar infra-estrutura.

B. CAPACIDADE DA FÁBRICA

Após a decisão de onde será localizada a fábrica, o planejamento deverá preocupar-se com sua capacidade de produção. Isso deverá ser feito em função da capacidade do mercado consumidor. Criar mais capacidade de produção que o necessário é dispendioso. Por outro lado, uma capacidade baixa provocaria perda de mercado. Ao determinar a capacidade de produção de uma fábrica, os elementos a serem considerados são:

- tempo de operação da fábrica, ou seja, número de horas por dia em que deseja operar;
- unidade em relação ao tempo de produção;
- volume de vendas esperado; essa é uma informação básica;
- capacidade de produção de cada máquina ou equipamento.

Aqui o cálculo pode ser muito técnico e requer pessoas especializadas para fazê-lo, porém é um dado muito importante. Hoje há a facilidade dos *softwares* que ajudam no processo.

C. SELEÇÃO E EDIFICAÇÃO DA FÁBRICA

Para essa seleção deverão ser considerados os tipos básicos de construção existentes em relação às necessidades da empresa. Cada tipo oferece certas vantagens claras. Os pontos mais importantes a serem considerados quando for selecionado o tipo de edificação a ser usado são:

- facilidade de expansão;
- sistema de luz e ventilação;
- flexibilidade na disposição do *layout*;
- os custos do manejo dos materiais.

Além dos edifícios para a produção propriamente dita, devem-se planejar também as instalações aos empregados, tais como área de descanso, refeitórios, ambulatórios etc.

Algumas dessas instalações já são previstas por lei, e fica a critério da empresa oferecer ou não certas instalações aos empregados.

6.2.2 Programação da produção

O planejamento da produção é feito em um nível bastante global. Partindo desses dados de planejamento, detalham-se os programas e planos de produção para um nível mais compreensível aos escalões inferiores da organização. Podemos definir a programação da produção como a atividade que procura combinar as necessidades de produção com os recursos e equipamentos disponíveis. Cada atividade é coordenada com outras para que o fluxo caminhe calmamente, produzindo os resultados esperados.

A. MÉTODOS DE PROGRAMAÇÃO

Existem várias formas de programar as atividades de produção. A escolha da forma adequada dependerá do tipo de produto final. Na realidade, existem tantos tipos quantos forem os tipos de produção. Os tipos de fabricação mais comuns são:

- poucas unidades que não se repetem;
- muitas unidades que não se repetem;

- ordens que se repetem em intervalos irregulares e ordens que se repetem em intervalos regulares.

Estes dois últimos ainda podem ser reclassificados em função da quantidade encomendada. Podemos dizer que, para produção altamente repetitiva, a programação é feita principalmente com base na previsão de vendas, e programa-se o nível geral de atividades; para produção que não se repete ou que se repete muito esporadicamente, a programação é feita com base nos pedidos recebidos, programando-se cada operação. Os documentos para instruir, autorizar e controlar também são mais complexos no segundo caso, devendo ser emitido um documento para cada operação.

B. PROBLEMAS REFERENTES À PROGRAMAÇÃO

Para algumas fábricas, surgem alguns problemas de produção. Um dos mais básicos ocorre quando a demanda é flutuante. Muitas empresas procuram solucionar o problema usando o seguinte esquema:

- ter um programa de produção fixo, e um estoque alto para satisfazer à demanda;
- variar a produção segundo a demanda de mercado e manter um estoque pequeno como segurança;
- usar a combinação dos dois sistemas anteriores, para manter o custo em um nível mínimo.

Outro problema inerente à programação é o tempo exigido para o fluxo de mercadorias e serviços necessários à produção – matéria-prima, partes prontas, ferramentas etc. O terceiro problema, de menor importância, é o de determinar a seqüência própria ou mais adequada para as operações.

C. TÉCNICAS DE PROGRAMAÇÃO

A forma de distribuir as cargas de trabalho em função do tempo e acompanhar a seqüência lógica de cada operação é feita por meio de algumas técnicas de programação. Entre elas, as mais conhecidas são: Gráfico de Gantt, Pert, CPM, PEP e outros. Essas técnicas disciplinam a análise dos trabalhos a serem executados e forçam o administrador a pensar logicamente e a planejar com profundidade antes do início do trabalho.

1. **Gráfico de Gantt:** o Gráfico de Gantt, em suas diversas formas de apresentação, uma das quais reproduzida na Figura 6.4, constitui um método esquemático que fornece informações relativas à programação da produção, à carga nos departamentos ou máquinas indivi-

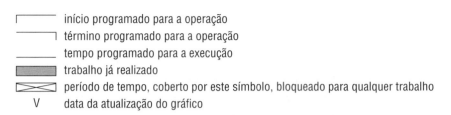

Figura 6.4   *Modelo de Gráfico de Gantt.*

duais e à qualidade de pessoal e de equipamentos. Para a elaboração do Gráfico de Gantt, usam-se certas convenções-padrão, que podem variar de empresa para empresa.

2. **Diagrama de Pert:** essa forma de análise é feita determinando-se a seqüência de operação que requer o maior tempo para ser completada. Essa seqüência, ou caminho, torna-se **crítica**. As outras operações que podem ser completadas antes não são críticas, e têm maior tempo livre. Uma vez identificado o caminho crítico, a programação das operações torna-se aparente. Operações não críticas podem ser executadas antes ou depois. Essa flexibilidade de combinação libera tanto homens como equipamentos para trabalharem nas operações críticas e fazer com que o trabalho prossiga dentro do prazo.

A Figura 6.5 exemplifica um modelo de diagrama de Pert, mostrando todas as atividades que envolvem a execução de um produto. Os números no pequeno círculo correspondem ao tempo em dias para a execução de cada atividade. O caminho que requer maior tempo (2 + 4 + 2) é o **crítico**. É o caminho que requer maior atenção, uma vez que não existe folga de tempo.

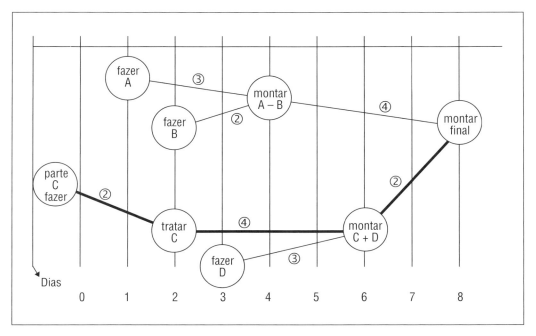

Figura 6.5   *Modelo de diagrama de Pert.*

6.2.3 Controle na produção

O setor preocupado com os controles de qualidade e custo na produção é conhecido como Departamento de Controle da Produção. A preocupação principal é atingir as exigências do mercado. O sistema de controle não é complexo se o produto contém apenas poucas partes, porém pode tornar-se complexo se o produto for constituído por grande número de componentes e subconjuntos ou se uma grande variedade de produtos for produzida. As atividades mais importantes do controle na produção são:

- assegurar a qualidade do produto acabado ou suas partes;
- assegurar a qualidade da matéria-prima utilizada para a execução do produto final;
- estabelecer padrões para a qualidade necessária ao produto;
- estabelecer um programa para a inspeção. Esse programa deverá responder a três perguntas básicas: Quem inspeciona? Quando inspecionar? Quanto e onde inspecionar?

Em resumo, podemos verificar que, durante o estágio inicial de planejamento, devem ser criados padrões para o processo de produção. Cada máquina operatriz, cada material usado, cada rotina selecionada e cada estágio de produção devem ter padrões estabelecidos para obter uma boa qualidade final. Quando as operações estão sendo executadas, a empresa deve verificar periodicamente seu progresso e verificar se os programas estão sendo cumpridos. Finalmente, quando o produto chega a sua fase final, deve ser inspecionado novamente para verificar se está de acordo com os padrões exigidos pelo consumidor.

6.3 TERCEIRO SUBSISTEMA

6.3.1 Engenharia do processo

LAYOUT. O *layout* da fábrica é o arranjo das facilidades e serviços dentro da área de trabalho. É conhecido como arranjo físico. Quando esse arranjo é feito de forma correta, permite atingir vários objetivos na área de produção:

- integra centros produtivos de forma lógica e eficiente;
- facilita os movimentos de materiais e de pessoal;
- permite modificações necessárias quando do surgimento de outros produtos ou modificação no produto existente;
- garante alocação própria e eficiente do espaço.

Para construir um arranjo físico que permita alto padrão de produção por baixo custo, é necessário levar em consideração os seguintes aspectos:

- tipo de processo de produção a ser adotado;
- política de produção;
- tipo de produção;
- volume de mão-de-obra necessária;
- volume de trabalho;
- transporte interno;
- necessidade e flexibilidade.

Essas informações deverão ser fornecidas pelos subsistemas vistos anteriormente. Aconselha-se desenhar o *layout* ou mesmo fazer uma miniatura, em escala, com todas as máquinas e facilidades, para poder testar. Com isso, permite-se fazer qualquer ajustamento necessário e obter um processo mais satisfatório.

FLUXO DE MATERIAIS. O principal aspecto do arranjo físico é o fluxo de materiais. Nas operações industriais, a matéria-prima deve movimentar-se pela fábrica de forma eficiente para redução do custo de transporte e espera, no processo produtivo. Normalmente, os materiais movimentam-se em dois tipos básicos de fluxo: horizontal e vertical. Quanto mais simples for o fluxo de materiais na fábrica, mais fáceis serão o controle e a supervisão do processo produtivo.

TIPOS DE ARRANJO FÍSICO. Uma das decisões importantes é a escolha do tipo de arranjo físico a ser usado. Existem três tipos básicos:

- o arranjo físico por produto;
- o arranjo físico por processo; ou
- a combinação dos dois tipos.

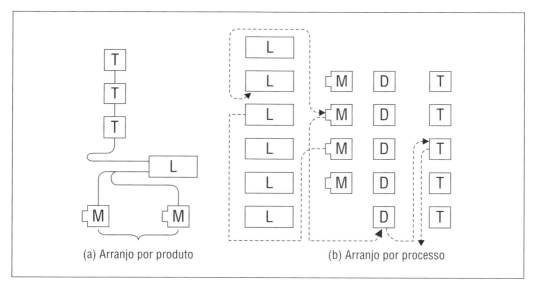

Figura 6.6   *Tipos de arranjo físico.*

Em um arranjo físico por produto, como o da Figura 6.6 (a), os equipamentos são colocados da forma lógica em que as operações são executadas no produto. Em um arranjo físico por processo, como o da Figura 6.6 (b), os equipamentos são agrupados considerando-se sua similaridade.

Qualquer dos dois tipos tem suas vantagens e desvantagens. A opção por um ou outro tipo vai depender de uma série de fatores, e um dos principais é o tipo de produto a ser produzido.

6.3.2 Desenvolvimento do processo

Dentro do desenvolvimento do processo podemos incluir as atividades inerentes às funções operacionais que tratam da transformação dos materiais. Existe uma interação muito grande entre essa atividade e as atividades auxiliares. A Figura 6.7 detalha o modelo sistêmico da configuração do processo que interage com funções auxiliares.

O fluxo contínuo da Figura 6.7 é o principal dentro de um processo de produção simples. Os planos, programas e recursos são liberados e enviados para o local de operação. Após executadas as operações, eles são inspecionados e expedidos.

Atenção deve ser dada a dois aspectos desse fluxo. Um está relacionado com o tipo de operação, que pode ser contínua ou intermitente, e outro com o controle ou inspeção da produção.

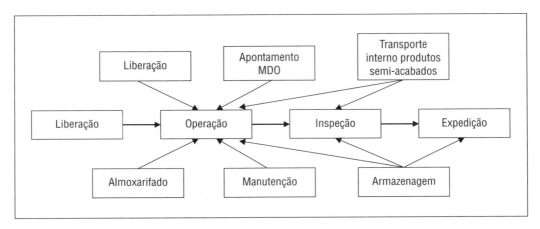

Figura 6.7   *Detalhamento do desenvolvimento do processo.*

Operação contínua é aquela em que o produto passa por um fluxo longo de operação sem sofrer interrupções bruscas, como colocado no arranjo por processo, e a operação intermitente é mais característica do arranjo por produto, pois envolve condições de produção que exigem freqüentes interrupções da máquina.

Quanto ao controle da produção, consiste em um conjunto de procedimentos bem definidos que tem por objetivo a coordenação de todos os elementos de produção a fim de obter por baixo custo o melhor resultado de produção. Os detalhes dos possíveis sistemas de controle diferem de empresa para empresa, de acordo com suas características de produção. Normalmente, faz-se o controle do processo e o controle do produto. O controle do processo é mais abrangente e vai servir de *feedback* para o sistema global, e o controle do produto vai definir qual a qualidade obtida na produção. Ambos são muito importantes.

ATIVIDADES AUXILIARES. As atividades auxiliares ou de suporte ao processo produtivo são: almoxarifado, manutenção, ferramentaria, apontamento de mão-de-obra, armazenagem etc. As atividades-suportes podem ser aumentadas de acordo com as necessidades da empresa.

ALMOXARIFADO. Dentro dessa atividade, estão incluídas todas as operações com materiais, quer matéria-prima, quer produtos semi-acabados, quer acabados. Cabe ao almoxarifado executar as compras em geral, controlar entradas e saídas dos materiais, controles de estoque, inventário etc. Os aspectos mais importantes a serem considerados nessa atividade são as decisões sobre compras e os níveis de estoque a serem mantidos para cada item do estoque.

FERRAMENTARIA. Essa é uma atividade cuja existência vai depender do tipo de produto e de equipamento utilizado no processo. A atividade tem por finalidade distribuir, manter e controlar as ferramentas e os dispositivos necessários para que as máquinas possam operar.

MANUTENÇÃO. Essa é a atividade responsável por manter os equipamentos todas as facilidades físicas em perfeitas condições de funcionamento. Normalmente, a empresa planeja a manutenção de forma que o processo produtivo não pare completamente. Existem dois tipos básicos de manutenção: a manutenção preventiva, que é feita periodicamente, procurando manter os equipamentos em bom estado de conservação, e a manutenção corretiva, que ocorre quando o equipamento pára de funcionar. A maior decisão que deve ser tomada nessa atividade é sobre qual a ênfase a ser dada na manutenção preventiva e na corretiva. Esse problema envolve custo, e o administrador da produção deve manter o equipamento andando da forma mais econômica possível.

APONTAMENTO DE MÃO-DE-OBRA. Considerada uma atividade que vai gerar informações a várias áreas da empresa – pessoal, produção, métodos e sistemas. Com as anotações feitas pelos apontadores de mão-de-obra, ela vai permitir correção nos tempos de execução de uma peça, em sua programação, no prazo de entrega, nos padrões de desempenho e, eventualmente, no pagamento de prêmios aos empregados.

ARMAZENAGEM. É a guarda do produto acabado, que pode ocorrer em várias fases do processo produtivo. Pode ser feita após cada operação, no controle de qualidade, na montagem final. A armazenagem das peças, dos conjuntos ou subconjuntos durante o processo produtivo é de competência dos responsáveis pelos setores produtivos, e a armazenagem do produto acabado pode ser do setor produtivo (almoxarifado) ou do setor de marketing, dependendo da organização.

6.3.3 Elementos de saída do sistema produtivo

Como saída do sistema produtivo, podemos considerar o produto como o elemento principal, e os resíduos da produção, como os resíduos de matéria-prima, e outros. Um aspecto muito importante é o aspecto tecnológico como elemento de saída. A cada ciclo produtivo que se completa, existe um processo natural de aprimoramento da tecnologia empregada e também a possibilidade de descobrir novas tecnologias de produção. Esse aspecto pode ser considerado mais importante que o próprio produto, que é uma decorrência natural do ciclo produtivo.

Podemos resumir como atividades da administração da produção as atividades de planejar, programar, coordenar e controlar a produção. Os problemas de *inputs* em produção são relativos à obtenção de recursos, quaisquer que sejam para a empresa. Os *outputs* dependem dos *inputs* e da habilidade com que foram administrados. Podemos estabelecer a seguinte relação, conforme ilustra a Figura 6.8.

Essas relações são similares para todos os tipos de atividade produtiva.

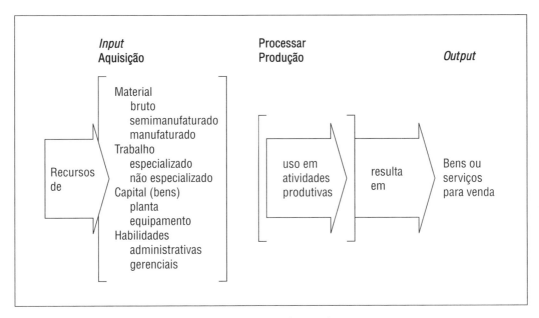

Figura 6.8   *Interdependência do sistema de produção.*

6.4 ADMINISTRAÇÃO DA PRODUÇÃO

Como podemos observar, as atividades que envolvem o processo de transformação devem ser administradas. Especificamente, essa área da administração envolve três atividades básicas:

1. **Especificar e acumular elementos de entrada:** atividade relativa aos recursos necessários para que a produção tenha um fluxo contínuo. Nessa fase são tomadas decisões de onde produzir e garantir os equipamentos e instalações, matéria-prima, mão-de-obra etc. Todas essas atividades devem ser executadas antes que o processo produtivo tenha início.
2. **Instalação do processo de transformação:** essa atividade envolve desenho de instalação do processo produtivo a ser usado. Está relacionada com as decisões sobre o tipo de processo, equipamento e máquinas a serem usados.
3. **Coordenação e operação do processo produtivo:** aqui o objetivo é produzir de forma eficiente, incluindo as atividades operacionais: rotina de material, programação, divisão de tarefas etc.

Essas três atividades básicas devem figurar no organograma da empresa de tal forma que permitam perfeito relacionamento entre elas, uma vez que são interdependentes. Como a função produção é uma das atividades principais na organização, a maioria das empresas contém uma diretoria de produção ligada ao presidente da empresa, para que as decisões sejam tomadas com rapidez.

Nossa sociedade sofreu mudanças significativas no final do século passado: a mudança de uma sociedade orientada para a produção de bens de consumo duráveis e não duráveis para uma sociedade consumidora de serviços. Sem sombra de dúvida, os conceitos e as técnicas tradicionais aplicados nas indústrias em seu processo de produção serviram de laboratório para o desenvolvimento e as melhorias de técnicas e ampliação dos conceitos operacionais.

6.4.1 Alinhamento da função de produção com a estratégia organizacional

A **função produção** tem três papéis principais dentro da estratégia empresarial:

- *apoiar a estratégia definida pela empresa*: desenvolvendo seus recursos para permitir que a organização atinja seus objetivos estratégicos;
- *implementar a estratégia empresarial*: operacionalizando-a, ou seja, colocando-a em prática;

- *impulsionar a estratégia empresarial*: por meio da vantagem competitiva a longo prazo, ou seja, "fazendo melhor", "fabricando melhores produtos", "entregando melhores serviços" etc.

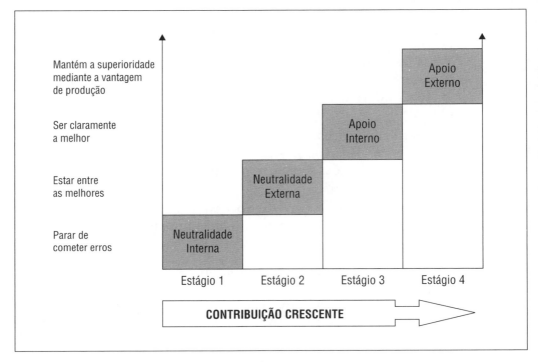

Figura 6.9   *Aspiração da função produção.*

A produção contribui para a estratégia empresarial atingir os cinco "objetivos do desempenho". São eles:

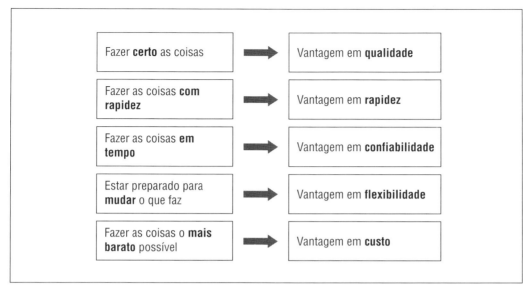

Figura 6.10   *Cinco objetivos do desempenho.*

Vantagem em qualidade significa:

1. Aspectos externos:
   - maior satisfação dos clientes externos.
2. Aspectos internos:
   - menor desperdício de tempo e redução de custos para reduzir erros;
   - maior confiabilidade;
   - estabilidade e eficiência da organização.

Vantagem em rapidez significa:

1. Operação externa:
   - maior disponibilidade de bens;
   - resposta rápida aos consumidores.
2. Operações internas:
   - rapidez na tomada de decisão, na movimentação de materiais e nas informações internas da operação;
   - redução de estoques (JIT);
   - redução do risco de produzir além da demanda absorvida pelo mercado; cronograma de produção a curto prazo.

Vantagem em confiabilidade significa:

1. Operação externa:
   - produzir em tempo hábil para que os consumidores recebam seus bens ou serviços na data prometida.
2. Operação interna: os clientes internos julgarão o desempenho uns dos outros, analisando o nível de confiabilidade entre as microoperações na entrega pontual de materiais e informações:
   - economia de tempo (não há reprogramação de serviço);
   - economia de dinheiro (não há custo operacional extra);
   - maior estabilidade.

Vantagem em flexibilidade significa:

1. Ser capaz de mudar a operação de alguma forma. Pode-se alterar o que a operação faz, como faz ou quando faz para satisfazer às exigências de seus consumidores. Mudança é a idéia-chave.
2. A mudança exigida deve atender a quatro tipos de exigências:
   - flexibilidade de produto/serviço: habilidade de a produção introduzir produtos e serviços diferentes;
   - flexibilidade de composto (*mix*): capacidade de fornecer ampla variedade ou composto de produtos e serviços;
   - flexibilidade de volume: quantidades ou volumes diferentes de produtos ou serviços, ou seja, a habilidade de a operação alterar seu nível de *output* ou de atividade; "demanda flutuante";
   - flexibilidade de entrega: é a habilidade para alterar a programação de entrega do bem ou serviço. Pode ser para antecipar ou postergar a entrega dos bens ou serviços, a pedido do cliente.

Vantagem em custo significa:

1. Quanto menor for o custo de produção de bens e serviços, menores serão os preços praticados aos clientes ou consumidores; maior será a margem de lucro; ou uma combinação de ambos.
2. A produção influenciará os custos em:
   - custos de funcionários (dinheiro gasto com mão-de-obra);
   - custos de instalações, tecnologias e equipamentos (compra, conservação, operação, substituição etc.);
   - custo de materiais (matérias-primas).

3. O custo é afetado por todos os objetivos de desempenho. Assim, na operação interna, uma forma de reduzir os custos é melhorar o desempenho de todos os outros objetivos de desempenho.

A *estratégia de produção*, especificamente, deve considerar as necessidades de seus clientes ou consumidores e fornecedores internos. É composta de *conteúdo* e *processo*. O *conteúdo* refere-se a questões que determinarão as estratégias específicas que governam a tomada de decisões cotidianas da operação. É o conjunto de políticas, planos e comportamentos que a produção escolhe para seguir. O *processo* refere-se a aplicação de fato dessas estratégias na organização. É a operacionalização da estratégia.

Conteúdo da estratégia da produção:

a) prioridade dos objetivos de desempenho: qualidade, velocidade, flexibilidade, custo?
- quais são as necessidades específicas dos grupos de consumidores da empresa?
- quais as atividades dos concorrentes da empresa?
- em que estágio do ciclo de vida do produto se encontra o produto ou serviço?

b) decisões de projeto: projeto de produto/serviço, arranjo físico, tecnologia e recursos humanos;

c) decisões de planejamento e controle: ajustes de capacidade, entregas de produtos etc.;

d) decisões de melhoria: melhoria do desempenho da operação.

A **produção** procura satisfazer aos clientes, desenvolvendo seus cinco objetivos de desempenho. Os fatores que definem as exigências dos clientes são chamados de "fatores competitivos". O grau com que uma organização atende às exigências de seus consumidores é determinado pelo desempenho de sua produção e dos objetivos de desempenho que influenciam os fatores competitivos.

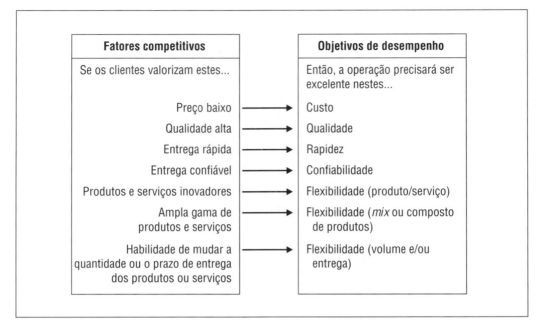

Figura 6.11 *Fatores competitivos que definem objetivos de desempenho na produção.*

Uma forma de avaliar a importância relativa dos fatores competitivos é analisar:

- critérios "ganhadores de pedidos";
- critérios "qualificadores";
- critérios "menos importantes".

Isso ocorre para todos os grupos de clientes ou consumidores, e avaliando a atividade dos concorrentes e sua influência na produção.

A administração da produção, com modelos computadorizados já existentes no mercado, permite administrar de forma inteligente todas as fases da produção e homens/hora, o que certamente refletirá na redução dos custos de produção.

Muito se falou no passado que os custos dos produtos no mercado só se tornariam acessíveis aos consumidores a partir do melhor desempenho das empresas em seus sistemas de produção, ou seja, diminuindo os custos e aumentando a produtividade e a qualidade de seus produtos.

A computação tem facilitado o uso de modelos matemáticos sofisticados, bem como modelos da pesquisa operacional na administração da produção, os quais oferecem respostas mais eficazes aos problemas operacionais, como transporte interno, de materiais semi-acabados, controle de qualidade, armazenagem etc.

Hoje estamos enfrentando novos desafios, como escassez de recursos materiais, custo do dinheiro, aumento do custo de energia, pressões ecológicas, maior atuação social das empresas poluidoras e aumento da competitividade entre empresas nacionais e estrangeiras no desenvolvimento tecnológico de seus produtos. A necessidade de encontrar melhor forma de produção é mais crítica e urgente do que nunca o foi. O aumento do ganho de capital por meio de maior eficácia no sistema produtivo torna-se objetivo principal, dando ao sistema de produção primazia entre as demais áreas.

Para otimizar a função produção, surgiram muitos modelos, principalmente com a evolução da indústria japonesa e a visão de vantagem competitiva. Esses modelos fizeram sucesso na década de 90; podemos destacar:

KAIZEN: é uma palavra japonesa que significa melhora gradual e constante. Pressupõe que a melhoria deva ser contínua e que se deva aprender com os erros e os acertos. Uma vez atingido determinado nível, tomam-se medidas para alcançar o patamar seguinte (= Melhoria contínua).

CICLO PDCA ou RODA DE DEMING. Caracteriza-se por uma seqüência de atividades que são percorridas de maneira cíclica para melhorar as atividades.

Exemplo: *Plan – do – check – act*.

TQM (*Total Quality Management***)**. É uma filosofia, uma forma de pensar e trabalhar, que se preocupa com o atendimento das necessidades e expectativas dos consumidores. Tenta mover o foco da qualidade de uma atividade puramente operacional, transformando-a em responsabilidade de toda a organização. A qualidade torna-se preocupação de todas as pessoas de uma organização. Dedica-se também à redução dos custos da qualidade, em particular dos custos de falhas. Também se dedica ao processo de melhoria contínua.

QFD (*Quality Function Deployment***)**. É a ferramenta utilizada para analisar os requisitos do cliente, verificar alternativas e projetar sistemas dentro do produto que atendam a tais requisitos.

CEP (Controle Estatístico de Processo). É uma ferramenta para controlar a qualidade dos diversos processos durante sua realização, corrigindo, na origem, eventuais problemas.

5S ou *HOUSEKEEPING*. Trata-se de um processo com o objetivo de criar um ambiente propício para a criação de produtos e serviços de qualidade. O 5S deriva das seguintes palavras, em japonês:

- *seiri* = organização, classificação, identificação;
- *seiton* = ordenação por tipo, utilização, descarte etc.;

- *seiso* = limpeza, eliminação de poeira, graxa, detritos; embelezamento;
- *seiketsu* = asseio, higiene, cumprimento de normas, manutenção da limpeza;
- *shisuke* = disciplina, manutenção do hábito.

"Um lugar para cada coisa e cada coisa em seu lugar"

RCM (*Reliability Centered Maintenance* ou Manutenção Centrada na Confiabilidade). É um conceito que foca, em vez do tipo de equipamento, a função do equipamento em processo. Conceito desenvolvido com base na aviação que privilegia a manutenção preditiva.

TPM (*Total Productive Maintenance* ou Manutenção Produtiva Total). É a base da administração para algumas fábricas de produção seriada. Consiste em propiciar "falha zero" nos equipamentos de produção, mediante a observação constante, pequenos reparos, limpeza e resolução de problemas crônicos. "Zero defeito" = "Perda Zero".

JIT (*Just in Time*). O objetivo da produção JIT é atender à demanda instantaneamente, com qualidade perfeita e sem desperdícios. É uma filosofia que se resume em: eliminação de desperdício, participação de todos os funcionários no aprimoramento e a idéia de que todo aprimoramento deve acontecer em regime contínuo. É uma filosofia e um método para o planejamento e controle das operações. Sincroniza o uso de peças, insumos e processos de forma a minimizar os estoques e ter grande flexibilidade na produção.

***KANBAN*.** É um método de operacionalização do sistema de planejamento e controle puxado. *Kanban* é a palavra japonesa para *cartão* ou *sinal*. É algumas vezes chamado de "correia invisível", que controla a transferência de um material de um estágio a outro da operação. Exemplo: *Kanban* de transporte, de produção, de fornecedor. É a operacionalização do conceito de JIT.

***GIVE AWAY* (Perdas por).** Significa fornecer ao cliente exatamente o que foi prometido. Tudo o que vier a mais virá embutido no preço e deverá ser repassado, gerando aumento no custo. O cliente não deseja pagar o excedente.

BIBLIOGRAFIA BÁSICA

LEME, Ruy Aguiar da Silva. *Controle na produção*. São Paulo: Pioneira, 1967.

MAYNARD, H. B. *Manual de engenharia de produção*. São Paulo: Edgard Blücher, [19..].

NEVIUS, James L.; WHITNEY, Daniel E. *Concurrent design and process*. New York: McGraw-Hill, 1989.

RADFORD, J. D.; RICHARDSON, D. B. *The management of prodution*. New York: Macmillan: St. Martin's, 1985.

ROSSUMANO, M. A. *The software factory reconsidered*. Cambridge: MIT, Sloan School of Management, 1987.

SLACK, Nigel et al. *Administração da produção*. São Paulo: Atlas, 1997.

STONER, James A. F. *Administração*. Rio de Janeiro: Prentice Hall do Brasil, 1985.

WOMACK, J. P.; JONES, Daniel T. *A mentalidade enxuta na imprensa*. Rio de Janeiro: Campus, 1996.

ZACARELLI, Sergio B. *Planejamento e controle da produção*. São Paulo: Pioneira, 1967.

QUESTÕES PARA DISCUSSÃO E REVISÃO

1. Faça a distinção entre a administrar a produção e a administrar a operação.
2. Identifique as diferenças entre um processo *contínuo* e um processo *intermitente* de produção.
3. O que é uma técnica de amostragem usada no processo de controle da qualidade?
4. Quais as implicações positivas e negativas na escolha de uma localização para a fábrica?
5. Qual a importância de um bom *layout* e que variáveis são envolvidas em sua determinação?
6. Como a produção alinha-se à estratégia da organização?
7. Que papel representam os modelos japoneses de produção de qualidade?

7

Função Financeira

7.1 QUE É CAPITAL FINANCEIRO?

Capital é, basicamente, o dinheiro que se ganhou com empréstimos passados, o que se economizou dos ganhos com lucros ou salários, a riqueza acumulada disponível para financiar novos empreendimentos. O capital físico está nas fábricas e em suas máquinas; o capital financeiro existe como riqueza investida nas empresas por meio de empréstimos tomados, ações vendidas ou outros instrumentos financeiros.

Assim como muitas coisas no mundo contemporâneo, o aspecto financeiro de uma empresa sofreu muitas mudanças. No passado, a principal preocupação da função financeira era a obtenção de fundos. Mais tarde, maior atenção foi dada para o uso dos fundos e um dos aspectos importantes desenvolvidos então foram os procedimentos de análise sistemática da empresa, focalizando o fluxo de fundos correspondentes. Isso gerou a necessidade de utilizar controles financeiros rígidos, e a administração financeira tornou-se uma função importante da empresa.

Atualmente, o principal enfoque de finanças é, sem dúvida, a estratégia financeira, e a ação que afeta a valorização do negócio. Com isso, o tema central da administração financeira é a valorização da empresa e como as decisões podem ser tomadas, do ponto de vista financeiro, para maximizar essa valorização.

O valor da empresa hoje depende do fluxo de ganho que se espera gerar no futuro. As decisões financeiras afetam ambos: o volume de fluxo de ganho ou lucratividade e os riscos que envolvem esses ganhos. A relação pode ser vista na Figura 7.1.

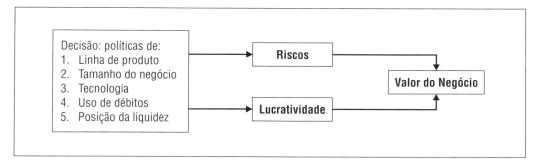

Figura 7.1   *Fluxo de ganho da empresa.*

Basicamente, a função financeira preocupa-se com todos os problemas que são associados com a eficiente aquisição e o uso do capital, como pode ser observado na Figura 7.2, que apresenta um modelo sistêmico de função financeira.

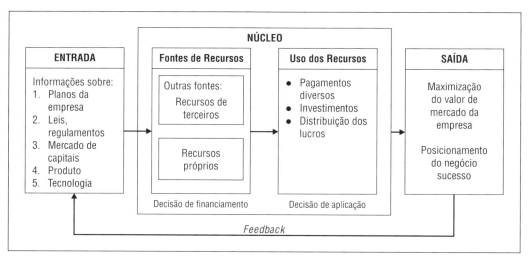

Figura 7.2   *Modelo sistêmico da função financeira.*

O sistema global da função financeira está baseado nas principais áreas de decisão financeira, das quais podemos identificar três: a decisão de investimento, a decisão de distribuição de lucros e a de financiamento.

Os principais objetivos da função financeira são:

- obter o montante adequado de capital para a continuidade do negócio;

- conservar o capital e saber obter lucro com o uso desse capital, para que os investimentos continuem fluindo.

A partir da década de 90, os sistemas financeiros começaram a interligar-se eletronicamente, tornando os ativos cada vez mais voláteis, aumentando os riscos dos mercados, diversificando as *commodities* já existentes. A introdução dos sistemas eletrônicos integrados dinamizou e globalizou a administração financeira.

7.2 DECISÃO DE FINANCIAMENTO

O administrador financeiro deve determinar a melhor forma de financiar as operações de empresa. Em outras palavras, ele deve determinar qual a **estrutura de capital mais adequada**. Por estrutura, queremos dizer qual a composição de fontes de fundos mais adequada para a utilização da empresa.

Ao tomar essa decisão ele terá que levar em conta o retorno desejado pelos acionistas, o custo do capital de termos associado a cada estrutura alternativa de capital.

7.3 DECISÃO DE INVESTIMENTO

É provavelmente a mais importante das três decisões citadas. Em essência ela consiste na alocação de capital a projetos de investimento cujos benefícios serão auferidos no futuro. Como os lucros não podem ser estimados com certeza, a decisão de alocar capital, necessariamente, envolve **risco**. Dessa forma, as decisões devem levar em conta não apenas os lucros esperados, mas também o risco que eles representam para toda a empresa, visto que este constitui um fator determinante do valor de mercado da empresa.

Além de selecionar novos investimentos, a administração da empresa deve gerir os ativos existentes de modo eficiente. A responsabilidade do administrador financeiro na gestão dos diversos tipos de ativo é variável. Ele preocupa-se mais com a administração dos ativos correntes do que com os ativos imobilizados da empresa. A determinação do nível de liquidez da empresa é uma de suas responsabilidades primordiais.

Apesar de o administrador financeiro dispor de pouca ou nenhuma responsabilidade operacional sobre os ativos **imobilizados** da empresa, ele desempenha papel muito importante na alocação do capital investido: participa do processo de decisão sobre o imobilizado.

Os fundos investidos na empresa não devem nunca parar. O capital deve circular regularmente de período a período. A disponibilidade de caixa é um fator estratégico para fazer frente às despesas a curto prazo. Uma parcela do capital circulante deve ser guardada como disponibilidade de caixa para assegurar a liquidez da empresa. Em termos de fluxo circular de fundos, a Figura 7.3 mostra o fluxo de recursos.

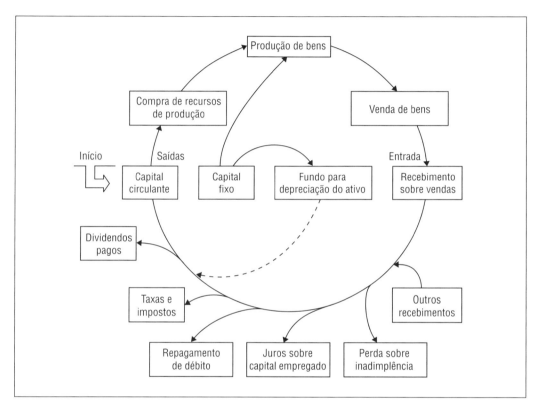

Figura 7.3 *Fluxo circular de fundos como um problema básico de entrada-saída de fundos.*

7.4 DECISÃO DE DISTRIBUIÇÃO DE DIVIDENDOS

A decisão de distribuição de dividendos consiste na determinação da porcentagem dos lucros a ser distribuída aos acionistas em forma de dinheiro, na fixação de um montante adequado de dividendos a ser distribuído a cada acionista, na distribuição de bonificações e na recompra de ações.

A porcentagem dos lucros a serem distribuídos aos acionistas na forma de dividendos determina o montante dos lucros retidos na empresa e deve ser fixada em função do objetivo de maximização da riqueza dos acionistas. O valor do dividendo para os acionistas deve ser cotejado com o custo de oportunidade da redução dos lucros retidos em face das necessidades de financiamento das atividades da empresa. Como se vê, a definição da política de dividendos está intimamente relacionada com a decisão de financiamento das atividades da empresa.

A administração financeira diz respeito à tomada dos três tipos de decisão citados. Conjuntamente, eles determinarão o valor de mercado da empresa. No decorrer desse curso, nossa atenção estará voltada para essas três áreas de decisão, atribuindo-se ênfase especial a seu inter-relacionamento.

Analisando detalhadamente o modelo da Figura 7.2, temos:

1. **Entrada:** os elementos de entrada do sistema financeiro são todas as informações que afetam direta ou indiretamente o fluxo de fundos da empresa. Esse sistema é o que trabalha com o maior número possível de informações, principalmente as provenientes do ambiente externo da empresa.

O planejamento financeiro é afetado por todos os planejamentos da empresa: marketing, pessoal, produção etc., pois todos envolvem algum recurso financeiro, em menor ou maior grau. É por isso que a planificação global em muitas empresas, para determinado período, é liderada pelo setor financeiro.

Nesse planejamento deve estar incluído o que podemos chamar de *orçamento financeiro*. Assumindo que uma empresa nunca usou um orçamento, devem-se fazer alguns preparativos iniciais para começar o processo:

1. Qual a política orçamentária? (extensão, período, responsabilidade etc.)
2. Procedimentos de controles.
3. Previsões.

A preparação do orçamento é uma tarefa interfuncional, ou seja, envolve a participação de todas as funções, cabendo à função financeira apenas a consolidação das partes elaboradas. Essa consolidação é importante para dar ao orçamento um equilíbrio de receita e despesa, não permitindo distorções por problemas internos que normalmente geram os conflitos organizacionais.

A parte de controle também pertence à função financeira, pois é a única parte que dispõe do conjunto de informações e o conhecimento de como interpretar resultados financeiros. Esses controles são feitos por meio de demonstrativos financeiros, que controlam três importantes condições para a organização: (a) sua **liquidez**: a capacidade de converter itens do ativo em caixa para atender às necessidades financeiras do momento e as obrigações; (b) sua **situação financeira geral**: o equilíbrio a longo prazo entre exigibilidades e patrimônio líquido (o ativo da firma após a dedução de suas exigibilidades); e (c) sua **rentabilidade**: a capacidade de ter lucro com regularidade e durante bom tempo. Esses aspectos podem ser avaliados pelos índices de controle.

A área do ambiente externo que tem maior interação com a função financeira é a política econômica, pois é dentro dessas áreas que são formuladas as leis, regulamentos que regem o mercado financeiro, principal fonte de recursos para qualquer empresa. É também nessa área que são gerados controles de operação para alguns tipos de empresa, que afetam diretamente o fluxo de fundos.

O mercado de capitais é um grande elemento de entrada para o sistema financeiro da empresa, pois é a maior fonte de fundos. Apesar de ser uma das áreas mais inconstantes, e, portanto, requerer muita atenção por parte do gerente financeiro, as informações geradas por essa área permitem formular a melhor combinação possível de capital para a empresa operar.

A política econômica que rege um país exerce grande influência no desenvolvimento das empresas, visto que pode permitir ou inibir o crescimento de determinado setor da economia ou seu todo. O regime político também pode ou não incentivar maior participação do capital privado na economia.

O comportamento do mercado de capitais é o reflexo desses dois elementos mencionados. A Bolsa de Valores, de Futuro, o comportamento dos juros são peças importantes da função financeira, tanto na busca como na aplicação de recursos.

Em uma sociedade de economia estável, as decisões financeiras são mais fáceis e previsíveis. O contrário dificulta uma visão de comportamento de longo prazo dos elementos do sistema financeiro.

2. **O núcleo:** o processo apresentado nesse sistema compõe-se de três partes que estão estreitamente relacionadas com as áreas de decisão colocadas no início do capítulo.

2.1. **Fontes de fundos:** o problema da aquisição suficiente de fundos para uma empresa operar eficientemente é um dos mais complexos. Muitas empresas não geram fundos suficientes, provenientes de suas vendas, para poder crescer. Como resultado, o gerente financeiro é obrigado a buscar recursos externos. Dependendo do tipo de empresa, o problema de garantir os fundos necessários a um custo razoável pode tornar-se muito complexo. A globalização aumentou ainda mais o poder das finanças ao tornar mais rápida a competição pelo capital. Os grandes investidores podem circular em três grandes mercados: o "Velho Mundo", a Ásia e a América Latina.

Os problemas associados com a otimização dos recursos diferem muito de uma empresa para outra. Nem todos os negócios podem tirar vantagens de uma mesma fonte de fundos. Para algumas empresas, a estrutura organizacional tende a restringir as fontes disponíveis de recursos; para outras, as considerações dos sócios ou proprietários tornam-se significativas na hora da escolha da fonte, e, finalmente, o uso eventual dos fundos é muito importante para a escolha da fonte. São muitas as restrições sobre as fontes de fundos, e é necessário um entendimento da natureza dessas restrições no ato da decisão da melhor fonte.

Ao formular as respostas para a questão básica da melhor fonte, é necessário que a administração financeira decida inicialmente se as necessidades de fundos podem ser satisfeitas mediante o emprego de fontes a curto, médio ou longo prazo. Por curto prazo, entendem-se os superiores a um ano de prazo para reposição; médio prazo corresponde aos que podem ser amortizados entre mais de um ano e 15 anos; e longo prazo, acima disso, como é o caso de ações e debêntures.

Para simplificação do modelo, colocamos apenas duas grandes fontes de fundos: a de terceiros e a própria; porém, podem ser desdobradas. A fonte de fundo de terceiros pode ser reclassificada da seguinte forma: empréstimo de capital de terceiros e emissão de debêntures.

A. EMPRÉSTIMO DE CAPITAL DE TERCEIROS

É considerado como empréstimo a curto prazo e é proveniente de bancos, outras empresas e agências governamentais.

Todas as empresas enfrentam o problema de financiar operações do dia-a-dia, tais como: salários, emergências inesperadas, equipamentos etc.

A captação de empréstimo envolve desde a pesquisa de possibilidades estudada em determinação prévia de necessidades, em termos de prazo, taxa de custo e condições de restituição, até a contratação da operação e o mecanismo de retirada dos fundos postos à disposição da empresa.

B. EMISSÃO DE TÍTULOS

Debêntures são títulos representativos de dívida geral a longo prazo, com custo fixo de juros, prevendo uma escala de resgate do valor corrigido. A emissão desses títulos diz respeito à captação de recursos de terceiros, que podem, eventualmente, transformar-se em capital próprio, de acordo com os prazos preestabelecidos de conversão.

A fonte de capital próprio é muito mais caracterizada como fonte de recursos a longo prazo, e vai desde a constituição do capital com reservas dos proprietários, como a utilização de incentivos, emissão de títulos ao público investidor, retenção de lucros e uso da depreciação do ativo fixo.

Quanto à emissão de título, a empresa pode utilizar a emissão de ações. Isso envolve um trabalho de promoção e sustentação das ações em bolsa e contato periódico com instituições especializadas em subscrições de ações.

Os lucros operacionais, não utilizados para pagamento de dividendos, conhecidos como **lucros retidos**, são uma fonte usada com muita freqüência por grandes empresas.

As vantagens do uso dessa fonte são: não há débito a ser pago, não há taxas ou dividendos e outros problemas correlatos.

A última fonte de fundo a ser considerada é a depreciação. A despesa de depreciação é uma parte do custo do ativo fixo que é considerada como despesa. Na terminologia administrativa, depreciação refere-se à despesa sem desembolso, e, conseqüentemente, pode ser considerada uma fonte de fundo.

2.2. **Aplicação de recursos:** já vimos que a escolha da fonte de fundos é limitada por três principais restrições. No que concerne à aplicação de recursos, também existem restrições, as quais podem ser consideradas como: restrições regulamentares, restrições competitivas e restrições impostas pelas fontes de fundos propriamente ditas. Por exemplo, temos a lei antitruste que impede algumas empresas de terem atuação mais agressiva, investindo suas disponibilidades de recursos na aquisição de uma empresa competidora. No aspecto de competição, algumas empresas decidem aplicar seus recursos influenciadas pelas ações de seus competidores.

Em finanças, os problemas surgem por um conflito de objetivos. O problema comumente chamado *o dilema do administrador financeiro* está relacionado com o conflito entre liquidez e rentabilidade. Toda empresa necessita de suficiente liquidez para manter um bom crédito na praça, e esse objetivo está relacionado com o aspecto investimento; o uso do capital para aumentar a liquidez pode resultar na perda de lucros. Em virtude desse conflito, o administrador financeiro deve prestar muita atenção à natureza exata de cada um dos investimentos ou uso de fundos que ele autoriza.

O uso de fundos de uma empresa está basicamente relacionado à administração do caixa, que permite disponibilidade imediata para pagamento de despesas e materiais. Esse aspecto está intimamente relacionado com a administração do inventário da empresa, aquisição de equipamentos e aplicações em edifícios, que necessitam de uma consideração especial, por se tratar de investimento a longo prazo que envolve problemas de fisco e incerteza. E, finalmente, os investimentos a curto prazo em mercado de capitais, principalmente o *open market*. Existem grandes vantagens em utilização de fundos disponíveis. Além de ganhar nas taxas de rendimentos do capital aplicado, esses papéis são negociáveis imediatamente e transformados em dinheiro quando necessário.

2.3. **Pagamento de dividendos:** uma das principais razões por que os investidores compram ações de uma empresa é a obtenção de dividendos que advêm do investimento.

Em vista disso, se uma empresa deseja manter suas ações atrativas como um investimento, deve desenvolver alguma política de dividendos. Enquanto esse aspecto é favorável ao investigador, não o é para a empresa, pois constitui um fluxo de dinheiro da mesma, reduzindo, conseqüentemente, os fundos disponíveis para outros propósitos. O impacto que o pagamento de dividendos provoca no fluxo de caixa deve ser uma das principais preocupações e condição para se fixar uma política de dividendos adequada. Em condições excepcionais, a empresa deverá manter o mínimo exigido pela lei que regulamenta as sociedades anônimas.

Uma das formas de o empresário permitir tomadas de decisões para poder atingir os objetivos da saída do sistema é utilizar o ferramental do orçamento de capital. Como vimos anteriormente, decisões sobre investimentos em edifícios e equipamentos podem ser críticas para o sucesso da empresa. Da mesma forma são as decisões desenvolvidas em torno do campo financeiro.

O orçamento de capital que facilita o processo decisório envolve o planejamento e o orçamento das fontes e dos usos dos recursos.

O processo de orçamento de capital, entretanto, é influenciado por fatores que afetam consideravelmente a composição do orçamento global, conforme ilustramos na Figura 7.4.

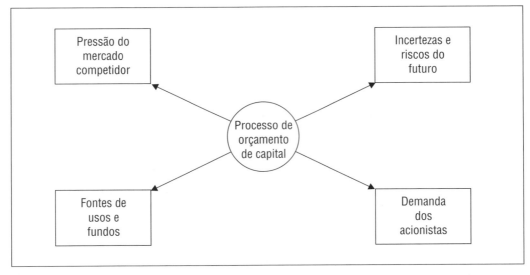

Figura 7.4   *Fatores externos que afetam o processo de orçamento de capital.*

O orçamento de capital pode fazer parte de um orçamento global da empresa, apoiado por um comitê de orçamentos em nível da alta administração da empresa e coordenado por um departamento especial de orçamento, ou optar por uma descentralização, fazendo com que cada área preocupe-se com a elaboração de seu próprio orçamento.

Em qualquer dos casos, um aspecto importante do planejamento é a determinação do período proposto pelo orçamento, bem como da periodicidade de revisão, controle orçamentário, reformulação com as alterações propostas etc. Isso implica dizer que o processo orçamentário não é estático, mas altamente dinâmico, e é importante estabelecer um sistema de controle próprio, que permita a análise das causas de variações entre valores, reais e orçados, com geração de relatórios que apresentem justificativas.

3. **Saída do sistema:** a saída do sistema da função financeira está muito relacionada com o aspecto da imagem da empresa. Para empresas de capital aberto, em que uma das principais fontes de fundos são as ações colocadas no mercado financeiro, esse aspecto é de vital importância. Uma das mais importantes questões sobre quão bem uma empresa serve a sociedade envolve o relacionamento entre os negócios desenvolvidos pela empresa e seus proprietários, que em muitos casos são os acionistas. Voltando à hipótese de que o objetivo da empresa é maximizar a riqueza de seus proprietários, no momento em que o valor de mercado das ações da empresa for maximizado, o objetivo proposto será atingido. Esse objetivo obriga o administrador financeiro a levar em conta os aspectos dos lucros por ação, atuais e futuros, o risco e o retorno dos investimentos realizados e a política de dividendos da empresa, aspectos esses já abordados dentro do processo.

Para que o administrador possa levar em conta esses aspectos, existe toda uma sistemática de análise dos demonstrativos financeiros necessários para a tomada de decisão.

Essas análises iniciam-se com o acúmulo de dados do passado, ou seja, eventos já ocorridos, e projetam o comportamento futuro. Esses demonstrativos são analisados e interpretados. Os principais demonstrativos obrigatórios por lei são: Balanço e Demonstrativos de Lucros e Perdas. Existe toda uma tecnologia desenvolvida para a análise e interpretação desses dois demonstrativos que não iremos tratar aqui por não ser objetivo do livro, mas podem ser encontrados nos livros financeiros.

Além disso, existem os chamados *índices financeiros* – que são grandezas comparáveis obtidas com base em valores monetários absolutos – destinados a medir a posição financeira e os níveis de desempenho da empresa em diversos aspectos.

7.5 DIFERENTES ADMINISTRAÇÕES FINANCEIRAS ENTRE AS EMPRESAS

Existem vários fatores que contribuem para diferenciar o tipo de administração financeira adotado pelas empresas. Da mesma forma que as empresas produzem produtos com determinados graus de diferenciação, elas devem ser tratadas de forma diferente em toda a sua dimensão.

Os fatores que mais contribuem para essa diferença de tratamento podem ser classificados em dois grupos básicos: externos e internos.

Fatores internos	Fatores externos
Objetivos	Concorrencial
Tecnologia	Governamental
Organização	Comunitário
Tamanho da empresa	Econômico

O aspecto concorrencial influencia na definição de uma política de preço e administração de contas a receber e política de crédito. O governo, como órgão regulamentador, estabelece legislações relativas ao controle de preços, financiamento, incentivos fiscais e juros. Dentro do aspecto comunitário, podemos considerar os acionistas, que fazem parte da comunidade e exercem grande influência nas decisões sobre a destinação do lucro líquido. O fator econômico, aliado ao governamental, exerce influência no valor e na disponibilidade de dinheiro, facilitando ou dificultando o uso das fontes de recursos.

Quanto aos fatores internos, podemos dizer que cada empresa possui objetivos diferentes, que influenciam os planos e os programas dos setores. A tecnologia adotada pela empresa influi diretamente em seu resultado final, em termos de lucro ou prejuízo. O tipo de organização da empresa influi diretamente na estrutura do setor financeiro e na forma de o mesmo operar, podendo ir de um sistema mais liberal até um sistema mais rígido, provocando diferenças nos resultados finais. O tamanho da empresa está intimamente relacionado ao fator organizacional, apresentando os mesmos tipos de problemas.

Considerando as múltiplas combinações possíveis das diferenças em tratamento das operações financeiras, concluímos que é praticamente impossível encontrar duas empresas com a mesma política financeira.

7.6 ORGANIZAÇÃO DA FUNÇÃO FINANCEIRA

Como menciona o Prof. Ruy Aguiar da Silva Leme, a correlação entre a dimensão da empresa e sua organização é muito maior na função financeira do que nas demais funções. Quanto maior for a empresa, mais complexa será sua organização financeira.

De forma genérica, podemos considerar que as principais atividades e títulos que envolvem a organização da função financeira são:

a) **Principais títulos**

   Tesoureiro, controlador, supertintendente financeiro, diretor financeiro e comitê financeiro.

b) **Principais atribuições**

1. **TESOUREIRO:** administra o fluxo de fundos.

Sua preocupação constante é a de dispor de recursos suficientes para pagar os compromissos da empresa em seus vencimentos. Em outras palavras, ele é responsável pela **liquidez** da empresa.

O tesoureiro mantém **relações externas** com banqueiros e dirigentes de instituições financeiras não bancárias (bancos de investimento e financeiras).

O tesoureiro é responsável:

1.1 pela obtenção de fundos;
1.2 pela custódia de recursos monetários e outros valores;
1.3 pelo pagamento dos compromissos da empresa;
1.4 pela elaboração do orçamento de caixa.

2. **CONTROLADOR** (*controller* ou *comptroller*). Como **inspetor** dos **assuntos financeiros**, desempenha funções de assessoria e suas relações são preponderantemente **internas**. Tem sob sua responsabilidade:

2.1 **Análise e controle dos resultados financeiros e econômicos da empresa.** Essa responsabilidade constitui a essência do trabalho do controlador.

Constantemente preocupado com a **rentabilidade** da empresa, o controlador acompanhará de perto o comportamento das receitas e dos custos.

Participará das decisões sobre:

- novos investimentos (o retorno propiciará rentabilidade adequada em face do capital necessário?);
- aumento do capital social (esses novos recursos serão aplicados de forma a aumentar a rentabilidade da empresa?) (o acréscimo dos dividendos será compensado pelo acréscimo dos lucros);
- levantamento de grandes empréstimos (qual será o impacto dos juros sobre os lucros futuros da empresa?).

2.2 **Planejamento e controle orçamentário.** Inicialmente, coordenará a elaboração do orçamento operacional que envolverá todas as operações da empresa. Comparando os dados **planejados** (orçamentos) com os valores efetivamente realizados (demonstrativos contábeis), apurará as **variações orçamentárias** e investigará suas causas (controle orçamentário).

2.3 **Auditoria interna.** Examinando a documentação que serviu de base para os lançamentos contábeis, esse órgão certificará ao controlador de que os números apresentados nos demonstrativos contábeis correspondem à realidade.

2.4 **Contabilidade geral e contabilidade de custos.** Para possibilitar o controle orçamentário, o plano de contas adotado pela contabilidade deve harmonizar-se com a nomenclatura dos itens orçados (e vice-versa).

Os registros das contabilidades Geral e de Custos devem ficar sob supervisão do controlador.

A análise dos custos industriais será exercida na área do diretor industrial.

Em decorrência de a auditoria interna e a contabilidade geral estarem situadas na área do controlador, a custódia, retenção e destruição de registros ocorrerão sob sua responsabilidade.

2.5 **Sistemas e procedimentos** (ou organização e métodos). Considerando a ligação dessas funções com os procedimentos contábeis, aconselha-se que estejam situadas na área do controlador.

2.6 **Impostos.** Seu cálculo e controle devem ficar sob orientação do controlador. Sempre que possível, os estudos e projetos considerarão o efeito dos impostos, incentivos fiscais etc., sobre os resultados.

3. **VICE-PRESIDENTE DE FINANÇAS OU DIRETOR FINANCEIRO.** Existe somente em grandes empresas. É responsável:

- pela formulação da política financeira global da empresa;
- por toda a área financeira junto à presidência;
- pelas atividades do tesoureiro e do controlador (conflito entre **liquidez e rentabilidade**).

4. **COMITÊS FINANCEIROS.** Geralmente adotados pelas grandes empresas, reúnem diferentes experiências, capacidades e interesses para trabalhar na solução de problemas financeiros.

Razões determinantes da criação de comitês financeiros:

4.1 Necessidade de perfeito entendimento do funcionamento de aspectos significativos dos mercados **monetário** e de **capitais**, para que se alcance uma eficiente **obtenção de fundos**. (Exemplo: o levantamento de **grandes empréstimos**.)

4.2 Responsabilidade pela aplicação de recursos.

O comitê financeiro administrará o orçamento operacional e o orçamento de capital (orçamento de investimentos em planta e equipamentos).

Subgrupos de comitês financeiros:

- comitê para gastos de capital (investimentos e dispêndios, cujos benefícios decorrentes ocorrerão a partir de um ano);
- comitê orçamentário (orçamento operacional);
- comitê para distribuição de lucros;
- comitê de salários;
- comitê para estudos de aposentadorias e pensões.

BIBLIOGRAFIA BÁSICA

FLINK, Salomon J.; GRUNEWALD, Donald. *Administração financeira.* Rio de Janeiro: Livros Técnicos e Científicos, 1972.

HUNT, Pearson; WILLIANS, Charles; GORDON, Donaldson. *Curso básico de finanças das empresas.* Rio de Janeiro: Record, 1958.

MASSIE, Joseph L. *Administration principles.* Englewood Cliffs: Prentice Hall, 1964.

STONER, James A. F. *Administração.* Rio de Janeiro: Prentice Hall do Brasil, 1985.

WESTON, J. Fred; BRIGHAM, Eugene. *Managerial finance.* New York: Holt Rinehart and Winston, 1972.

QUESTÕES PARA DISCUSSÃO E REVISÃO

1. Qual a principal preocupação do administrador financeiro?
2. Tanto a captação como o uso de recursos financeiros envolvem um conjunto de decisões. Quais são elas e que parâmetros o administrador tem para tomá-las?
3. Quais as principais barreiras hoje na captação de recursos para operar a empresa?
4. O orçamento financeiro desempenha papel importante nas decisões financeiras. Por quê?
5. Quais as formas de identificar a saúde financeira da empresa?

8

Função Marketing e Vendas

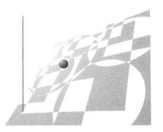

De todas as funções administrativas, a de marketing parece ser a que chama mais a atenção de toda a empresa que tenha o lucro como objetivo, pois dirige o fluxo de bens e serviços.

Existem muitas abordagens que conceituam o marketing de várias formas e todas são corretas; podemos destacar algumas:

"Marketing é o conjunto de atividades humanas que tem por objetivo facilitar e consumar as relações de troca" (Kotler).

"O processo de conquistar e manter clientes" (Theodore Levitt).

"É o processo através do qual a economia é integrada à sociedade para servir as necessidades humanas" (Drucker).

Uma definição mais moderna de marketing mostra que é a fixação de um padrão de vida para a sociedade. A idéia é de que construir um bom produto não resultará em sucesso empresarial. O produto deve ser vendido ao consumidor. De outro lado, devem-se determinar as necessidades e os desejos do consumidor e produzir bens que satisfaçam a essas necessidades.

Obviamente, essa versão mais moderna de marketing é muito mais completa que a dos tradicionalistas. Com essa distinção, podemos definir marketing como a interação de múltiplas atividades organizacionais, com o objetivo de satisfazer a específicos desejos e às necessidades do consumidor.

O que abordamos anteriormente refere-se ao *conceito de marketing*. Administração de Marketing consiste em atividades inerentes à implantação de seu conceito. A função do grupo de marketing de uma empresa está relacionada com desempenhar atividades essenciais, tais como: especificar qual produto ou serviço é desejado por quais grupos de consumidores que tomam decisões sobre preços, selecionando o sistema de canal de distribuição e administrando o esforço promocional. Mais especificamente, a administração de marketing deve preocupar-se com:

- localizar e medir a demanda de um ou mais grupos de consumidores para algum tipo de produto ou serviço em determinado espaço de tempo;
- traduzir essa demanda em produtos ou linha de produtos;
- desenvolver e implementar um plano que torne o produto disponível.

Todas essas decisões devem ser feitas eficientemente para gerar lucros, que é o objetivo principal de qualquer organização que oferece produtos e serviços ao mercado consumidor.

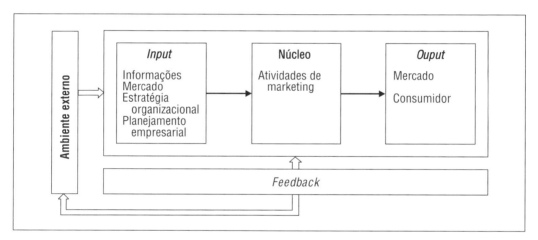

Figura 8.1   *Sistema global de marketing.*

Considerando a abordagem sistêmica, que é a adotada neste livro, podemos dizer que um moderno sistema de marketing inclui várias instituições adicionais que desempenham papel fundamental na vida da empresa. Do ponto de vista global, reproduzimos na Figura 8.1 o sistema de marketing.

Como condições ambientais, podemos considerar todos os fatores ambientais que afetam a empresa, tais como político, econômico, social e cultural; alguns são fatores incontroláveis.

Dentro do processo do sistema estão todas as atividades inerentes a marketing, quer direta quer indiretamente. O *input* e o *output* são auto-explicativos, e serão abordados novamente quando do detalhamento do sistema.

Dentro do sistema global, tínhamos um parâmetro que define os inter-relacionamentos dos elementos de marketing com o ambiente, ou seja, os "4 Ps" que Jerome McCarthy desenvolveu nos anos 50 e Kotler aprimorou nos anos 60.

Essa teoria, que oferece um *mix* de marketing, é o conjunto de instrumentos que possibilita obter melhor ajustamento entre a oferta de uma organização no mercado e a demanda existente. Eles são:

- **produto:** é o objeto de desejo de consumo;
- **preço:** é o valor agregado que justifica a troca;
- **praça de distribuição:** local ou meio onde o produto é oferecido;
- **promoção:** é a forma de tornar o produto conhecido.

Para cada *P* existe um conjunto de elementos integrados que proporcionam melhor compreensão deles e facilita a gestão: são os "4 As".

- **análise:** estudar que produtos ou *mix* de produtos o mercado demanda;
- **adaptação:** modificar, criar o que existe;
- **ativação:** executar o que se analisou e adaptou;
- **avaliação:** medir resultados.

Isso é feito para cada um dos elementos do *mix* de marketing, como visto em detalhes em nosso modelo da Figura 8.2.

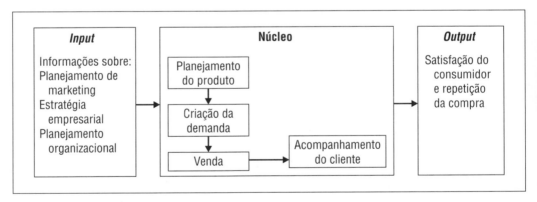

Figura 8.2   *Subsistema de comercialização.*

8.1 PRINCIPAIS ATIVIDADES DO MARKETING NA EMPRESA

Se olharmos para o papel que tem o marketing dentro da empresa, podemos vê-lo como a movimentação de bens do produtor para o consumidor, passando por um processo de transformação. Assim, a atividade básica de marketing pode ser vista como a de distribuição. Porém, se olharmos mais especificamente, podemos perceber que há outras coisas envolvidas no processo de distribuição. De nosso ponto de vista, as atividades de marketing podem ser classificadas em três subsistemas principais:

- a comercialização propriamente dita, caracterizada na Figura 8.2;
- a distribuição física; e
- as atividades auxiliares.

A função de venda ou oferecimento do produto é muito mais do que simplesmente vender, é um processo que envolve análise das necessidades de mercado e todas as atividades necessárias para satisfazer a essas necessidades.

INPUT. Dentro de informações sobre o planejamento de marketing, podemos considerar todas as definições das estratégias requeridas para criar a demanda para a marca ou produto, bem como o conceito do ponto ótimo de venda para a organização, e informar sobre produtos alternativos que poderão preencher as oportunidades de demanda.

NÚCLEO. Dentro do processo estão as atividades principais para que a função de oferecer o produto seja cumprida. Compreende o planejamento e operacionalização do marketing *mix*, a fim de interagir com o mercado. Elas são:

1. **Planejamento e desenvolvimento do produto:** essa é uma atividade importante para o *merchandising*. Envolve grande número de pesquisas para determinar as oportunidades de mercado e o comportamento do consumidor para definir suas preferências de necessidades. Com esses dados será possível criar novos produtos ou modificar os existentes. Outra preocupação do planejamento é com a qualidade do produto em termos de aparência e desempenho. Em resumo, a tarefa do planejamento do produto deve ser desempenhada tendo sempre em mente o consumidor.

2. **Criação da demanda:** como o próprio nome diz, envolve todas as atividades necessárias para fazer com que o consumidor deseje o produto. Existem várias formas de criar uma demanda. As organizações têm demanda plena quando estão satisfeitas com o volume de negócios. Cabe ao marketing manter esse nível de satisfação. As demandas são criadas por meio de ações como:

   a) **Propaganda:** é a forma utilizada para a apresentação não pessoal de idéias, bens e serviços por um patrocinador identificado. É pela propaganda que o produtor torna o produto conhecido ou lembra o consumidor de produtos já no mercado. A propaganda geralmente procura atingir mais de um objetivo. É usada não só para divulgar o produto, como também para divulgar a empresa. É a chamada propaganda institucional, que procura influenciar na criação e manutenção de uma imagem favorável da empresa. Está diretamente ligada à venda.

b) **Publicidade:** consiste na divulgação de fatos ou informações a respeito de pessoas, produtos, serviços ou instituições, utilizando os veículos normais de divulgação em massa, em caráter editorial em seu próprio tempo ou espaço. Está indiretamente ligada à venda.

c) **Promoção de vendas:** inclui todas as atividades que aumentam e facilitam a venda pessoal. Consiste basicamente em exposições, feiras, demonstrações, vendas de aniversário e outros esforços especiais para vender mercadorias. Essas atividades são bastante comuns em mercadorias de consumo vendidas diretamente ao varejo. A razão é que, quando as vendas são feitas diretamente aos revendedores ou quando os bens são industriais, o processo não é influenciado pelo impulso ou emoção. A promoção de vendas está diretamente relacionada com vendas.

d) **Embalagem:** a embalagem auxilia muitas vezes a venda do produto. O consumidor é levado a comprar o produto por sua aparência externa. Em supermercados, por exemplo, muitas donas-de-casa preferem determinados produtos pelo aproveitamento da embalagem posteriormente. Existe, entretanto, restrição quanto à criação de embalagens. Existem leis que exigem a identificação na embalagem do conteúdo do produto e informações sobre sua composição etc. Em relação à embalagem, devem ser considerados os seguintes aspectos: características de desempenho, características físicas, adequação da embalagem ao consumidor em potencial, características relativas a armazenagem e transporte, características de custo etc.

A tarefa de marketing é encontrar alternativas de associar os benefícios do produto às necessidades e aos interesses naturais das pessoas, estimulando demandas latentes e revertendo a demanda declinante.

3. **Vendas:** logicamente, a criação de demanda lidera a venda propriamente dita, que é a principal parte do objetivo global de marketing. Em alguns tipos de empresas, a venda é uma iniciativa do próprio consumidor; por exemplo, a venda por meio de catálogo e o *e-commerce*. Em muitos casos, entretanto, a venda é um esforço pessoal. Isso envolve um indivíduo (o vendedor) que satisfaça às necessidades de outro indivíduo (o comprador). A venda pessoal pode tomar diversas formas, como um pedido de vendas por um representante, assistência por um

balconista etc. A importância de um vendedor dentro do sistema de marketing é indiscutível. Ele dá assistência ao comprador, esclarecendo aspectos importantes do produto, principalmente quando se tratar de produtos industriais. Do ponto de vista da empresa, o vendedor procura fazer com que o consumidor repita a compra do produto, usando o método de persuasão ou pressão. Os clientes, normalmente, mostram inércia, e têm que ser estimulados a comprar mais; cabe ao marketing estimular o consumidor a consumir mais.

4. **Assistência ao cliente:** assistência ao cliente é uma complementação da venda e é, na maioria dos casos, a razão pela qual o cliente volta a comprar o mesmo produto. Assistência não se relaciona apenas ao aspecto técnico que muitos produtos requerem, mas à atenção que a empresa dá ao consumidor, procurando certificar se o produto satisfaz a suas necessidades. Hoje, a questão de relacionamento com o cliente merece um tópico à parte, uma vez que é a vedete do marketing atual.

Sumarizando nossa explicação sobre o sistema de comercialização, podemos dizer que envolve o planejamento e o desenvolvimento do produto. Envolve a produção do bem adequado, a colocação desse bem no lugar certo e ao tempo certo e, finalmente, o esforço de pôr a mercadoria na mão do consumidor, ou seja, criar uma demanda e atender a essa demanda por meio da venda.

8.2 FUNÇÃO DE DISTRIBUIÇÃO FÍSICA

O movimento da mercadoria do produtor para o consumidor é o segundo subsistema de marketing, tal como se encontra na Figura 8.3.

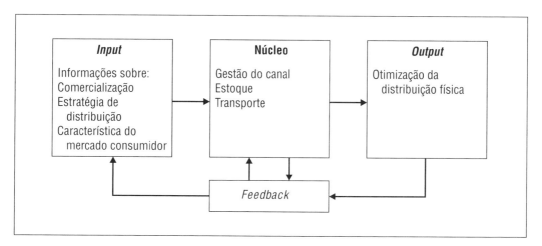

Figura 8.3   *Subsistema da função de distribuição física.*

O processo de distribuir o produto de forma a facilitar o consumo deve ser considerado como *input* ao sistema; as informações sobre a política de comercialização são basicamente as políticas definidas pelo subsistema de oferecimento e a estratégia que a empresa utilizar para a distribuição de seus produtos. Para isso, devem-se considerar:

- o objetivo do canal de distribuição em relação ao consumidor, que envolve estratégia de vendas, de propaganda e promoção; e
- a definição dos meios para a distribuição dos bens de forma objetiva, que envolve decisão sobre tipo, tamanho e localização dos canais de distribuição, fatia de mercado desejada, oportunidade de expansão etc.

Qual o canal de distribuição que se deve usar para a melhor colocação de seu produto é uma decisão que o produtor deve fazer considerando alguns fatores que afetam o canal. Esses fatores são: valor do produto, freqüência da compra, preferência do consumidor e características do produto.

Além disso, deve-se ter sempre em mente que os objetivos do canal são:

- movimentar fisicamente o produto;
- promover o produto;
- dar informações sobre o mercado; e
- reduzir os custos de marketing e aumentar os resultados e lucros.

Como o núcleo é a operacionalidade do sistema, nesse caso teremos como atividade principal do processo a gestão dos canais, que pode ser simples ou complexa, dependendo do tipo de canal escolhido.

Existem diversas escolhas de canal de distribuição, conforme mostra a Figura 8.4.

A escolha de um desses canais está bastante relacionada com os objetivos do produto. Se ele escolher uma distribuição intensiva, terá que escolher uma rede muito grande de canal, o que fará com que perca o controle sobre a distribuição de seu produto, necessitando estabelecer um sistema mais complexo de controle dos canais. Se escolher um tipo mais exclusivo de distribuição de sua mercadoria, terá apenas indivíduos que o representam, ficando para si o controle total sobre o canal. Para cada tipo de canal, há necessidade de montar uma infra-estrutura diferente da gestão do canal.

Atualmente, o uso de canal externo, como parte da terceirização das atividades de marketing, é muito intenso.

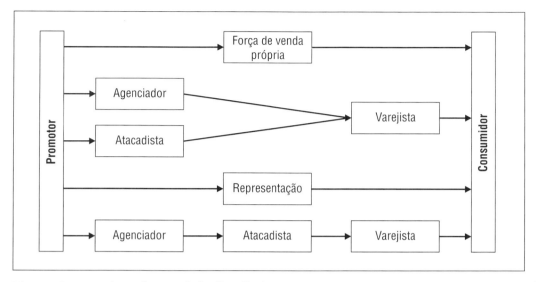

Figura 8.4   *Tipos de canal de distribuição.*

8.2.1 Franquia: *franchising*

O sistema de franquia comercial é hoje a melhor maneira de obter a organização dos canais de distribuição, com baixo risco de investimento e maior probabilidade de sucesso nos negócios. Em determinadas situações, funciona como poderosa ferramenta de marketing, utilizando metodologia rápida e segura de comercialização, mediante a união de duas partes em prol do desenvolvimento de um mesmo negócio. A técnica da franquia não teve origem em um momento de criatividade de um indivíduo imaginoso. Ela evoluiu de soluções desenvolvidas pelos empresários em resposta a problemas que defrontavam em suas operações comerciais.

Considerando que foi somente nos anos 50 que os sistemas de franquia começaram a desenvolver-se em grande quantidade, o ritmo de crescimento nos Estados Unidos foi muito grande e, hoje, essa prática está sendo desenvolvida em mais de 80 países. O *franchising* é uma alternativa de diversificação, considerada uma estratégia cooperativa baseada em um relacionamento contratual, em que duas empresas independentes acordam entre si em fazer negócios sob a marca da outra em dada localização e em período de tempo determinado.

Apesar de haver franquias entre fabricante e atacadista, atacadista e varejista, varejista e varejista, e fabricante e varejista, podemos identificar dois tipos básicos de franquias:

- franquia do produto e do nome comercial – em que o revendedor adquire parte da identidade do fornecedor. O revendedor concentra-se em uma linha de produtos da companhia e identifica seu negócio com ela. Exemplo: carros, postos de gasolina, engarrafadoras de refrigerantes;

- franquia *pacote de negócio* – caracteriza-se por um relacionamento comercial constante entre franqueador e franqueado que inclui um conjunto de atividades: plano de estratégia de marketing, padrões e manuais operacionais, controle de qualidade e um processo contínuo de assessoria e orientação. Exemplo: restaurantes, locações etc.

Atualmente, a segunda modalidade de franquia tem crescido mais que a primeira, dando maior segurança ao franqueador e ao franqueado em seus contratos.

Quando falamos de franqueador e de franqueado, devemos estabelecer muito bem qual é o papel de cada um desses principais elementos do processo de franquia. O franqueador é o que detém a marca e o conhecimento de como melhor comercializar um produto ou serviço. Um franqueado é o que adquire contratualmente o direito de comercializar o bem ou serviço, utilizando os benefícios da marca e o apoio para o gerenciamento do negócio. Em outras palavras, podemos resumir como:

Franqueador

possui:
- capital
- tecnologia
- recursos humanos
- marca/patentes
- padrões de desempenho

Franqueado

possui:
- capital
- capacidade técnica
- recursos humanos
- vontade de progresso

Dessas duas figuras surge uma nova forma de varejo que converge para o consumidor.

No Brasil, existem empresas que vêm utilizando parcialmente o sistema, adaptando-se às condições de mercado e necessidades específicas de vendas. O sistema integrado como o exposto está em evolução atualmente, porém a maior incidência encontra-se entre os que reconhecem a atividade como franquia, apesar de não a praticarem em sua totalidade, por deficiências técnicas e operacionais.

Entre as empresas franqueadoras que há no Brasil, as do setor de confecção é que detêm maior fatia do mercado, embora seja um dos setores que mais utiliza o sistema parcial de franquias, dando maior importância à imagem e à marca que à estruturação global do negócio. O Quadro 8.1 mostra a distribuição de franquia por setores no Brasil. Se de 1988 para 1989 o crescimento de franquias foi de 30%, de 1995 para 1999 cresceu 82%, gerando uma evolução de 21% em empregos diretos. Já de 2001 para 2002, registrou um crescimento de 96%. Segundo o presidente da Associação Brasileira de Franquia, Gerson Keila, "O

Quadro 8.1   *Setores que lideram a franquia no Brasil.*

% de participação no mercado brasileiro de 1995 a 1999	
Vestuário	7%
Alimentação	48%
Decoração	76%
Perfumaria	57%
Automotivo	20%
Educação	56%
Esporte, saúde	642%
Informática	207%
Manutenção	74%
Locação de veículos	29%
Construção, decoração	76%
Turismo, hotelaria	108%

Crescimento no período 1995-1999.

Fonte: Associação Brasileira de Franquias.

franchising vem se revelando como uma dos fórmulas mais efetivas para as empresas se manterem competitivas."

Como uma estratégia cooperativa, as franquias reduzem o risco financeiro, uma vez que o franqueado é quem investe e se motiva a desempenhar bem seu papel, dando ênfase a qualidade, padrões e desempenho da marca do franqueador. É um mercado amadurecido, consolidado e com grande expectativa de crescimento.

8.2.2 Sistema de venda direta

O produtor, por qualquer razão, poderá optar por montar uma estrutura própria de venda e distribuição de seu produto sem interferência de qualquer intermediário para tal fim. Isso pode ocorrer para alguns tipos de produtos que exijam do fabricante atenção especial ao consumidor. Em geral, equipamentos e máquinas de grande porte que envolvem alta tecnologia.

Em caso de produtos que exijam o sistema de venda direta, ou mesmo se isso for uma decisão do produto, haverá outras atividades dentro do processo, que fazem parte da distribuição física do produto: a estocagem e o transporte.

- **estocagem do produto acabado:** mesmo quando se utiliza o sistema de canal, muitas vezes há necessidade de estocar o produto acabado. Depois que o produto é acabado até ser consumido, ele deve ser estocado. Ele é estocado em todas as fases do canal de distribuição – pelo produtor, pelo atacadista, pelo varejista e, eventualmente, pelo consumidor. As razões pelas quais os produtos são estocados são muitas: primeiro porque a natureza do sistema de mercado o requer; segundo, devido à variação de estações que afeta a demanda; e terceiro porque a estocagem muitas vezes permite economia na produção. Como as mercadorias são estocadas depende de sua natureza. Mercadorias que se deterioram com facilidade devem ser estocadas em sistema especial. Outras podem ser estocadas ao ar livre, mas exigem maior espaço físico etc.;

- **transporte:** o transporte cria valor na mercadoria, dando-lhe um lugar de utilidade. Por lugar de utilidade queremos dizer colocar o produto ou serviço onde eles são necessários. Essa é uma atividade muito importante dentro do sistema, pois a grande maioria do mercado é separada, do ponto de vista geográfico, das áreas produtivas. A atividade de transportar a mercadoria, como a estocagem, é feita tanto pelo produtor, como por outros elementos do canal. Poderá ainda manter uma rede própria de transporte, ou utilizar serviços de terceiros. Isso tudo vai depender de seus objetivos de distribuição e do tipo de produto ou serviço que produz.

Em resumo, o sistema de distribuição serve a ambos, produtor e consumidor, pois coloca o produto onde ele é necessário.

A saída do sistema é praticamente auto-explicativa, pois se espera que o produto sempre esteja no ponto-de-venda quando é procurado, pois é a principal forma de atingir os objetivos de marketing. Muitas vezes, por falta da mercadoria no ponto-de-venda, o consumidor compra um produto concorrente e passa a comprá-lo sempre.

8.2.3 Comércio eletrônico (*e-commerce*)

Por suas características específicas, a Internet desafia e vence barreiras geográficas, fronteiras políticas e até mesmo estados autoritários ou em guerra. É um poderoso meio de comunicação. É justamente mediante esse surpreendente meio de transmissão de informações que se processa o comércio eletrônico, chamando a atenção de governos para a necessidade do estabelecimento de marcos regulatórios, técnicos e jurídicos, tanto nacional, como internacionalmente.

No comércio internacional tradicional, são comercializados produtos que, necessariamente, cruzam as fronteiras físicas dos países, submetendo-se ao regime fiscal vigente, na região ou para determinada transação. No comércio via Internet, quando o produto objeto de transação é tangível, o processo é absolutamente semelhante, só mudando o canal de venda.

As pessoas físicas encomendam o produto de seu interesse pelo *site* do fornecedor, ou qualquer outro que ele use para divulgar seu produto, recebendo-o por meio do sistema de correio, ou de entregas expressas, ou via rede de distribuição, pagando-o com cartão de crédito.

No Brasil, em que pese à rápida difusão do uso da Internet, sua utilização comercial ainda é muito tímida. A grande maioria dos *sites* de cunho comercial ainda está em fase de teste ou promoção institucional, mas, no futuro, a previsão é de que qualquer pequeno açougueiro tenha seu *site* na *Web*. As empresas brasileiras vêm tentando participar dos chamados *shoppings* virtuais e nas galerias de lojas, a partir de portais de provedores oficiais, com resultados animadores.

8.3 ATIVIDADES AUXILIARES

Complementando o sistema global de marketing, podemos considerar como atividades auxiliares as seguintes:

- sistema de financiamento;
- sistema de informação;
- sistema de preço.

Essas atividades, embora estejam muito correlacionadas, podem ser analisadas isoladamente.

FINANCIAMENTO. Como todos sabemos, o sistema de crédito é usado intensamente nos negócios. Muitas empresas não existiriam sem esse sistema. Crédito para as atividades de marketing provém de duas fontes:

- do próprio vendedor, que financia para o comprador, com recursos próprios, as mercadorias que ele vende; ou
- bancos e agências financiadoras.

Justamente por essa relutância do consumidor em comprar a vista, as agências vendedoras têm desenvolvido uma coleção de formas do tipo compre agora e pague depois. Sem dúvida, esses planos de crédito têm estimulado a venda e gerado lucro. Do ponto de vista do consumidor, esses sistemas têm facilitado a compra de bens, e sem eles jamais poderia fazê-lo. Muitas críticas, entretanto, têm sido feitas ao sistema. Por exemplo, uma grande liberalidade nos créditos induz o consumidor a comprar mais do que ele pode pagar. Outro motivo são os juros cobrados por esse crédito que tiram grande porção dos rendimentos do indivíduo.

Todavia, apesar desses argumentos, esses sistemas são muito populares, e mantêm grande parcela do mercado. Existem os órgãos reguladores das agências financeiras que regulamentam o sistema de crédito e muitas vezes afetam diretamente o marketing de produtos e serviços.

SISTEMA DE INFORMAÇÃO. Uma empresa progressiva faz uso total de todas as informações disponíveis do mercado. Caso contrário, seria muito desastroso em um mercado altamente competitivo. Infelizmente, muitas das informações não estão imediatamente disponíveis. É necessário esforço extra para a obtenção dos dados necessários.

O que um homem de marketing deveria saber sobre o mercado que sua empresa opera, não é fácil de descrever. Talvez a resposta seja "tudo o que for possível". Entre as informações podemos considerar como mais importante: tamanho, localização e características do mercado para seu produto. Deverá saber também alguma coisa sobre o consumidor: quem ele é, suas características, necessidades, hábitos de compra, preferências etc. Outras informações necessárias são as referentes a seu competidor: seus pontos fortes e fracos, atividades e planos.

Em geral, o homem de marketing deveria ter tantas informações quantas fosse possível obter, e planejar sua estratégia de marketing, com base nessas informações.

São várias as formas de obter essas informações. Entre elas, temos: conversa informal com homens de negócios; leitura de publicações especializadas; os próprios vendedores da empresa e seus relatórios orais e escritos. Em grandes empresas, usa-se o sistema de obtenção de informações por meio de um departamento de pesquisa, ou organizações que conduzam pesquisa para obter informações mais específicas.

Qualquer que seja o método aplicado para a obtenção dessas informações, o empresário deve sempre fazer uso de todos os meios possíveis.

SISTEMA DE PREÇO. Entre as mais complexas e difíceis decisões que o executivo de marketing deve tomar estão as referentes a preço. O preço tem participação na demanda de um produto, porém depende da natureza do produto, e o consumidor, na maioria das vezes, está muito mais preocupado com a qualidade do que com o preço. Produtos bastante similares têm a tendência de ter preços idênticos, porém, quando o produtor é capaz de conseguir diferenciação em seu produto, tem maior liberdade na composição de seu preço.

Uma infinidade de fatores influencia na determinação do preço de um produto. Entre os mais importantes, está a distinção entre produtos. Quanto mais diferente é um produto, maior flexibilidade poderá ter na política de preço. Outro determinante é o fator de promoção. O desenvolvimento de uma aceitação do produto por parte do consumidor acarreta custos, e o preço deverá ser suficiente para absorver esses custos. A escolha do meio de distribuição é um terceiro fator que afeta a política de preço. Se o produtor vender diretamente seus produtos, o custo de distribuição será diferente do que seria se ele optasse por um intermediário, e, conseqüentemente, seus preços poderiam variar.

Como pudemos observar pelo exposto, existe grande interação entre a comercialização e o sistema de estabelecimento de preço. Qualquer decisão tomada em um sistema afeta imediatamente o outro. Além disso, o homem de marketing deve considerar todas as possíveis políticas de preço disponíveis a ele. Por exemplo, ele poderá optar por ter um só preço para todos os segmentos do mercado, ou por ter um preço variado em função da quantidade comprada. Ele terá que considerar as políticas já existentes estabelecidas pela indústria.

Em uma análise final, a estratégia escolhida para determinar o preço de um produto depende do produto, do mercado competidor e da demanda do produto.

Após a análise dos três subsistemas mais importantes dentro da área de marketing, apresentamos na Figura 8.5 uma nova composição do sistema global.

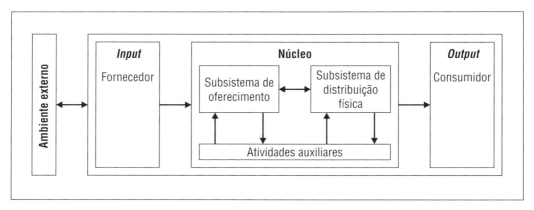

Figura 8.5 *Sistema global de marketing, com indicação dos subsistemas correspondentes.*

Como vimos, marketing consiste no desempenho de funções que envolvem um quadro complexo de atividades, com pessoas, produtos, serviços, fatores de tempo e espaço etc. Por ser uma atividade complexa, deve ser administrado com muito cuidado. A administração de marketing é um trabalho de tomada de decisão que procura maximizar os objetivos da função marketing. Para o processo de decisão, o administrador terá um volume de informações que permitirá a definição das variáveis de decisão. A atividade básica do trabalho do administrador de marketing é obter a melhor possibilidade do **marketing *mix*** para a empresa. Como marketing *mix* entendemos as quatro áreas inter-relacionadas da estratégia de marketing, que fazem parte de nosso processo dentro do modelo sistêmico; essas áreas são: desenvolvimento do produto, canal de distribuição, comunicação e preço. Ao obter um *mix* apropriado, o executivo considera as alternativas e os recursos disponíveis em cada área.

Os componentes do marketing *mix* da empresa serão influenciados pelos fatores do ambiente não controláveis pela empresa e, às vezes, por sua política de marketing.

Para que o administrador de marketing possa tomar decisão sobre o *mix* que melhor venha a atingir os objetivos da empresa, deverá estar bem informado tanto sobre os componentes do marketing *mix*, já discutidos em nossos subsistemas, como sobre os fatores não controláveis do ambiente externo.

FATORES DO AMBIENTE QUE AFETAM AS DECISÕES DO MARKETING MIX

1. **Fator econômico:** dentro do fator econômico, o mais importante para marketing é o fator renda. A renda é o fator limitante de marketing. Isso porque sem renda não há demanda. À medida que a renda cresce, os homens de marketing poderão esperar mudanças na demanda. Geralmente, quando uma família tem aumento na renda acima de determinado valor, ela gasta proporcionalmente menos com produtos básicos, ficando com mais dinheiro disponível para outros produtos. Esse dinheiro extra, chamado "poder de compra moderado", usualmente é gasto em produtos que o consumidor mais deseja, e geralmente são produtos considerados de luxo. A recessão e a inflação são os grandes inimigos do marketing.

2. **Fator social:** a grande mudança no marketing de hoje é a mudança ocorrida em nossa sociedade. A sociedade atual está muito diferente da sociedade do fim do século XIX e início do século XX, e a sociedade do futuro tende a ser ainda mais diversificada e exigente.

Uma mudança drástica na sociedade de hoje é a da mulher que vem rompendo barreiras e ocupando lugar de maior destaque no mercado de trabalho. Outra mudança que afeta o marketing é a atitude geral em torno do lazer: hoje o consumidor tem tido grande preocupação com o lazer, procurando fugir das atribulações do dia-a-dia. Uma mudança social que teve pronunciado efeito em marketing foi a atitude do consumidor em torno do débito. Somente há duas gerações, o débito era alguma coisa com que se envergonhar.

Embora alguns autores encarem esses fatores como inerentes à cultura, prefiro esclarecer que fatores culturais são inerentes a uma sociedade, tornando-se um elemento diferenciador das sociedades. Por exemplo, na Índia a vaca é um mito e adorada como tal. Em outras sociedades, é um animal útil ao homem como fonte de alimento. Determinadas cores, para um povo, são símbolos de respeito, para outros são cores comuns como outra qualquer, e como tal usadas sem preconceito.

Tanto os fatores sociais como os culturais são determinantes do comportamento do consumidor, e como tal afetam o marketing de um produto ou serviço.

3. **Fator tecnológico:** os próprios fatores econômicos e sociais provocam mudança na tecnologia, e isso reflete diretamente no planejamento do produto e seu respectivo marketing. Na vida moderna, a falta de produtos combustíveis tem gerado novas demandas e, conseqüentemente, a necessidade de nova tecnologia.

O marketing, a pesquisa e o desenvolvimento têm que estar sempre unidos para fazer frente ao mercado altamente competitivo. As oportunidades abertas no mercado pela exigência de novas tecnologias devem ser constante preocupação do homem de marketing. Estamos entrando na era do conhecimento e as gerações de idéias estão em alta nas organizações.

4. **Fatores políticos e legais:** outro fator que afeta bastante o marketing de um produto são as leis que regulamentam a venda, a composição de preço, o sistema de crédito etc. Esses fatores podem até fazer com que a empresa encerre suas atividades se ela for incapaz de conseguir produtos ou sistemas substitutos de operação. Por exemplo, uma lei que proibisse corridas de automóveis provocaria um abalo no mercado de produtos para esse tipo de atividade. As empresas que atendem a esse tipo de demanda, se quisessem sobreviver, deveriam procurar um produto substituto ou mesmo redefinir a segmentação de seu mercado.

Para uma empresa ser bem-sucedida em sua administração de marketing, o conceito de marketing *mix* deve ser aceito de forma explícita ou implícita por todos. A razão para isso é que a validade do conceito está relacionada com a atitude do consumidor. De nada adianta ter uma eficácia nas técnicas de marketing; elas seriam severamente limitadas e, às vezes, até anuladas, se fossem concebidas apenas para ser uma técnica de marketing.

O conceito de marketing *mix* é uma forma sucinta de manter, perante as demais funções da empresa, sua relevância em uma sociedade orientada para o consumo. Em uma análise final, é o consumidor quem decide quais produtos e bens devem ser produzidos e quem os consumirá. Ao mesmo tempo, mudanças na economia estabelecem normas básicas de controlar preços, vendas e consumidores.

O conceito de marketing *mix*, enquanto ainda é básico, não fornece respostas finais. É um referencial que define uma forma de administrar.

8.4 DESAFIO DOS SERVIÇOS DE MARKETING

A indústria da prestação de serviços tem crescido, nas duas últimas décadas, o suficiente para representar significativa parcela do produto nacional bruto e ganhar a atenção dos economistas e administradores. Com isso, a visão de marketing de serviço deve definitivamente ser estabelecida no contexto geral da teoria de marketing.

Há algumas razões para o crescimento da chamada economia de serviços nos últimos tempos. Algumas das razões estão relacionadas com a natureza dos negócios, algumas, com as mudanças da sociedade, mas há alta correlação entre as mudanças da sociedade e a necessidade de novos tipos de negócios. Serviços profissionais como consultoria administrativa, engenharia de serviços e pesquisa de marketing estão sendo muito requisitados; são oferecidos por especialistas autônomos ou por empresas formalmente estabelecidas para prestar esse tipo de serviço. Assim como as empresas de produção demandam serviços de outras empresas, os próprios consumidores também o fazem. As sociedades mudam, as pessoas desenvolvem atitudes diferentes em relação à vida, as mulheres estão cada vez mais presentes no mercado de trabalho e demandam serviços que tornem suas vidas mais fáceis.

O redirecionamento das atividades produtivas mostra que o comportamento do mercado de trabalho está mudando consideravelmente: a demanda de mão-de-obra para a economia de serviços está crescendo, se comparada com outros setores. A formação dessa mão-de-obra completamente direcionada para o cliente mostra a importância do desenvolvimento de uma mentalidade de marketing na força de trabalho.

Assim como a economia de serviços tem aumentado, também aumentaram as reclamações em relação a esses serviços. Todos os dias vemos exemplos de problemas de qualidade pelos serviços prestados por empresas do tipo seguradoras, bancos, restaurantes, oficinas mecânicas, revendedoras de carros. Constantemente, vemos nas revistas especializadas e jornais colunas dedicadas a histórias sobre problemas com empresas de serviço. Administradores de empresas de serviços talvez estejam cometendo um erro ao adotar os mesmos métodos utilizados pelas empresas de produção. Todos os especialistas concordam que a maneira de solucionar o desempenho de uma empresa de serviço é entender muito bem o que ocorre na linha de frente da batalha. Os funcionários que estão em contato direto com os clientes são a chave do sucesso dos serviços prestados.

O problema, logicamente, é mais complexo do que como foi exposto. Administradores também devem entender as necessidades e os desejos dos clientes e como eles vêem a qualidade total dos serviços, bem como a tecnologia adotada e o funcionamento do sistema e dos procedimentos, ou seja, devem entender o que funciona e o que não funciona em uma empresa de serviços. Para tal, a absorção do conceito de serviço e a total compreensão desse conceito são fundamentais para todos os envolvidos com esse tipo de atividade.

Como todo conceito, ao ser exposto, gera pontos de vista diferentes, Kotler e Bloom assim definem economia de serviços:

> "Um serviço é uma atividade ou série de atividades de natureza mais ou menos intangível, que ocorre pela interação entre o consumidor e o prestador do serviço, empregado ou não, que oferece soluções para os problemas do consumidor."

Dentro desse conceito, podemos assumir que as soluções para os problemas do consumidor podem estar representadas em recursos físicos ou bens, sistemas, tecnologia ou apenas conselhos técnicos, dependendo das características do problema envolvido.

Para a grande maioria das atividades de serviços, podemos identificar algumas características, como:

- serviços são mais ou menos intangíveis;
- serviços são atividades ou séries de atividades, e não objetos;
- serviços são produzidos e consumidos simultaneamente, ou seja, não podem ser estocados;
- o consumidor participa do processo produtivo dos serviços, pelo menos em algum momento.

O sucesso nas empresas de serviços está apoiado na qualidade; apesar de ser uma atividade intangível, a qualidade é definida pelo consumidor. A qualidade de um serviço é aquela que o cliente determina ou percebe. Um mesmo serviço pode satisfazer a alguns clientes e não satisfazer a outros. Pesquisas sobre percepção da qualidade dos serviços foram desenvolvidas e os resultados foram agrupados em seis critérios:

1. **Profissionalismo e habilidade:** os consumidores admitem que o provedor dos serviços detém tecnologia e habilidade para abordar o problema da melhor maneira possível.
2. **Atitude e comportamento:** os consumidores atestam que o prestador de serviços tem uma atitude amiga e espontânea e disponibilidade para atendê-los.
3. **Acessibilidade e flexibilidade:** localização, horário de atendimento, sistema operacional e atendentes facilitam o uso e são flexíveis às restrições dos clientes.
4. **Confiança:** os clientes sabem que, qualquer que tenha sido o acordo prévio, eles podem confiar no cumprimento das promessas e no desempenho do prestador de serviços.
5. **Recuperação:** qualquer que seja o motivo para que o serviço não tenha dado certo, o prestador de serviços estará apto a recuperar-se e a encontrar soluções alternativas para o problema.
6. **Reputação e credibilidade:** o cliente acredita que o prestador de serviços pode ser confiável a ponto de entregar-lhe dinheiro antecipadamente pela atuação na proposta firmada entre as partes.

Para que uma empresa de serviço tenha sucesso, deverá definir sua estratégia de atuação. Há um benefício ao consumidor claramente definido ao possuir uma estratégia de atuação; entretanto, ao fazê-lo, há a necessidade de possuir considerável *know-how* de serviço, tanto da parte de seus administradores quanto da parte dos que irão implementar as estratégias. Os aspectos de qualidade, produtividade e lucratividade devem ser abordados de forma diferente dos adotados por empresas de produção de bens. No contexto dos serviços, a função de marketing não é restrita à área de atuação dos especialistas de marketing apenas: está espalhada por toda a organização; ela deve respirar marketing.

O modelo tradicional de marketing não serve muito bem no contexto dos serviços. O *mix* tradicional é muito restritivo; há necessidade de adotar um marketing interativo. Claro que o conceito de marketing tradicional ainda é importante, mas apenas no que se refere ao ciclo de vida do produto. Devem-se adotar duas novas estratégias de marketing: *estratégia do marketing de interação* e *estratégia do marketing de transação*. A forma de se relacionar com o cliente e a forma de operar a transação dos serviços prestados são aspectos da maior importância no marketing de serviços.

Muitas empresas de produção de bens têm adotado o conceito de marketing de serviços, no que se refere ao relacionamento direto com o cliente, mediante a comunicação. A linha aberta entre o produtor e o consumidor final, adotada por grandes empresas, como a Rhodia, é uma tentativa de ganhar a simpatia do consumidor final e combater a competitividade. A imagem de uma organização é de importância capital para sua sobrevivência. Desenvolver uma imagem positiva é um processo complexo que envolve sistemas de comunicação e divulgação, porém os clientes são os melhores meios de disseminação de uma imagem positiva. Deve-se sempre ter em mente que uma imagem positiva demora muito tempo para ser construída e muito pouco para ser destruída. Isso vale para organizações tanto quanto para pessoas.

8.5 MARKETING DE RELACIONAMENTO

As empresas mudaram da era industrial para a era da informação; antes, elas eram centradas no produto, hoje, são centradas no cliente e o objetivo é gerar lucro, porém com ética e responsabilidade social. Esses paradigmas redefinem as estratégias de marketing.

O processo de elaboração de estratégias de marketing é orientado pela informação e gerenciado pela tecnologia de banco de dados, o que permite aos estrategistas desenvolver e implementar programas e estratégias personalizadas, utilizando a informática como ferramenta de apoio.

A evolução do marketing pode ser representada segundo um *spectrum* que influencia o *mix*.

Hoje, o indivíduo condiciona-nos a um marketing personalizado, em que as publicações o denominam das mais variadas formas: de nicho, interativo, integrado, de relacionamento, entre outros.

O marketing de relacionamento surgiu em 1983, com Berry, e tem tido a atenção de todos os pesquisadores desde então. Os autores sucederam-se de forma rápida, descrevendo técnicas, formulando conceitos, medindo resultados, estudando casos. Vários modelos já foram definidos; o de Berry, baseado em marketing de prospecção, e o de fidelização são os mais aceitos.

Nessa linha, Berry induz a tornar os relacionamentos com os clientes mais sólidos, mais leais e a dar um tratamento bem individualizado. Outros conceitos surgiram a partir daí.

O marketing de relacionamento é integrado tanto pela psicologia como pela tecnologia. A psicologia visa posicionar-se na mente do cliente para entendê-lo em toda a sua plenitude e oferecer uma comunicação dirigida, proporcionando interatividade integral e permanente. A tecnologia usa a informática como parte integrante do negócio para oferecer ao indivíduo o produto que melhor o satisfaça. A era do indivíduo é tão forte que as empresas ampliam em muito seu leque de ofertas de produtos. Temos, hoje, 200 modelos de carros, 400 marcas de cerveja, 1.000 modelos de telefones, e assim sucessivamente. O importante é o indivíduo manter-se fiel à marca.

BIBLIOGRAFIA BÁSICA

ALMEIDA, Luiz Claudio. O comércio e a internet. *Revista da Confederação Nacional do Comércio*. Rio de Janeiro: CNC, 1999.

BERRY, Leonard L. *Relationship in marketing*. Chicago: American Marketing Assossiation, 1983.

_____. *Marketing services*. New York: Free Press, 1991.

DAIRS, Kenneth R. *Marketing management*. New York: Ronald, 1972.

FELS, L. Jerome; RUDNICK, G. L. *Investigar antes de investir*: guia para franquia prospectiva. International Franchise Association, 2000.

GRÖNROOS, Christina. *Service management and marketing*. Lexington: Lexington, 1990.

KOTLER, P.; BLOOM, P. M. *Marketing professional services*. Englewood Cliffs: Prentice Hall, 1984.

MASSIE, Joseph L. *Introduction to business*. Englewood Cliffs: Prentice Hall, 1965.

PERLICK, Walter; LESIKAR, Raymond. *Introduction to business*. Homewood: Irwin Dorsey, 1972.

RIZZO, Marcus. *Franchise*. Associação Brasileira de Franquias, 1987.

<www.abf.com.br>. Associação Brasileira de Franquias.

QUESTÕES PARA DISCUSSÃO E REVISÃO

1. O que leva uma empresa a ser bem-sucedida, do ponto de vista de marketing?
2. Quais as principais estratégias de uma divulgação de seu produto?
3. Quais os aspectos que exigem maior atenção na distribuição física de um produto?
4. Explique o fenômeno **franquias** nos dias de hoje.
5. A atividade que envolve a determinação do preço é um ponto importante na função de marketing. Em que situação econômica exige maior atenção e por quê?
6. Comente o *e-commerce* na função marketing.
7. Discorra sobre a estratégia de marketing e o relacionamento com o cliente.

9
Função Recursos Humanos/Administração de Pessoas

A administração de Recursos Humanos representa todo o esforço da organização para atrair profissionais do mercado de trabalho, prepará-los, adaptá-los, desenvolvê-los e incorporá-los de forma permanente ao esforço produtivo e utilizar adequadamente o profissional de que uma organização necessita.

A administração de Recursos Humanos tem-se esforçado muito para acompanhar a evolução da teoria administrativa, porém a influência sofrida pela escola clássica persiste em manter sua posição. Nos últimos 20 anos, houve pesada carga retórica humanística, buscando modelos alternativos para a forma como as pessoas são devidamente administradas. A influência da Psicologia e da Sociologia Organizacional muito contribui para a melhoria das relações patrão-empregado e para a descoberta de novos padrões de administração de pessoas. Algumas empresas foram bem-sucedidas no uso de modelos participativos na solução de problemas administrativos.

A preocupação em mudar começou com a necessidade de dar à Função Pessoal maior *status*, tornando-a mais destacada no conjunto de funções de uma empresa e aumentando sua expressão no processo de decisão gerencial.

A administração de Recursos Humanos tem sido descrita como a função de planejar, coordenar e controlar a obtenção da mão-de-obra necessária à organização. O *homem certo, no lugar certo e no momento certo* é um conceito clássico de Recursos Humanos.

No entanto, um novo modelo de gestão de pessoas está surgindo com a concepção do capital intelectual da organização. Dentre os desafios impostos pela nova demanda, as características da estrutura de Recursos Humanos devem direcionar-se para uma gestão mais estratégica. As decisões devem ser dirigidas ao negócio da empresa para agregar valores e torná-la mais competitiva. A área, herdeira do departamento de pessoal, passa a ganhar outros nomes, como gestora de pessoas, administradora de talentos etc.

É impossível renovar uma empresa sem revitalizar as pessoas, reconhecer e otimizar suas capacidades e habilidades. A área de Recursos Humanos nas organizações do futuro pressupõe um novo redirecionamento nas questões relacionadas às políticas de gestão de Recursos Humanos. As organizações deverão ajudar as pessoas a desenvolver suas habilidades e autoconfiança necessárias para um ambiente em mutação.

Executivos de linha têm-se mostrado satisfeitos com as tarefas desempenhadas pela função de Recursos Humanos, porém sempre abordam a falta de entendimento do complexo global que compõe a organização. A importância de uma visão sistêmica pode ser sumarizada em balancear a habilidade e a experiência necessárias à organização com o mercado de mão-de-obra. Tudo o que a função de Recursos Humanos faz tem reflexo tanto para os indivíduos, como para a organização. A visão de um sistema de recursos humanos deve englobar um conjunto de subsistemas que são interdependentes. Veja a Figura 9.1.

Nessa figura, podemos observar que existe uma área coberta, dentro de cada subsistema, em diferentes proporções. Essas áreas demonstram claramente a relação que a função Recursos Humanos tem com as demais funções da organização. Administrar as pessoas dentro de uma empresa não é prioridade da função Recursos Humanos; ela depende de todos os indivíduos que estão envolvidos com os processos administrativos e produtivos. Na figura, as partes em branco significam o grau de participação da função Recursos Humanos e a área escura, o grau de participação da área onde o indivíduo está efetivamente desempenhando suas atividades. O resultado final esperado, portanto, não é de responsabilidade única de Recursos Humanos.

Tanto essa inter-relação com as demais áreas, como seu duplo papel dentro da estrutura organizacional, tornam essa função atípica em relação às demais. O duplo papel defendido por muitos autores e condenado por outros refere-se a sua posição de **linha** e de **assessoria**, simultaneamente, dentro da estrutura organizacional. Em nosso modelo, nas partes brancas a função Recursos Humanos executa e tem poder de decisão sobre seus atos e pessoas com eles envolvidas; já nas áreas escuras essa mesma função exerce o papel de conselheira e orientadora, cabendo ao supervisor de linha as decisões.

Muito tem sido dito sobre o valor dos Recursos Humanos para uma organização. Os especialistas na área dizem: "Nosso recurso mais importante é o Recurso Humano." Uma organização típica coloca muita ênfase nos valores de seu pessoal. Infelizmente, muito dessa ênfase parece paternalista, sem estabelecer princípios claros ou preceitos filosóficos para a Administração de Recursos Humanos na organização. O papel de Recursos Humanos nunca foi muito claro. Alguns

FUNÇÃO RECURSOS HUMANOS/ADMINISTRAÇÃO DE PESSOAS 179

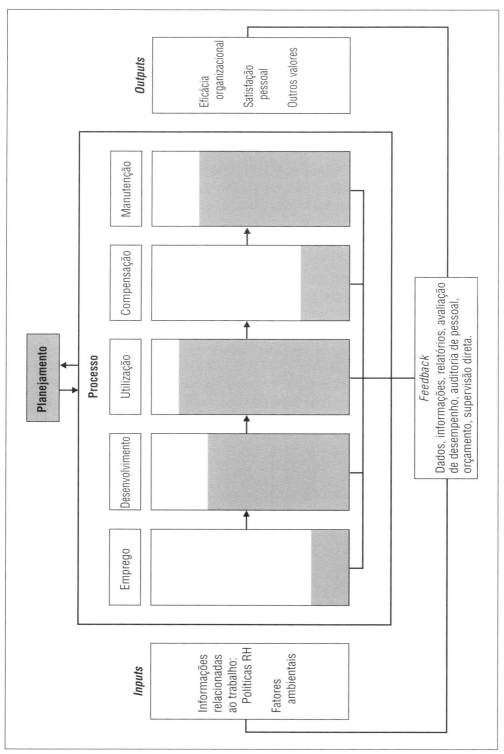

Figura 9.1 *Abordagem sistêmica de como administrar pessoas.*

administradores de Recursos Humanos imaginam que seu papel é deixar o pessoal feliz, outros, deixar a empresa feliz em primeiro lugar, e há ainda aqueles que se intitulam os responsáveis pela definição de políticas organizacionais.

Não há um campo comum que defina claramente o que o setor de Recursos Humanos deve fazer, porém podemos estabelecer 11 princípios que poderiam ser usados pelos administradores de Recursos Humanos em soluções de problemas e tomada de decisão em sua área de atuação.

1. **Princípio de justiça:** uma organização deve garantir que suas ações e decisões não favoreçam mais um lado do que outro. Todos os esforços devem ser direcionados ao balanceamento das necessidades e dos direitos. Essas necessidades podem ser tanto do indivíduo quanto da organização. Alguns conceitos-chaves devem estar sempre presentes, como eqüidade, justiça, objetividade, racionalidade.

2. **Respeito:** essa é uma atitude em relação a outras pessoas, considerando-se sempre seus valores e crenças pessoais. No ambiente de trabalho, o administrador de Recursos Humanos deve sempre demonstrar consideração e sensibilidade em relação ao ponto de vista de outras pessoas.

3. **Alinhamento organizacional:** as necessidades da organização estão em primeiro lugar. As partes devem ser vistas e julgadas em relação ao todo. Decisões devem ser tomadas considerando-se o impacto no sistema global. As pessoas freqüentemente se perdem em torno da estratégia organizacional. Para que isso não aconteça, a missão da empresa deve ser bem entendida.

4. **Serviço:** o trabalho desempenhado por Recursos Humanos deve ser contributivo para a vida da organização. Ações e atitudes deveriam ser *úteis em natureza e eficientes na prática*. O princípio de liderança de serviço é surpreendentemente poderoso.

5. **Advocacia:** a definição legal do termo evoca o apoio total e completo aos empregados em qualquer situação. Com isso, esse apoio deveria ser dado se estivessem eles certos ou errados. Se Recursos Humanos seguir os princípios de justiça, o princípio legal de advocacia não será sequer utilizado.

6. **Autoridade:** a autoridade de Recursos Humanos deveria ser originada mais da influência e menos do comando. Isso está mais relacionado às políticas e à forma pela qual o administrador de Recursos Humanos mantém consistência em sua administração. As mais bem-sucedidas empresas funcionam na base da influência e não do controle.

7. **Razão:** procedimentos, políticas e práticas não existem como um fim em si mesmos. Devem sempre ter uma razão para tal, relacionada com as necessidades da empresa.

8. **Papel de Recursos Humanos:** o pessoal de apoio de Recursos Humanos desempenha papel que vai desde um trabalho burocrático de suporte, passando por integração da estratégia organizacional, atenção às relações de trabalho, até a oferta de serviços demandados pelas regulamentações ou leis trabalhistas. Dados a complexidade da natureza do trabalho e os conflitos existentes nas relações interpessoais, a administração de Recursos Humanos opera em base reativa e não proativa. Deve-se sempre assegurar-se de qual atitude o momento exige ou é mais apropriada.
9. **O todo *versus* a parte:** Recursos Humanos é uma área que apóia a ligação entre serviços e programas. Nenhuma área é global, mas todas são igualmente importantes. Salários são tão importantes quanto treinamento ou relações de trabalho. Todas as áreas são essenciais e significativas.
10. **Mediação e não-arbitragem:** conflitos entre empregados e administradores deveriam ser tratados pela linha de mediação e não arbitrariamente. Mediação promove compromisso e reconciliação, arbitragem envolve impor uma decisão a uma das partes.
11. **Facilitadores da mudança:** em sua nova função, os profissionais de Recursos Humanos atuam como facilitadores de mudança, considerando-se como uma atividade que molda os valores da empresa.

Esses princípios podem não ser universais; algumas pessoas poderão discordar, achá-los desnecessários ou pouco explicativos. Porém, a intenção é dar uma direção, um parâmetro que talvez transcenda todos os tipos de organização. Todos esses aspectos devem ser explorados dentro do exame da matéria complexa que é administrar Recursos Humanos em uma empresa. Em um ponto, no entanto, nos dão a devida segurança para dizer: é impossível atingir os objetivos de Recursos Humanos, sem seu sistema de informação, nos dias de hoje.

Os desafios do final do século exigem novas e melhores competências caso desejemos ser bem-sucedidos nos anos que estão pela frente. Alguns desses desafios futuros são:

- **mudança na definição do empregado:** uma organização hoje dispõe da possibilidade de utilizar Recursos Humanos que não estão propriamente ligados à empresa – consultores externos, trabalho temporário, prestadores de serviço especial, especialistas em projetos especiais. O importante é saber integrar esses elementos à empresa, sem contudo gerar ameaças ao corpo efetivo. A capacidade de motivar o trabalho de um temporário é o grande objetivo do gerente de Recursos Humanos;

- **novas perspectivas sobre a aplicação de tecnologia:** avanços ocorridos na área de sistemas tornaram possível uma nova abordagem na automação dos procedimentos que envolvem a administração de Recursos Humanos. O administrador de Recursos Humanos deve conhecer a capacidade do sistema e saber como poderá apoiar o processo administrativo. Os sistemas de informação de Recursos Humanos devem ter a dinâmica de coletar, analisar e gerar resultados na mesma velocidade em que os eventos ocorrem. Os computadores e *softwares* desenvolvidos permitem a integração e a segmentação de relatórios necessários a cada problema a ser analisado.

9.1 ANÁLISE DA ABORDAGEM SISTÊMICA DE RECURSOS HUMANOS

9.1.1 *Input*

Um sistema é alimentado, como já foi abordado, com informações, energias ou recursos que impulsionam o processo. Na função Recursos Humanos esses *inputs* podem ser considerados de duas ordens: políticas de Recursos Humanos e análise do ambiente externo. Essas duas coisas estão intimamente ligadas. Após a análise dos fatores ambientais estaremos em condições de traçar um conjunto de políticas que condicionarão as ações do processo.

Descrever o ambiente, de forma completa, é tarefa muito longa; daí ser necessário reduzir esse trabalho ao objetivamente indispensável. Por isso, temos de nos concentrar em um número reduzido de aspectos que consideramos mais relevantes, como:

- existência na comunidade de habilidades profissionais necessárias; capital intelectual;
- comportamento do mercado de trabalho;
- imagem da empresa no mercado de trabalho; empresa que pensa;
- nível de competitividade;
- vantagem em relação aos concorrentes;
- cultura;
- saúde.

Evidentemente, quanto mais conhecermos esses condicionantes, melhor poderá ser conduzido o restante do processo decisório e traçada uma política mais adequada.

A adaptação às variáveis de ambiente não permite generalização para todas as empresas, uma vez que devemos preservar suas diferenciações que podem ser de várias origens, regionalização, capacitação, tecnologia empregada, filosofia gerencial, entre outras.

Se não houvesse fatores que diferenciassem a administração de Recursos Humanos entre empresas, poderíamos pesquisar o ótimo do modelo, obtendo assim a melhor receita de como dosar as funções da administração de Recursos Humanos para todas as empresas. Infelizmente, há fatores externos ao modelo que criam diferenças muito importantes entre as empresas, fazendo com que cada empresa requeira um tipo de solução; conseqüentemente, a solução ótima para certa empresa é bastante diferente da solução ótima para outra empresa.

Os principais fatores de diferenciação da política de pessoal são quatro:

- diferenças entre ambiente empresarial;
- diferenças entre estratégia empresarial;
- diferenças entre tecnologias empregadas; e
- diferenciação de mercado de mão-de-obra.

O tipo de empresa e sua localização vão definir o ambiente de atuação dessa empresa e isso faz com que ela se diferencie em termos ambientais. Mesmo uma empresa do mesmo tipo, por exemplo, empresas de serviços que atuem em localizações opostas, Norte-Sul, vai exigir diferenças na política de Recursos Humanos. Empresas que operam em diferentes países enfrentam leis trabalhistas diferenciadas que exigem adaptação.

Outra diferença é a dosagem dos resultados pretendidos, que são traduzidos como objetivos. Podemos expressar esses resultados em termos de atitudes, atividades e iniciativa. Uma firma de auditoria, por exemplo, depende muito da atitude de seus funcionários, enquanto a maioria das empresas industriais depende mais do nível de atividade. Uma empresa de pesquisa depende de suas pesquisas, depende de seus pesquisadores terem atitude e iniciativa muito mais desenvolvidas do que suas atividades, depende da capacidade de criar de cada pesquisador.

As diferenças de tecnologia são importantíssimas, pois refletem a natureza das tarefas a serem executadas. O termo *tecnologia* tem conotação muito ampla. Para ficar apenas com os aspectos mais peculiares à administração de pessoal, poderemos mencionar três aspectos parciais da diferença de tecnologia: o tempo necessário para treinar um novo empregado, o tempo necessário para saber se houve acerto ou erro ao selecionar determinado empregado e o custo relativo da mão-de-obra em relação ao custo total. É fácil compreender como cada um desses aspectos parciais da tecnologia exerce influência no processo de otimizar cada uma das funções da administração de pessoal. Se o custo relativo da mão-de-obra for, por exemplo, de 3% do custo total de fabricação, se tornar refinadas todas as técnicas, se pagar mais do que o mercado, se der maiores benefícios etc., terá pequenas influências sobre o custo total da mão-de-obra, muito possivelmente compensado por vantagens amplas que se refletem nos demais custos. Em contraste, se o custo da mão-de-obra for de 25% do custo total, se aumentar os custos com o pessoal e com a administração de pessoal além de certo limite, torna-se uma fonte de crescimento do custo total.

O tempo de treinamento como fator de diferenciação entre empresas exerce efeito fácil de entender: tempo de treinamento necessariamente longo em virtude da tecnologia usada leva a maior complexidade, no recrutamento e seleção, para que não sejam treinadas pessoas inadequadamente. Da mesma forma, o tempo necessário para saber na prática se a seleção foi ou não correta, principalmente se já existe abundância de mão-de-obra especializada no mercado de trabalho. Por exemplo, é pouco justificável fazer testes de seleção sofisticados para uma datilógrafa copista, pois, colocando-a em um trabalho, em poucas horas vê-se praticamente qual é sua habilidade. O inverso tende a ser verdadeiro.

Todas essas diferenças são dados que permitirão à empresa definir o mercado de trabalho característico de sua empresa: aliado aos dados do mercado de mão-de-obra regional, ou seja, da região de atuação, irá determinar a diferenciação de mercado de mão-de-obra.

Se considerarmos que é suficiente existir diferença em apenas um dos fatores mencionados, ou seja, nos resultados pretendidos, ou na tecnologia empregada, ou na existência de mão-de-obra no mercado de trabalho para que a política de Recursos Humanos seja individualizada, fica fácil compreender a impossibilidade de definirmos o modelo, ou conjunto de políticas adequadas para a função em questão.

9.1.2 Processo da função Recursos Humanos

Dentro do processo, podemos agrupar todas as possíveis atividades que compõem cada um dos subsistemas. Existe discordância muito grande entre os autores especializados em administração de Recursos Humanos sobre o conjunto de atividades que compõem o processo. Podemos agrupá-los no Quadro 9.1.

Quadro 9.1 *Resumo dos principais autores sobre o conjunto de atividades na função Recursos Humanos.*

Autores					
Flippo[1]	**Jucius**[2]	**Saldanha**[3]	**Toledo**[4]	**Aquino**[5]	**Lobos**[6]
Administrativas	Procura	Análise do trabalho	Atração	Procura	Planejamento
• Planejamento		Classificação de cargos			• Organização
• Organização		Política salarial			• Cargos
• Direção	Desenvolvimento	Recrutamento	Manutenção	Desenvolvimento	• Recursos Humanos
• Controle		Seleção			• Salários e Benefícios
Operativas		Iniciação			• Condições de trabalho
• Procura	Manutenção	Estágio probatório	Motivação	Manutenção	Execução
• Desenvolvimento		Treinamento			• Recrutamento e seleção
• Remuneração		Avaliação da eficiência			• *Staffing*
• Integração	Utilização	Promoção	Treinamento	Pesquisa	• Comunicações
• Manutenção		Motivação			• Relações trabalhistas
• Pesquisa *		Movimentação			Controle
	Pesquisa *	Direitos e deveres	Desenvolvimento	Utilização	• Avaliação de desempenho
					• Pesquisa de mercados
					• Documentação e registro
					• Correção
					• Treinamento e desenvolvimento
					• Desenvolvimento organizacional

* Embora FLIPPO e JUCIUS não defendam explicitamente a PESQUISA como uma FUNÇÃO, ambos argumentam sobre sua importância e necessidade.

(1) FLIPPO, Edwin. Op. cit. p. 24
(2) JUCIUS, Michael. Op. cit. p. 6
(3) SALDANHA, Genuíno da Silva. *Manual de pessoal*. Rio de Janeiro: Livros Técnicos e Científicos, 1979.
(4) TOLEDO, Flávio de. *Administração de pessoal*: desenvolvimento de recursos humanos. 6. ed. São Paulo: Atlas, 1981.
(5) AQUINO, Cleber Pinheiro. *Administração de recursos humanos*. São Paulo: Atlas, 1989. p. 80.
(6) LOBOS, Júlio A. *A administração de recursos humanos*. São Paulo: Atlas, 1979.

Alguns autores, como Jucius, Toledo e Aquino, têm uma visão mais objetiva do processo de Recursos Humanos; outros, como Flippo e Saldanha, misturam atividades do processo com o processo em si, e Lobos é bastante detalhista em sua descrição do processo.

Buscando um agrupamento que traduzisse melhor minhas idéias de uma visão sistêmica, classifiquei essas atividades conforme o Quadro 9.2, que passaremos a detalhar.

Quadro 9.2 *Agrupamento das atividades da função de Recursos Humanos – visão sistêmica.*

PROCESSO				
Emprego • Determinação das necessidades • Seleção • Recrutamento interno • Recrutamento externo	**Desenvolvimento** • Avaliação • Desempenho • Treinamento • Promoção • Transferência	**Utilização** • Medida de eficiência • Medida de eficácia • Desligamento • Aplicação das normas	**Compensação** • Estudo do cargo • Estudo do salário • Pagamento do salário • Benefício	**Manutenção** • Aconselhamento • Orientação • Segurança e higiene

9.1.3 Emprego

Grupo de atividades que se preocupa com a procura e a obtenção dos recursos humanos necessários à organização. As atividades desse grupo são:

A. DETERMINAÇÃO DAS NECESSIDADES OU PLANEJAMENTO DE MÃO-DE-OBRA

Segundo Geisler, podemos definir planejamento de mão-de-obra como: "o processo, incluindo previsão, desenvolvimento, implantação e controle, pelo qual a empresa assegura ter o número e o tipo certo de funcionários no lugar certo, na hora certa, e fazendo coisas para as quais eles são economicamente viáveis".

O que, provavelmente, é mais importante é o reconhecimento de que planejamento de mão-de-obra necessariamente envolve todas essas atividades, e não somente uma ou duas delas. Planejamento de recursos humanos não é simplesmente previsão de demanda e oferta. Isso não é apenas um problema que envolve planejamento de carreira individual, treinamento pessoal e autodesenvolvimento. Não é apenas um simples plano para uma utilização efetiva. Não é somente um planejamento de mudança de estrutura organizacional, freqüentemente descrito como "planejamento organizacional".

Para ser eficiente, o planejamento de mão-de-obra deve focalizar não somente pessoas envolvidas, mas também as condições de trabalho e o relacionamento no trabalho. Deve definir **políticas**, bem como **programas** de administração de pessoal. Por exemplo, deve considerar prováveis e desejáveis mudanças na política existente de promoção de pessoal, ou criar políticas que deixem o desenvolvimento e o aprimoramento individual para o próprio indivíduo.

Para cumprir metas e objetivos traçados para a organização, a área de Recursos Humanos tornar-se-á uma parceira imprescindível no desenvolvimento e na implementação da estratégia empresarial, um papel fundamental, visto que as mudanças não são apenas uma questão de mudar tecnologia, tarefas e estruturas, mas também valores e crenças.

B. RECRUTAMENTO DE EXTERNOS

Como o recrutamento externo ou de externos é o processo de obter indivíduos que se candidatem a participar da empresa, a decisão que cabe nessa camada do sistema global é quanto à ênfase a ser dada em sua execução. Podemos decidir por uma política de recrutamento extremamente simples, ou por uma ênfase enorme nessa função, ou por qualquer situação intermediária entre esses extremos. Hoje, a Internet traz muitas possibilidades para agilizar o processo de recrutamento, tornando os custos baixos, porém não elimina o contato pessoal.

C. RECRUTAMENTO DE INTERNOS

É o processo de aproveitamento da mão-de-obra já existente na empresa para ocupar os cargos vagos. Esse recrutamento pode significar promoção ou simples transferência de cargos. É importante fator motivacional, quando existem políticas claras para o aproveitamento interno.

D. SELEÇÃO

Como a seleção é uma continuidade do processo de recrutamento e consiste no ato de escolher entre os elementos recrutados o que mais se enquadra nos requisitos do cargo, ou seja, o que será admitido para ocupar o cargo vacante, a decisão aqui continua sendo a ênfase a ser dada em sua execução. Podemos utilizar métodos complexos para selecionar um indivíduo ou métodos tão simples que cheguem a ser quase empíricos. O método está relacionado à complexidade do cargo e à demanda do mercado. Se há escassez de certo profissional, não há oportunidade de escolher muito.

9.1.4 Desenvolvimento

Preocupa-se com o aumento da qualidade da mão-de-obra e com a melhoria do desempenho individual.

A. AVALIAÇÃO E DESEMPENHO

Processo pelo qual o empregador mantém o acompanhamento do indivíduo no trabalho. Na avaliação do desempenho, verifica-se, além do desempenho técnico do indivíduo, seu comportamento no ambiente de trabalho, quer como indivíduo, quer como grupo.

Com o surgimento da idéia de equipes autogeridas, a questão da avaliação de desempenho fica centrada em resultados do grupo.

B. TREINAMENTO

O treinamento na organização consiste no conhecimento adicional que é dado ao empregado com a finalidade de auxiliá-lo no desempenho de sua tarefa e trazê-lo o mais próximo possível das habilidades que o cargo exige.

Usualmente, o departamento de pessoal providencia um guia para treinamento, principalmente porque os departamentos operacionais não têm tempo para tal. Em muitas empresas, o departamento de treinamento representa um papel importante em obter alto grau de produtividade dos empregados. As decisões a serem tomadas são quanto ao grau de complexidade do treinamento a ser utilizado. O treinamento vai-se tornando mais complexo em função do tipo de empregado a ser treinado.

Nesse momento, falamos de aprendizado, mais do que de treinamento, e nesse campo o foco é mapear o conhecimento da empresa, preparar as pessoas para aprender, reaprender, desaprender e aprender novamente. Esse aprendizado ainda está nos moldes tradicionais, mas haverá de ser gradativamente alavancado por novos formatos para estimular o auto-aprendizado e o desenvolvimento.

A aquisição do conhecimento para determinadas organizações pode melhorar sua competitividade, apesar de existirem dificuldades de mensurar a causa e o efeito. Elas devem procurar facilitar o aprendizado contínuo.

C. PROMOÇÃO

Promoção é a oportunidade que o empregado tem para crescer profissionalmente. Uma promoção acarreta a mudança de um cargo para outro, que é melhor em termos de posição e responsabilidade, e, às vezes, salário. Isso é feito em função da avaliação do indivíduo e de seu comportamento na organização. As decisões referentes a promoções são importantes para permitir o recrutamento interno.

As decisões de contratar visando a uma carreira de acesso vão influenciar as atividades de recrutamento, seleção, treinamento e a política de salários. Portanto, devemos decidir pela contratação objetivando exclusivamente o cargo ou visando a uma carreira de acesso com promoções, seguindo regras preestabelecidas.

D. TRANSFERÊNCIA

É apenas a mudança que pode ser física, regional ou funcional, sem, contudo, caracterizar uma promoção. Isso pode fazer parte do treinamento do indivíduo para cargos que exigem habilidades diferenciadas.

9.1.5 Utilização

É a aplicação direta da mão-de-obra, ou seja, o indivíduo em contato direto com seu trabalho, exercendo sua habilidade.

A. MEDIDA DE EFICIÊNCIA

A eficácia individual deve ser definida em termos de produto e não de insumos, mais pelo que ele alcança do que pelo que ele faz, ou seja, o indivíduo é eficaz à medida que alcança os objetivos de seu cargo.

B. MEDIDA DE EFICÁCIA

É o processo de medir o grau de produtividade no sentido mais amplo, ou seja, considerando também dimensões não quantificáveis.

As decisões mais importantes das funções anteriores são as de determinação dos parâmetros de medida de eficiência do indivíduo, de modo que os resultados dêem informações adequadas para a definição da política de benefícios, promoções, demissão etc.

C. APLICAÇÃO DE NORMAS

Normas e regulamentos são definições de diretrizes que conduzirão o comportamento do indivíduo na organização. A aplicação de normas e regulamentos procura inibir atitudes que prejudiquem a organização e seu ambiente de trabalho, definindo as obrigações e os direitos, individuais e do grupo. Decisões dentro dessa função são sobre as normas que devam ser estabelecidas e os critérios para sua aplicação. Por exemplo, para mão-de-obra cujos erros cometidos possam causar grandes prejuízos à organização, devem ser criadas normas rígidas para esses casos.

Até esse momento, essas tarefas cabem ao líder do grupo, e vão até a decisão de desligar o indivíduo da organização, porém são decisões de pouca complexidade, uma vez que as normas fazem parte da cultura organizacional.

D. DESLIGAMENTO

Desligamento ocorre quando o indivíduo deixa a organização, voluntária ou involuntariamente. O processo involuntário é feito pela aplicação de normas e regulamentos da organização. O voluntário é definido pelo empregado a partir do momento em que se desinteressa pela atual organização ou função.

9.1.6 Compensação

É a recompensa, de forma monetária ou não, dada ao indivíduo por seu trabalho. A questão da recompensa sofreu distorção nos últimos 15 anos, saindo de uma posição paternalista para uma mais realista, sem perder o descomprometimento do empregador em criar um ambiente que promova a capacidade do indivíduo em crescer e prosperar. Algumas empresas, com isso, estão criando sistemas de remuneração e recompensa que atendam à necessidade do indivíduo em que o mesmo possa ter uma sensação de orgulho e comprometimento psicológico com a organização. O tratamento dos salários está mais flexível e é negociável caso a caso, quando a pessoa em questão faz a diferença. Em casos mais gerais, segue-se ainda o modelo tradicional de definição de valor para o cargo.

A. ESTUDO DE CARGO

Estudo de cargo consiste na coleta, análise e avaliação das tarefas de um cargo. A avaliação de cada tarefa será em relação às habilidades, educação, responsabilidade e requisitos físicos requeridos. Ou seja, avaliação dos atributos do cargo. Essa tarefa não é feita isoladamente, mas em função de outras, como avaliação de salários, méritos etc. As decisões pertinentes a essa função são referentes ao nível de especialista colocado para estudo do cargo, em função das necessidades da empresa.

B. ESTUDO DE SALÁRIOS

Administração de salários consiste em algumas atividades referentes aos salários da empresa, tais como pesquisa sobre salários, avaliação dos salários da empresa, determinação de taxas de aumento etc. Algumas dessas atividades são contínuas para manutenção e acompanhamento do processo.

As decisões a serem consideradas nessa função são relacionadas com a formalização da avaliação de cargos. Em função da necessidade da empresa, a ênfase dada na avaliação é maior ou menor.

C. BENEFÍCIOS

Não há uma definição rígida para benefícios, porém a consideraremos aqui como salário direto. Exemplos: férias pagas, assistência médica e hospitalar, planos de pensão, seguros em grupo e individual, programas de recreação, financiamento de treinamento etc. Para mão-de-obra cujos custos de operação sejam baixos em relação ao custo de mão-de-obra, a ênfase será em bases de satisfação extra-salarial, tanto para a disputa da mão-de-obra no mercado, como para conservar essa mão-de-obra na empresa.

9.1.7 Manutenção

É a preocupação com um bom ambiente de trabalho, tanto em condições físicas como humanas. Essa divisão é meramente didática, pois não faz parte da função de Recursos Humanos na maioria das organizações, mas do ambiente de trabalho em que o indivíduo está alocado. Faz parte do contexto grupal e do estilo de liderança desenvolver algumas das práticas descritas a seguir.

A. ORIENTAÇÃO

A orientação tem por objetivo fazer o empregado sentir-se parte da organização e conhecer qual seu papel como membro dela e qual a missão da empresa. Mais freqüentemente, o departamento de pessoal assiste o departamento nessa etapa, e a responsabilidade principal pela orientação está com o departamento em que o empregado trabalha. O programa pode constar de informação sobre a história da empresa, seus produtos, os benefícios a seus empregados etc. A decisão que cabe aqui é a ênfase dada à orientação.

B. ACONSELHAMENTO

Os problemas individuais dos empregados são discutidos e tratados por um conselheiro. Para esses casos, são utilizadas técnicas de aconselhamento para auxiliar o indivíduo a superar problemas de ordem moral, emocional etc.

A função de aconselhamento é muito delicada e requer muito tato. Muitas pessoas que procuram conselho não querem que seus problemas sejam discutidos com outras pessoas. Conseqüentemente, a confidência é muito importante.

A decisão nessa função é sobre as técnicas a serem utilizadas e quando o empregado deve ser encaminhado para aconselhamento.

C. HIGIENE E SEGURANÇA

Consiste em dar aos empregados o melhor tratamento e as melhores condições físicas de trabalho e proteção individual. A empresa deve estar sempre atenta às necessidades dos trabalhadores, no que concerne à melhoria do ambiente físico. Deve estabelecer normas a serem seguidas para aumentar o grau de segurança no trabalho e, conseqüentemente, diminuir o índice de acidentes.

D. COMUNICAÇÃO

Em grandes organizações, onde pouca ou nenhuma comunicação tem lugar entre gerentes e empregados, o empregado não sabe muito sobre a organização em termos de presente e futuro. Estar sempre atualizado ajuda a satisfazer às necessidades básicas de segurança e aceitação: se a empresa não mantém seus empregados informados, poderão surgir "rumores" ou "boatos" falsos e exagerados. Decisões sobre um programa de divulgação da empresa para os próprios empregados e procurar aumentar a interação entre os subsistemas organizacionais devem ser a preocupação dessa função.

E. RELAÇÃO COM ÓRGÃOS SINDICAIS E GOVERNAMENTAIS

O objetivo básico das relações com sindicatos e associações de classe é estabelecer um acordo em relação às condições sobre as quais os empregados e empregadores colaboram entre si. A empresa deve manter sempre boas relações com esses tipos de organização. Assim, os problemas entre empregados e empregador são sempre resolvidos de forma mais satisfatória.

Os sindicatos são um veículo pelo qual os funcionários atuam coletivamente para a promoção e proteção de seus interesses. Utilizam o processo de negociação coletiva para discutir os temas a serem negociados.

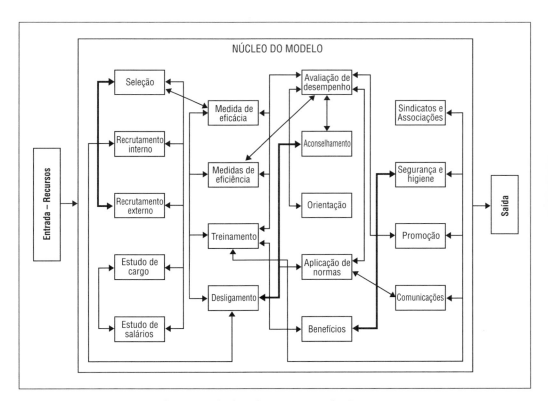

Figura 9.2   *Resumo das atividades do processo da função Recursos Humanos.*

Todas as atividades dentro dos cinco grupos estão bastante inter-relacionadas, a ponto de que, se damos mais atenção a um aspecto, outro é diretamente afetado. Por exemplo, se nos preocuparmos muito com treinamento, isso afetará diretamente o processo de seleção.

O grau de dedicação a ser dado a cada uma dessas atividades dependerá basicamente do resultado que queremos obter. Isso faz parte da política de pessoal a ser adotada.

Dentro do Núcleo do Processo da Função Recursos Humanos, podemos considerar um conjunto de atividades interdependentes, conforme mostra a Figura 9.2. Observe que, quando trabalhamos com uma atividade, o resultado de nossa ação reflete imediatamente nas que estão diretamente ligadas a ela.

OUTPUT ou **SAÍDA:** o resultado das atividades definidas no processo influencia consideravelmente o desempenho da função Recursos Humanos. A qualidade das decisões e a adequação da política definida anteriormente darão a medida certa do sucesso da administração de Recursos Humanos.

Esse sucesso será medido por alguns parâmetros básicos: a eficácia organizacional, a satisfação pessoal, a melhoria da tecnologia e a imagem da empresa na comunidade. A empresa que está operando com eficácia significa que recebe da força de trabalho o melhor empenho da execução de suas tarefas. Empregados satisfeitos são os que dão à empresa um índice baixo de rotatividade, ausência no trabalho e acidentes, entre outros. A imagem favorável da empresa na comunidade facilita sua busca de mão-de-obra qualificada no mercado de trabalho.

A função Recursos Humanos deve buscar equilíbrio entre os objetivos da empresa e as necessidades do empregado; a administração deve estar sintonizada para atuar dentro do seguinte espectro:

- **abordagem proativa:** significa que tem uma orientação futura para antecipar desafios antes que eles surjam. Por conseguinte, a administração de Recursos Humanos necessita ser sensível às tendências que estão surgindo no cenário social e econômico;
- **abordagem humanística:** significa que os empregados devem ser tratados com importância e dignidade.

Os resultados serão conhecidos quando houver preocupação com a avaliação da função de Recursos Humanos.

9.2 AVALIAÇÃO DA FUNÇÃO DE RECURSOS HUMANOS

Podemos afirmar que a evolução na avaliação da área de Recursos Humanos pode ser considerada a partir dos estudos mais contemporâneos da ciência da Administração, com a introdução da visão sistêmica da empresa, em que as várias áreas seriam vistas como uma interdependência e uma função poderia ser afetada por outra, dependendo do evento ocorrido.

Ainda assim, o primeiro passo que possibilitou a avaliação foi o surgimento de índices isolados, como rotatividade, absenteísmo, acidentes de trabalho, e outros mais envolvidos com centros de custos, como custo de cada empregado recrutado e selecionado e custo de treinamento. Esses índices ou valores monetários gastos em atividades de pessoal específicas não estavam absolutamente integrados ao objetivo global da organização, tampouco aos objetivos da área de Recursos Humanos, nem refletiam a medida da eficácia das decisões ou uma política bem definida.

Mais recentemente, observamos com alguma freqüência em livros de Administração de Recursos Humanos um capítulo dedicado à "auditoria de pessoal"; em alguns deles, o assunto é inserido no capítulo de "pesquisas sobre pessoal", por entenderem os autores que há alguma relação ou, pelo menos, lhe é complementar. Para citar alguns, temos:

Thomas J. Luck, em seu livro *Personnel audit and appraisal*, iniciou uma coleta de informações sobre as várias técnicas utilizadas pelas empresas para auditar o "valor" das políticas e práticas de programas de pessoal, permitindo, a partir daí, desenvolver novas formas de auditoria de pessoal aplicadas a pequenas empresas.

Marc J. Wallace, Frederic Crandall e Charles Fay, em seu livro *Administering human resources*, dedicam todo um capítulo à auditoria e controle de Recursos Humanos, porém com ênfase bastante grande em avaliação de desempenho individual como forma de controle. Ainda esses autores definem auditoria como:

> "Um esforço em descrever a maneira que a função pessoal trabalha e as conseqüências desse trabalho. Ela fornece a fotografia das condições atuais. Não há qualquer preocupação em descrever a situação ideal."

William B. Wether Jr. e Keith Davis, em seu livro *Personnel management and human resources*, definem auditoria como:

> "O processo de avaliação das atividades de pessoal em uma organização. A auditoria pode cobrir uma divisão ou toda a empresa. Ela proporciona retroinformação sobre a função pessoal aos gerentes operacionais e especialistas em pessoal. Em suma, a auditoria é uma verificação global de controle de qualidade das atividades da empresa."

Essas definições estão resumidas no Quadro 9.3.

O conceito de "auditoria de pessoal" é o de medir o caráter básico e o propósito de uma organização em termos de sistema de Recursos Humanos, assim como a administração por objetivos mede o cumprimento de um objetivo específico ou parte dele, quer da organização toda, quer de uma área específica. Ainda nesse estágio estamos falando de medidas isoladas. Observamos ainda que há mistura de conceitos entre auditoria, controle e avaliação, e em alguns casos eles são usados como sinônimos.

Quadro 9.3 *Principais áreas cobertas por uma auditoria da função pessoa.*

Sistema de Informação de Administração de Pessoal	
Planos de Ação Afirmativa – Subutilização e concentração – Metas de ação afirmativa – Progresso em relação às metas Informação de análise de cargo – Padrões do cargo – Descrições de cargos – Especificações de cargo	Planos de Recursos Humanos – Estimativas de oferta e demanda – Inventários de habilidades – Gráficos e resumos de substituição Administração de remuneração – Níveis de salários e ordenados – Pacote de benefícios extras – Serviços dados pelo empregador
Preenchimento de Quadros e Desenvolvimento	
Recrutamento – Fontes de candidatos – Disponibilidades de candidatos – Pedidos de emprego Treinamento e orientação – Programa de orientação – Objetivos e procedimentos de treinamento – Taxas de aprendizagem	Seleção – Razões de seleção – Procedimento de seleção – Cumprimento de igual oportunidade Desenvolvimento de carreira – Sucesso de colocação interna – Programa de planejamento de carreira – Desenvolvimento de Recursos Humanos
Controle e Avaliação de Organização	
Avaliações de desempenho – Padrões e medições de desempenho – Técnicas de avaliação de desempenho – Entrevista de avaliação Controles de Recursos Humanos – Comunicações com o empregado – Procedimentos disciplinares – Procedimentos de mudança e desenvolvimento	Relações trabalhadores – administração – Cumprimento legal – Direitos de administração – Resolução de problemas Auditoria de Pessoal – Função de pessoal – Gerentes operacionais – Retroinformação do empregado sobre administração de Recursos Humanos

Fonte: WERTHER, Willian; DAVIS, Keith. *Administração de pessoal e recursos humanos.* São Paulo: McGraw-Hill do Brasil, 1983.

As mudanças rápidas do ambiente em que as organizações estão inseridas fazem com que as estratégias sejam repensadas de maneira dinâmica, e para isso, a avaliação da qualidade das estratégias tomadas pela alta administração torna-se de máxima importância para o sistema organizacional ou objetivo específico.

Em seu recente livro *Human resources management*, Klatt, Murdick e Schster, dentro de uma abordagem sistêmica da organização, colocam o problema de maneira clara; considerando que o sistema organizacional é composto de vários grupos organizados, os controles devem ser em todos os níveis de atuação desses grupos, para atingir seu objetivo. Isso se justifica pelo fato de serem as pessoas que controlam todos os outros sistemas, como facilidades, equipamentos, recursos financeiros etc.

Segundo esses autores, o conceito de análise de desempenho que leva à medida de eficácia deve ser a base para medir a organização toda. Esse conceito determinará o grau em que a empresa está cumprindo seu papel dentro de um sistema de Recursos Humanos. Sua concepção de modelo de controle organizacional pode ser definida como mostra a Figura 9.3.

Segundo esse modelo, o processo de controle consiste em medir e corrigir o desempenho de maneira que os objetivos sejam atingidos conforme planejados. Do ponto de vista técnico, discutir controle em termos de identificação e medida das variáveis que representam o desempenho do sistema exige a modificação dos conjuntos de informações geradas e dos processos para administrá-las.

9.2.1 Área de Recursos Humanos: uma estrutura em extinção

Apesar de pesquisadores não retratarem o término da área de forma clara e alguns a considerarem uma visão precipitada, marcada principalmente pela transição relativa a seu papel, devemos tecer algumas considerações que retratam os novos conceitos organizacionais e seus possíveis impactos na área de Recursos Humanos. Um deles foi provocado pelo *downsizing*, delegando para as áreas operacionais muitas atividades específicas de Recursos Humanos, ficando muito mais perto da base operacional da atividade.

Embora haja grande ênfase nas questões que envolvem a valorização das pessoas, do capital intelectual e da criatividade como elementos de sustentação para os negócios, não há necessariamente que atrelar esses fatores à existência de uma estrutura de Recursos Humanos. Os facilitadores dessas funções poderão ser os próprios gerentes ou supervisores de área.

Outra abordagem necessária a ser explorada quando se refere à possibilidade de extinção da área de Recursos Humanos são as mudanças organizacionais e seus impactos. Para compreender a complexidade que envolve o ambiente externo, ou seja, a concorrência internacional, as pressões provocadas pelas mudanças tecnológicas e a vulnerabilidade dos mercados decorrentes de um mundo

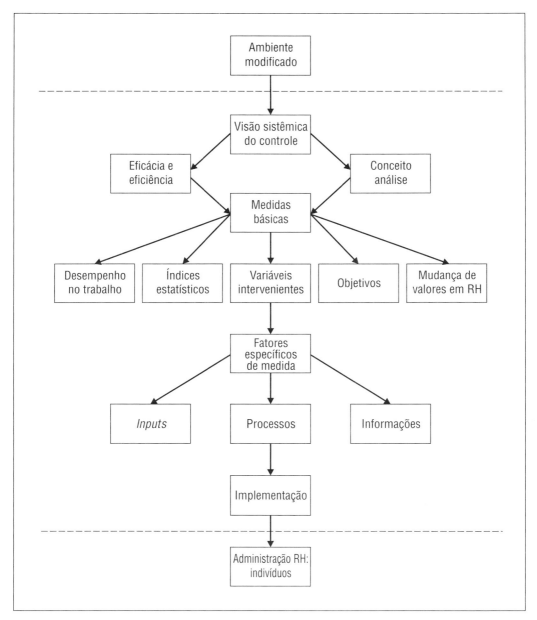

Figura 9.3   *Medir e controlar desempenho organizacional.*

globalizado e competitivo, as empresas têm que adotar novos modelos de gestão que lhes possam garantir maior flexibilidade e respostas rápidas num mercado incerto.

As empresas estão modificando suas estruturas a fim de eliminar os tradicionais níveis hierárquicos e os limites criados pelos departamentos ou funções.

O trabalho nas empresas está cada vez mais concentrando-se em processos, projetos, equipes, em vez de funções e hierarquias. Essas estratégias estão sendo adotadas porque são formas de se criar maior flexibilidade interna e, ao mesmo tempo, responder às demandas do mercado externo. A nova tendência de gestão indica que as funções de Recursos Humanos passam a ser responsabilidade dos próprios grupos dentro do escopo de que as equipes sejam autogerenciáveis.

Desse prisma, o campo de atuação de Recursos Humanos torna-se integrado dentro do gerenciamento do processo da empresa, por meio do desenvolvimento de uma nova disciplina referida como gerenciamento estratégico de Recursos Humanos.

BIBLIOGRAFIA BÁSICA

AQUINO, Cleber Pinheiro. *Administração de recursos humanos*. São Paulo: Atlas, 1985.

CHIAVENATO, Idalberto. *Administração de recursos humanos*. São Paulo: Atlas, 1979.

FAMULARO, Joseph J. *Manual de administração moderna de pessoal*. São Paulo: McGraw-Hill do Brasil, 1972.

FLIPPO, Edwin. *Princípios de administração de pessoal*. São Paulo: Atlas, 1979.

GLUECK, Willian F. *Personnel*: a dyagnosis approach. [S.l.]: Dallas Business, [s.d.]

LOBOS, Julio A. *Administração de recursos humanos*. São Paulo: Atlas, 1979.

WERTHER, Willian B.; DAVIS, Keith. *Administração de pessoal e recursos humanos*. São Paulo: McGraw-Hill do Brasil, 1983.

YODER, Dale. *Administração de pessoal e relações industriais*. São Paulo: Mestre Jou, 1970.

QUESTÕES PARA DISCUSSÃO E REVISÃO

1. A função Recursos Humanos sofreu uma série de evoluções ao longo do tempo. Qual o significado dessa evolução e quais as influências que a provocaram?

2. Quais são as variáveis que afetam a definição de uma política de Recursos Humanos adequada para a organização?

3. A que se deve essa visão tão diferenciada das principais atividades que envolvem a função Recursos Humanos?

4. Qual o objetivo de manter um tratamento equilibrado entre essas atividades?

5. A tendência da abordagem de administração de Recursos Humanos no futuro é mais social do que tecnocrata; qual a importância das relações de trabalho para que essa tendência aconteça?

10

Do Planejamento à Estratégia Competitiva

A necessidade de planejar surgiu, no início dos anos 60, em resposta à ansiedade das empresas em saber em que nível de competitividade e atuação perante seus competidores no mercado elas se posicionavam. Isso gerou a necessidade de definir objetivos organizacionais, acreditando que com isso se facilitaria a avaliação final. Podemos considerar que o surgimento dos "objetivos organizacionais" é um marco histórico na evolução da teoria administrativa.

A necessidade de definir um rumo para a empresa e tornar as coisas mais organizadas na mente de seus gestores surge de um conjunto de instrumentos para a tomada de decisão. Estava iniciada a era do planejamento. Em 1963, Cyert & March publicaram um livro que foi muito lido e seguido, *A behavioral theory of the firm*. Ele explora como as políticas internas da empresa impedem os administradores de maximizar os lucros e defendem a idéia de que a definição dos objetivos da organização era feita pelo poder político dos executivos e não representava a organização em sua totalidade. Isso trouxe um descrédito sobre a maximização dos objetivos da empresa; o objetivo era o da pessoa que detinha o maior poder dentro da organização.

Essa foi uma era muito rica em produção de livros sobre como maximizar seus resultados e quais seriam os reais objetivos de uma organização. Peter Drucker revolucionou essa idéia de objetivos, com seu livro *Managing by results*, publicado em 1964; nele ele defende o papel da alta administração no estabelecimento dos objetivos anuais da empresa. Esse livro teve grande importância para acelerar os estudos de modelos de planejamento estratégico, como forma mais sofisticada de definir objetivos. Aqui, então, a perspectiva muda e vê o objetivo ser definido com base na análise das necessidades internas da empresa.

Ao mesmo tempo, Chandler (1962), em *Strategy and structure*, já pregava o alinhamento das ações da empresa com o planejamento estratégico. A análise por meio do modelo SWOT, criado por Andrews e Roland, e aplicado por muitos consultores e citado em vários livros acadêmicos, em que o planejamento estratégico era o tema principal, veio reforçar a questão da importância de a empresa ter um objetivo apoiado em necessidades reais que seja a base de uma estratégia. O objetivo então estaria alinhado à estratégia.

Porém, foi Ansoff (1965), com o livro *Corporate strategy*, que mostra que a estratégia organizacional é mais importante que o planejamento estratégico, introduzindo conceitos de decisões estratégicas e estratégia de negócios, sinergia e competência. Esse movimento segue em alta até Porter (1980) falar em vantagem competitiva, avançando mais um passo no tema que dominou, domina e dominará o cenário da teoria administrativa por muitos anos. Hoje, é muito difícil falar em qualquer tema de administração sem que esteja envolvida a estratégia. Escolas, MBAs, cursos e programas de estudo surgem para abordar o tema de estratégia e vantagem competitiva das organizações.

O conceito de sinergia introduzido por Ansoff serviu para justificar as operações de fusão e aquisição que caracterizaram o mundo dos negócios nos anos 80. O conceito pode ser aplicado em outras áreas, como alianças estratégicas, *joint ventures*, acordos de cooperação e rede de negócios. Estava criado o conceito de estratégia corporativa.

Nessa época, já se falava em fatores críticos para o sucesso de um negócio, que porém só receberam atenção uma década depois. Rokart (1979) definiu que fatores críticos para o sucesso são aqueles cujos resultados satisfatórios garantem o desempenho competitivo para a organização. Isso ocorreu muito antes de Portar falar em competitividade.

O planejamento estratégico de Porter surge em 1980, como uma técnica para a análise estrutural das indústrias, definindo barreiras e ameaças no ambiente de negócios e as cinco forças que agem no processo competitivo. Enfrentando essas cinco forças, as empresas poderão dizer que estão em vantagem competitiva perante o mercado. Essas cinco forças vieram substituir o SWOT e procurou-se encontrar uma melhor posição para negociar com fornecedores, clientes, elevar barreiras de entrada no mercado, reduzir conflitos entre rivais e obter monopólio. Isso foi chamado de estratégia de posicionamento no negócio, dentro do planejamento estratégico.

A fase de planejamento estratégico foi bastante longa e, ainda hoje, ele sobrevive nos níveis operacionais das organizações como um instrumento de direcionar as atividades, mas já em 1981 foi mencionado que ele havia perdido seu "charme", dentro da teoria administrativa. Em um artigo publicado pela HBR, Gluk, Kaufman e Walleck mencionam a decadência do planejamento estratégico e a ascensão da administração estratégica e vantagem competitiva. Em 1982, Keneth Ohmae falava na vantagem competitiva que a estratégia pode trazer para as empresas por meio da modificação da força de uma empresa em relação a seus concorrentes e introduz o conceito de pensamento estratégico.

Nesse mesmo período, Peter e Waterman surgiram com a idéia da excelência total e de como administrar mudanças caóticas. Em *Search of excelence* (1982), com base nos Ss da Mackinsey, generalizaram as questões dos pontos fortes e fracos que tinham como objetivo principal ter pontos fortes em tudo, ou seja, a empresa deveria ser excelente em tudo. Como instrumentos de medida dessa excelência, criaram instrumentos como *benchmarking* e qualidade total. Peter e Waterman buscam um resgate cultural e da estima empresarial, que sofria de crise de identidade. Porém, a idéia de avaliar as empresas que estavam em posição de destaque no mercado e usá-las como modelo de gestão não durou muito; a prática mostrou que não é possível ser excelente em tudo e manter um nível de competitividade incondicional. Para dar-nos uma boa reflexão sobre o fracasso do modelo de excelência, podemos basearmo-nos no que Camp (1989) afirma: "Os japoneses possuem uma palavra *dontotsu*, que significa 'lutar para ser o melhor dos melhores' e que os americanos não possuem uma palavra que tenha essa força."

Sempre que um modismo fracassa, as empresas procuram reduzir suas perdas, cortando custos operacionais; nesse momento, não foi diferente, e surgiu a idéia da reengenharia, vista como uma máquina de mudanças em seu próprio tempo. Muitos empregos desapareceram e gerou-se nível alto de desemprego, perdendo-se muito do conhecimento tecnológico desenvolvido durante a fase da excelência total.

Como já dissemos, Porter foi o introdutor da expressão e do conceito *vantagem competitiva* que analisava as empresas via teoria econômica e teoria da organização industrial, e pelo qual é possível identificar o comportamento inerente de uma empresa. Ele defendia a necessidade de uma análise estrutural das empresas, identificando as barreiras de entrada de cada uma no negócio, ameaças dos competidores, ameaças dos fornecedores. Essa análise permitia ao planejador identificar quais as características mais importantes a serem consideradas na definição da estratégica.

10.1 GLOBALIZAÇÃO DA ESTRATÉGIA

Os anos 90 foram marcados pela globalização; isso significa que caíram as barreiras entre os países, diminuindo os espaços entre as nações, uma vez que, com a Internet, a comunicação era mais confiável e rápida. Com essa nova realidade, novos estudos sobre estratégia empresarial se fizeram necessários. Surgiram conceitos como: grupos estratégicos, triângulo estratégico, pensamento estratégico, mente do estrategista, e assim por diante. As empresas passaram a ter enfrentamentos competitivos contínuos, e obter vantagem competitiva passou a ser prioridade máxima. Podemos definir cinco tipos de vantagem competitiva:

1. **Vantagem competitiva por ter a preferência dos clientes:** perdura enquanto o mercado não está recessivo.
2. **Vantagem competitiva por custos internos baixos:** muito ativa enquanto houver recessão.
3. **Vantagem competitiva por custos externos baixos:** muito ativa em qualquer situação econômica – a empresa é líder por muito tempo.
4. **Vantagem competitiva por diferenciação de negócio:** bom negócio enquanto não aparecer concorrente.
5. **Vantagem competitiva par talentos especiais:** enquanto o conhecimento for mistério, pode perdurar, mas, com a velocidade da informação, as descobertas novas têm que ser constantes.

A competição pelo futuro é uma competição pela criação e pelo domínio das oportunidades emergentes, pela posse no espaço competitivo deixado pelos concorrentes. Devemos considerar quatro elementos para chegar primeiro ao futuro:

1. Compreensão de que a competição pelo futuro é uma competição diferente.
2. É um processo para a descoberta e a percepção das oportunidades emergentes.
3. Ter habilidade de energizar a empresa de cima para baixo para iniciar uma longa e árdua jornada para o futuro.
4. Ter capacidade de superar os concorrentes e chegar primeiro, sem correr riscos desnecessários.

Estabelece uma nova forma de ver o mercado, que poderíamos considerar como "visão estratégica", que objetiva definir os caminhos para a empresa e sua intenção estratégica, que deve ter um alicerce sólido e profundos conhecimentos de seu ambiente. Estabelece também um novo ambiente competitivo, em que as empresas estabelecem novas regras do jogo, como o estabelecimento de estratégias conjuntas para competir em mercados mais exigentes e complexos. Saímos de um momento em que havia o estrategista para outro, em que todos são estrategistas em seu próprio nível hierárquico.

Até então, a visão de planejamento era a de termos um nível estratégico, um tático e um operacional, uma vez que o planejamento estratégico era o nível decisor mais alto da organização. Hoje, podemos situar um nível de decisão muito diferente daquele e no qual se coloca o planejamento em uma posição mais secundária. Temos:

Figura 10.1 *Níveis hierárquicos da estratégia corporativa.*

Por esse quadro, podemos perceber que a estratégia corporativa é que comanda toda a organização e que todas as decisões devem estar alinhadas a ela, em busca da vantagem competitiva no mercado. O objetivo organizacional é, portanto, a busca da vantagem competitiva:

- **estratégia corporativa:** pressupõe visão empresarial e condições de criar vantagem competitiva de longo prazo;
- **estratégia de negócios:** pressupõe ação de curto prazo que permita manter-se sempre à frente de seus concorrentes e manter a vantagem competitiva de longo prazo;
- **estratégia operacional:** pressupõe ações voltadas para maior eficácia das vantagens competitivas adquiridas e possíveis de ser alcançadas.

As origens e a definição de estratégia estão pouco claras até os dias de hoje. Os vários conceitos que se apresentam na literatura devem-se aos estrategistas, pesquisadores e autores, que, em função dos diferentes contextos em que cada um desenvolve seu trabalho, dão seu tom pessoal à questão e apresentam conceitos que traduzem sua visão do problema e que atendem a suas necessidades de aplicação do termo. No Quadro 10.1 poderemos comparar a evolução do termo ao longo do tempo e como era sua aplicabilidade.

Quadro 10.1 *Diferentes conceitos, autores e períodos da teoria sobre estratégia.*

Fonte	Definição/Noção
Igor Ansoff (1965) *Corporate strategy*	Seu conceito de sinergia serviu para justificar fusão e aquisição, gerando o conceito de estratégia corporativa.
George Steiner (1979) *Strategic planning*	Estratégia é o que a alta administração faz de grande importância para a organização.
Keneth Andrews (1980) *The concept of corporate strategy*	Estratégia é o padrão de decisão na empresa que determina objetivos, procedimentos e planos e define a amplitude que os negócios da empresa devem atingir.
Michael Porter (1980) *Competitive strategy*	Vantagem competitiva é ter mais força do que nossos competidores. Estratégia de posicionamento perante cinco fatores que movem a competição.
Kenichi Ohmae (1982) *The mind of strategist*	A estratégia traz vantagens competitivas pela modificação de forças em relação ao concorrente e introduz o conceito de pensamento estratégico.
Henry Mintzberg (1994) *The rise and fall of strategic planning*	A estratégia é a perspectiva, a visão, a direção. É a posição que reflete a decisão de oferecer um produto ou serviço em um mercado.
Michael Porter (1996) *What is strategy?*	Estratégia competitiva é "ser diferente". Escolher um conjunto diferente de atividades para oferecer um *mix* único de produtos. É diferenciação, é posição competitiva.

Podemos observar por esse quadro que muitos são os conceitos e muitos são os usos para esses conceitos. Alguns já desapareceram com o tempo, surgiram novos e outros aparecerão. O problema é a velocidade com que isso acontece. A falta de amadurecimento, compreensão e validação dessas descobertas traz impacto negativo para um tema tão importante.

10.2 PLANEJAMENTO ORGANIZACIONAL

Planejamento era considerado a função principal dentro da organização e de precedência dentro do processo administrativo. A necessidade de planejamento não estava limitada ao atendimento dos objetivos organizacionais; ele era necessário para determinar os métodos e tipos de controles, bem como o tipo de estrutura adequada, tipo de mão-de-obra, processo produtivo etc. Tudo deveria estar alinhado ao planejamento. Hoje, ele está restrito aos níveis de segundo escalão e aos operacionais. Não que ele tenha desaparecido da vida de uma empresa; apenas passou a ser um instrumento facilitador das funções administrativas. Todo o seu referencial teórico permanece, e é importante conhecê-lo.

Conceito de planejamento: a função planejar é definida como análise de informações relevantes do presente e do passado e a avaliação dos prováveis desdobramentos futuros, permitindo que seja traçado um curso de ação que leve a organização a alcançar bom termo em relação a sua estratégia competitiva e obter vantagem competitiva perante seus concorrentes. Segundo Ackoff, planejamento pode ser definido como "o projeto de um estado futuro desejado e os meios efetivos para torná-lo realidade".

Planejamento é tanto uma necessidade organizacional como uma responsabilidade administrativa. Por meio do planejamento, a organização escolhe metas baseadas em estimativas e previsões futuras, dando forma e direção aos esforços de administradores e trabalhadores dos demais níveis organizacionais. Os objetivos do planejamento podem ser englobados em dois: determinar objetivos adequados e preparar para mudanças adaptadas e inovativas.

Nenhuma organização é livre de mudança; assim, todas devem planejar efetivamente para sobreviver e crescer. Quer envolvendo forças internas ou externas, o planejamento auxilia a evitar que a organização fique em situação crítica quando surge uma mudança em um desses dois ambientes.

Planejamento é definido como a atividade pela qual administradores analisam condições presentes para determinar formas de atingir um futuro desejado.

O planejamento em uma organização deve ser dividido em Planejamento Estratégico e Planejamento Tático ou Operacional. Para uma questão meramente didática de definição, planejamento estratégico envolve atividade a longo prazo, que, quando detalhada em nível de tempo mais curto, passa a ser considerada planejamento operacional, ou seja, o planejamento tático ou operacional deriva sempre do planejamento estratégico. As atividades que envolvem um repetem-se em outro, com diferentes ênfases.

A crença de que o planejamento estratégico é de alguma utilidade não está tão difundida como se pensa. Somente grandes conglomerados desenvolvem essa atividade de forma mais complexa e completa; outras empresas o fazem de forma menos sistemática e outras ainda só fazem o planejamento operacional. Muitos empresários defendem que as incertezas são muito grandes e o futuro muito complexo para prever algumas ações a um prazo muito longo.

Em termos de decisão organizacional, planejamento estratégico questiona todas as ações da empresa, desde seu objetivo presente e futuro até sua posição na sociedade. Os esforços para responder a questões complexas de futuro fazem com que essas mesmas empresas estejam mais bem preparadas para direcionar os recursos para melhor atingir esses objetivos. Sem dúvida, há situações em que atingir um objetivo é possível sem ter formalmente uma estratégia definida. Por outro lado, há mais exemplos em que o sucesso foi obtido pela sucessiva definição de estratégias. Ao trabalhar com planejamento estratégico, a empresa caminha sem gastar muito tempo e recursos imediatos para a solução de seus problemas.

Qualquer estratégia envolve várias subestratégias. Quando falamos da Teoria Sistêmica da Administração, vimos a ênfase na coordenação das subestratégias, de forma que a integração total não será prejudicada, ainda que seja de natureza flexível. Ao mudar alguma condição, a estratégia não poderá ser tão rígida que não permita a incorporação da nova condição e ainda evitar as grandes áreas de incertezas e risco. Especificamente, o desempenho eficaz no planejamento estratégico é baseado nas habilidades de:

- reconhecer os fatores do ambiente que afetam o sucesso da organização;
- analisar os pontos fortes e fracos da organização, capitalizando as informações para benefício próprio;
- ajustar-se rapidamente às mudanças de condições do ambiente;
- reconhecer que motivar as pessoas para as mudanças de estratégias depende do clima organizacional promovido por atitudes e valores pessoais da administração;
- equilibrar a organização no que se refere a proprietários, clientes, acionistas, funcionários e público em geral.

No processo de planejar estão envolvidas as atividades de antecipar, influenciar e controlar a natureza e a direção de mudanças. Planejamento é um processo contínuo que envolve noções de percepção, análise, pensamento conceitual, comunicação e ação.

10.2.1 Elementos básicos no planejamento

Há cinco atividades que são básicas ao processo de planejamento:

- avaliação das condições atuais;
- fator tempo;
- problemas de previsão;
- coleta e análise dos dados;
- coordenação dos planos.

A. AVALIAÇÃO DAS CONDIÇÕES ATUAIS

A tarefa central em Planejamento é reconhecer nas condições atuais inadequações que influem na mudança. Insatisfações com objetivos atuais, programa ou atividades geram planejamento como uma forma de melhorar. As insatisfações podem surgir da falta de progresso em torno de objetivos, pela necessidade de novos objetivos ou pelo reconhecimento de um problema crítico. Planejamento é necessário para prevenir ou corrigir problemas e dar à organização a chance de fazer isso.

Não é fácil reconhecer quando uma condição requer planejamento. Mudanças são freqüentemente graduais, e somente após o problema surgir é que seu impacto acumulativo reconhecerá a necessidade do planejamento. Em qualquer problema, por mais simples que seja, existe grande número de alternativas.

B. FATOR TEMPO

Com o propósito analítico, planejamento pode ser visto tanto a curto prazo como a longo prazo. Entretanto, o planejamento é contínuo e, na prática, aquele que está sendo seguido no momento é o mais importante.

Planejamento a curto prazo é relacionado com o futuro próximo – o próximo mês ou até ano. Por outro lado, planejamento a longo prazo é feito para predizer condições e curso de ação para cinco, dez ou mais anos adiante.

À medida que o período de tempo aumenta, a qualidade do planejamento tende a decrescer. Um grande período de tempo permite maior oportunidade para que ocorram eventos não previstos. Quanto mais remoto o futuro que o administrador está considerando, mais difícil se torna prever o que vai acontecer.

Planejamento a longo prazo é geralmente estratégico. Ou seja, preocupa-se com a adequação e natureza dos objetivos e a maneira de atingi-los. Planejamento estratégico requer uma habilidade muito grande em antecipar o futuro e relacionar-se com o ambiente externo. Planejamento contingencial é uma forma de planejamento estratégico.

A importância do planejamento a curto prazo não deve ser subestimada, entretanto. O planejamento de curto prazo tende a ser mais preciso do que o de longo prazo. O trabalho do dia-a-dia dos momentos da organização consiste em executar planos em processo de desenvolvimento designados para antecipar situações do momento.

C. PROBLEMAS DE PREVISÃO

Previsão, embora não seja uma ciência exata, reúne um corpo de procedimentos e técnicas para predizer condições e eventos possíveis de ocorrer no futuro. Muitas dessas técnicas são subjetivas, porém são adequadas para muitos modelos de previsão que podem ser explanatórios ou estatísticos. Podemos classificar os métodos como mostra a Figura 10.2.

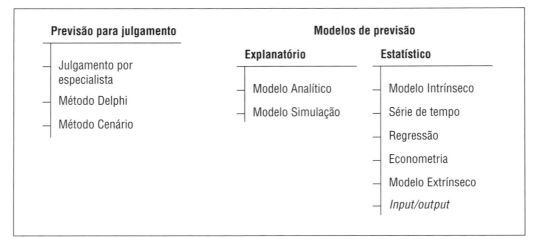

Figura 10.2   *Classificação dos métodos.*

Para concluir sobre previsão, podemos dizer que cada um chega a uma conclusão sobre condições futuras, mostrando que os fatores considerados são complexos, particularmente quando o fator mais significativo afeta as combinações e inter-relações alternativas. Segundo, é preciso coragem e confiança para tomar decisões que envolvem grande soma de dinheiro, baseadas em previsões de condições gerais que, na melhor das hipóteses, podem estar apenas aproximadamente certas. Terceiro, previsões e expectativas têm características psicológicas. Uma previsão otimista tende a alimentar grandes esperanças em terceiros.

D. A COLETA E A ANÁLISE DOS DADOS

Um quarto elemento importante no planejamento é a informação. Planejamento eficaz depende da qualidade e quantidade dos dados disponíveis ao planejador. Planejadores necessitam estabelecer fontes confiáveis e obter a informação em tempo desejável e de forma organizada.

As informações são obtidas e avaliadas de forma diferente pelos grupos ou indivíduos envolvidos em um programa de trabalho e nem sempre conseguem avaliar quais as informações mais relevantes para o planejamento, o que provoca maior monitoramento no planejamento.

As informações utilizadas no planejamento são tanto internas quanto externas. Dados internos consistem em custos, produção, vendas, mão-de-obra e outros dados estratégicos que descrevem a situação atual da empresa. Outros dados internos vitais são sobre objetivos e expectativas da organização. Esses dados são obtidos de relatórios sistemáticos e dados estatísticos. Dados externos referem-se a informações sobre indústria, comunidade, aspectos governamentais,

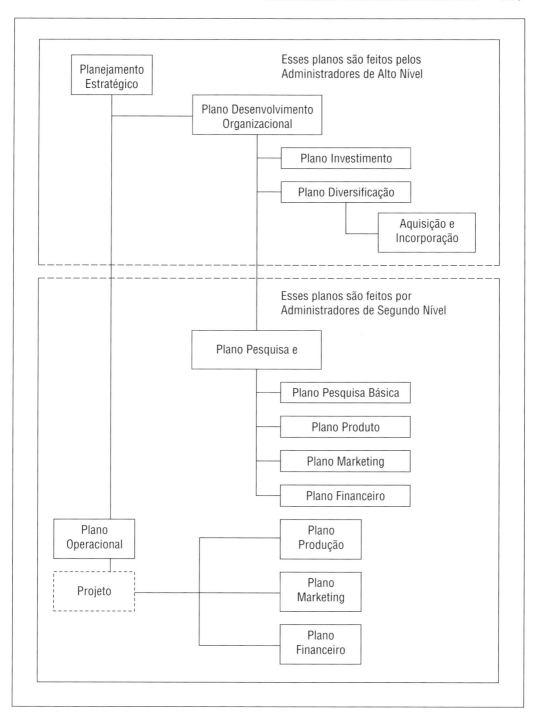

Figura 10.3 *Elementos de planejamento e sua interação nos diferentes níveis.*

legais e econômicos. Esses dados são obtidos de jornais, revistas especializadas, boletins e documentos públicos legais.

Um fator significativo sobre o uso de informações refere-se ao custo de obtê-las, classificá-las e guardá-las. Nesse aspecto, o uso do computador trouxe grande auxílio aos administradores.

E. COORDENAÇÃO DOS PLANOS

O quinto principal elemento em planejamento é o fato de que planos se inter-relacionam entre si tanto horizontal quanto verticalmente, gerando problemas de coordenação. Planos obedecem a uma hierarquia, correspondente aos níveis organizacionais, isto é, planos mais a longo prazo são de responsabilidade da alta administração e planos a curto prazo são orientados em torno das operações do dia-a-dia nos níveis mais baixos e estendem-se até o nível operacional. A Figura 10.3 mostra os planos e seus respectivos níveis onde atuam. Observando a organização, podemos ver que a hierarquia de planos corresponde aproximadamente à variação de autoridade e responsabilidade atribuída ao tipo de tarefa envolvida no plano.

O Quadro 10.2 ilustra os diferentes tipos de planejamento que tendem a concentrar-se a cada nível da organização. Nesse caso, estamos considerando apenas três níveis.

Quadro 10.2 *Atividade de planejamento por nível.*

Nível Organizacional	Tipo de Planejamento
Alta Administração	Objetivos, políticas, plano a longo prazo para toda a organização
Administração de segundo nível	Cotas, programas, projetos, objetivos a curto prazo, planilhas, plano operacional
Nível não administrativo	Rotina de trabalho e procedimentos

Em relação ao ambiente, devemos considerar condições internas e externas à organização. Como externas podemos citar: políticas, econômicas, sociais, tecnológicas e de mercado. Como internas temos: mão-de-obra, capital, padrões de procedimentos, estilo de liderança, objetivos etc.

A estrutura do processo de planejamento está muito bem representada pelo modelo desenvolvido por G. A. Steiner, que reproduzimos neste capítulo (Figura 10.4). O modelo mostra a origem e o propósito do planejamento, em três fases, quando se considera o fator tempo dentro do processo, ou seja, planejamento a longo, médio e curto prazo.

DO PLANEJAMENTO À ESTRATÉGIA COMPETITIVA 211

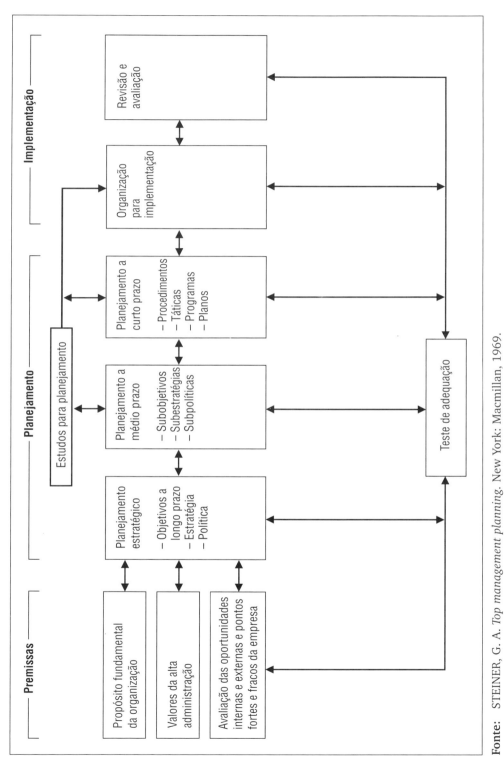

Fonte: STEINER, G. A. *Top management planning.* New York: Macmillan, 1969.
Figura 10.4 *Estrutura e processo de planejamento.*

Podemos definir planejamento a longo prazo como um planejamento mais amplo, em termos das áreas empresariais que ele atinge, porém orientado para um objetivo específico. É chamado de planejamento estratégico, pois é nesse estágio do planejamento que se definem as políticas e estratégias que a empresa usará para atingir os objetivos.

O planejamento estratégico tem as seguintes características principais:

- está intimamente relacionado com o meio ambiente da empresa no futuro, no que diz respeito ao produto e ao mercado;
- é um planejamento para toda a empresa;
- decisões estratégicas, uma vez tomadas, são de difícil reversão; é difícil voltar atrás;
- por se tratar de longo prazo, conseqüentemente, o grau de incerteza do planejamento estratégico é maior.

Dentro do planejamento a médio prazo, políticas, estratégias e objetivos são divididos em subestratégias e políticas relativas às áreas a que são afetas.

Quando o planejamento é considerado a curto prazo significa que é parte de um plano maior e que a fase é de definição dos procedimentos e elaboração dos planos e programas. Esse planejamento é comumente denominado planejamento operacional. São características do planejamento a curto prazo:

- o menor grau de incerteza nas decisões;
- as decisões de mais fácil reversão;
- o planejamento das operações atuais.

O limite de tempo ou duração de um planejamento é significativo para efeito de classificação do planejamento. Como regra geral, é mais difícil avaliar um planejamento a longo prazo que a curto prazo, uma vez que seu limite de tempo é muitas vezes maior que seu executor original.

Planejamento é a primeira tarefa da administração. Deve ocorrer antes que qualquer outra ocorra, uma vez que o planejamento determina a natureza das demais funções. Planejamento faz as coisas acontecerem. Para que possamos entender o processo de planejar e o papel da administração nesse processo, devemos observar uma seqüência lógica de atividades que o envolvem. Apesar de essas atividades não necessariamente deverem ocorrer em uma seqüência linear, todas devem ser incluídas no processo.

10.3 ESCOLHA DE OBJETIVOS ORGANIZACIONAIS

Uma das causas mais comuns do fracasso do planejamento é a falta de um conjunto de objetivos claramente definidos. Esses objetivos são muitas vezes confundidos com o método de trabalho. A organização deve ser orientada em torno da realização de objetivos por ela definidos. A definição dos objetivos é função básica da administração, pois eles são ingredientes que dão significado à organização e a razão pela qual ela se forma.

Qualquer empresa com alguma chance de ter sucesso deve conhecer quais as áreas de maior possibilidade de obter esse sucesso. Onde iremos, qual é nosso negócio, quais são nossos objetivos? Essas são questões importantes, no primeiro momento, uma vez que sem isso não poderá planejar e sem planejamento uma empresa não terá certeza de seu caminho. Segundo, sem objetivos uma empresa não tem certeza da forma de medir seu desempenho.

O relacionamento entre objetivos e organização não é um conceito novo. Fayol escreveu que "administrar é ver se o humano e o material são consistentes com os objetivos, recursos e requisitos". E Urwick disse que "a primeira coisa que fazemos quando olhamos para o futuro é tentar obter meios, humanos e materiais, para atingir a situação futura que prevemos".

Entretanto, até quase recentemente escritores tendiam a ignorar a importância dos objetivos como uma ligação vital entre a organização e seu ambiente. Eles enfatizavam o significado interno do objetivo. A comparação do sistema organizacional aberto com outros tipos de sistema aberto tem mostrado que uma organização não sobreviverá a não ser que os recursos, tanto humanos quanto materiais, sejam mantidos, e isso não poderá acontecer caso o ambiente, que fornece esses recursos, permaneça em contínua satisfação com os resultados da organização.

10.3.1 Objetivos principais

A busca por um único objetivo tem frustrado muitos autores em administração. Uma empresa que imagina que seu único objetivo é obter lucro descobrirá que ela tem responsabilidades com seus acionistas, com sua comunidade, com seus empregados, com suas famílias e com ela mesma.

O objetivo lucro tem sido considerado muito importante e necessita ser bem mais examinado. Nenhuma empresa bem-sucedida pode enfatizar lucro imediato a curto prazo, excluindo todas as outras considerações. Se isso for feito, ela estará ignorando pesquisa, inovação de produto, investimento de capital, entre outras coisas.

Na tentativa de solucionar esse impasse, poderemos propor que o objetivo geral de uma organização é ser bem-sucedida. Porém, esse é um conceito bastante intangível. Para tornar isso tangível, deveremos definir sucesso. Muitas empresas que são geralmente consideradas bem-sucedidas têm três fatores em comum: elas sobrevivem, obtêm lucros e crescem. Com esses três elementos, a empresa está satisfazendo praticamente a todos os grupos que se relacionam com a organização, empregados, comunidade, acionistas, diretores e mercado consumidor.

10.3.2 Objetivos secundários

Colocando a sobrevivência, o lucro e o crescimento no nível mais alto da hierarquia dos objetivos, podemos propor objetivos secundários, os quais contribuem diretamente para esses três mais importantes. Entre eles, primeiramente vêm os objetivos de mercado. É essencial para a empresa definir os objetivos de marketing, determinar seu mercado, decidir os meios de satisfazer a esse mercado e tornar explícita a contribuição da função marketing para crescimento, lucro e sobrevivência da organização.

Outro objetivo importante é a inovação de produtos. Esse objetivo é função direta da rápida mudança do ambiente em que a empresa está vivendo. Algumas têm necessidades maiores e outras não, em função do tipo de produto que operam. Outro objetivo também importante é a inovação dos métodos e procedimentos organizacionais que levarão a empresa a atingir uma eficiência necessária para seus objetivos primários. Muitos outros poderão ser definidos como objetivos secundários, a partir da definição dos primários:

- **identificação de premissas:** como já analisamos no item sobre previsão, a avaliação do futuro é um passo importante para o planejamento. Devem ser feitas considerações aos fatores de ambientes, como condições econômicas e clima político. Nessa fase, aplicamos nossas previsões e projeções de comportamento das variáveis de ambiente de nosso ecossistema;

- **estabelecimento de políticas:** as políticas são caminhos amplos, por meio dos quais os empregados se movem para atingir determinado objetivo. Ao considerar algumas alternativas de ação, o empregado deve levar em consideração aquelas que não afetem a política da organização. Por outro lado, elas não devem ser tão rígidas a ponto de não permitir a viabilização de um objetivo.

    Algumas políticas são impostas por fatores externos, outras determinadas pela filosofia interna definida pelo proprietário do negócio. As políticas não são escritas para dar uma resposta a todos os problemas, mas para serem seguidas, quando a situação exige;

- **tomada de decisão ou escolha de uma alternativa de ação:** as decisões relacionadas com a alocação ou administração dos recursos nas organizações são complexas, tomadas, geralmente, dentro de estruturas organizacionais igualmente complexas. Como exemplo, uma organização que produz milhares de produtos diferentes, usando as mesmas instalações, precisa tomar uma decisão quanto à quantidade de produção de cada um desses produtos, a qual afeta a produção de cada um dos outros produtos. A alocação da mão-de-obra é, por sua vez, afetada da mesma forma que o comportamento do inventário e das compras. Quando o comportamento das compras e o comportamento da produção são afetados, os fluxos de caixa de entradas e saídas da empresa são também alterados. Os fluxos de caixa afetam e são afetados por toda a estrutura da empresa. As ramificações são infinitas. Tomar e implementar decisões empresariais é uma das mais importantes preocupações da administração.

10.4 ELEMENTOS DO PROBLEMA DA TOMADA DE DECISÃO

Independentemente do nível da tomada de decisão, verifica-se que o processo é o mesmo. Ampla extensão de modelos de decisão tem sido proposta, mas cada um deles possui as mesmas características envolvidas:

- busca de objetivos;
- formulação de cursos alternativos de ação;
- avaliação dos resultados;
- seleção das alternativas (estratégias) para atingir os objetivos.

Alexis e Wilson incluem o estado da natureza, que compreende os aspectos do ambiente do tomador de decisão, que afetam sua escolha, bem como a do indivíduo ou do grupo a quem nos referimos como "tomador de decisão". Estudando as decisões administrativas, ficou demonstrado que a ação não passa suavemente de fase para fase, como foi sugerido aqui.

Entretanto, deveria ser evidente que o curso da seqüência da decisão dentro da organização é raramente claro no princípio. Ele desenvolve-se e muda nas várias fases que atravessa e pelos diferentes tomadores de decisão, com novas informações e novos pontos de vista, que se tornam envolvidos no processo de decisão.

10.5 FORMULAÇÕES DE CURSOS ALTERNATIVOS DE AÇÃO

Haverá, para qualquer objetivo, muitos meios diferentes de procurar sua obtenção. Cada solução alternativa para o problema da decisão produzirá um grau diferente de obtenção do objetivo e, conseqüentemente, um valor diferente da efetividade medida. Encontramos pouca coisa na teoria psicológica que sugere que os resultados devem ser maximizados para reduzir, ou mesmo eliminar, a intensidade do choque. Na verdade, a teoria da aspiração indica a flexibilidade adaptável mediante a qual os objetivos podem ser atingidos, diminuídos ou mudados pela luz da experiência.

O número de ações alternativas depende de quanto esforço o tomador de decisão coloca em sua busca. Assim, há alternativas possíveis, que para o tomador de decisão são completamente desconhecidas, da mesma forma que há alternativas que o tomador de decisão descartará sem consideração. As ações alternativas não são dadas para cada programa de tomada de decisão, mas devem ser procuradas por meio do gasto dos recursos.

Partindo do pressuposto de que as alternativas conhecidas são dignas de consideração adicional, o tomador de decisão precisa determinar quais são as melhores alternativas para satisfazer a seus objetivos. Ele deve computar e medir a efetividade de cada alternativa. Além disso, precisa ter alguma idéia do relacionamento entre as alternativas e os resultados.

10.6 SELEÇÃO DAS ALTERNATIVAS

Uma vez que os cursos alternativos da ação foram formulados, o tomador de decisão deve escolher entre as alternativas. De algum modo, ele deve escolher uma alternativa que represente a melhor decisão.

A teoria da decisão começa quando existe uma medida da efetividade, um modelo e um conjunto de alternativas. Além disso, ela busca por um conjunto de alternativas, das quais uma, de acordo com um modelo de previsões, otimiza a medida da efetividade.

Se há somente um resultado para cada alternativa, a escolha é feita simplesmente pela listagem das alternativas, de acordo com seus resultados expressos pela medida da efetividade. Pode haver, é claro, mais de um resultado para cada alternativa. A presença desses múltiplos resultados e as possíveis razões para incluí-los no modelo levaram a classificação dos problemas da tomada de decisão a tratar com a certeza, o risco, a incerteza e a competição.

10.7 IMPLEMENTAÇÃO

Detalhamento das decisões, para torná-las compreensíveis e executáveis aos demais participantes de organização.

1. **Decidir sobre o conjunto de políticas administrativas ou diretrizes** que a empresa adotará nas áreas de marketing, produção, pessoal e finanças. Políticas, de forma geral, dizem respeito a "como" a

empresa atingirá seus objetivos e metas. São freqüentemente definidas como *guias para a ação administrativa*. O conjunto de políticas revela o comportamento que a empresa conscientemente adotará em face, principalmente, das partes do ecossistema a que pertence, para a consecução de seus fins.

2. **Elaboração de programas:** o próximo passo é o estabelecimento de programas nas áreas como vendas, produção, compras, treinamento etc.

    Esses programas são bem mais detalhados e serão elaborados tendo como guias as políticas já estabelecidas. Ao realizar a atividade de programação, tomar-se-ão decisões sobre *o que* será executado (em termos de atividades), em que *seqüência, quando, quem* irá executar (pessoas e equipamentos) e *quanto* custará sua execução.

    Portanto, um programa deverá conter as respostas sobre esses aspectos.

3. **Sistemas administrativos operacionais:** as atividades programadas para execução são, na maior parte das vezes, executadas por sistemas operacionais. Assim, o programa de vendas é executado por um sistema operacional de vendas, o programa de compras por um sistema operacional de compras etc. Esses sistemas precisam ter um ritual de operação, pois, quando envolve problemas de custo, produtividade, se não há planejamento, não há como obter um bom resultado operacional.

    Planejar a forma operacional desses sistemas significa principalmente decidir sobre um *procedimento* ou *rotina* segundo o qual o sistema funcionará. Como um procedimento engloba um conjunto de operações ou atividades, planejam-se também *métodos de trabalho* para a execução das operações. Portanto, ao planejar um sistema operacional, estaremos decidindo sobre *como* as atividades programadas serão executadas a um nível de detalhe bastante grande.

4. **Planejamento de recursos:** a necessidade de recursos humanos, materiais, instalações e equipamentos financeiros para a consecução dos objetivos é basicamente estabelecida pela atividade de programação. O tipo, a qualidade e a quantidade de recursos necessários serão uma decorrência do que irá ser executado, quando e quem irá executar. Ao realizarmos a atividade de programação, estabelecemos as necessidades de recursos. Com base nelas, decidiremos sobre a forma de obtê-los e alocá-los.

5. **Estrutura organizacional:** a estrutura organizacional é também um meio para alcançar objetivos e metas, e necessita ser planejada. Para os mesmos objetivos, haverá alternativas de estrutura orgânica com

diferentes graus de deficiência, e é preciso decidir sobre o tipo de estrutura a ser utilizado. Ao planejar a estrutura, estaremos decidindo sobre divisão de trabalho e, principalmente, sobre a alocação de responsabilidade e autoridade para a tomada de decisão entre os participantes da organização.

10.8 AVALIAÇÃO DOS RESULTADOS

A avaliação dos resultados depende do relacionamento entre as alternativas e os resultados. O conhecimento pode ser dividido em três estágios possíveis: conhecimento perfeito, conhecimento parcial e ignorância completa.

Se existe o conhecimento perfeito, a avaliação degenera para um problema de computador. A avaliação pode, com a ajuda dos computadores, ser completada com bastante rapidez. O outro extremo, a ignorância completa, pode ser separado em dois subcasos. Um em que não se podem conseguir informações adicionais e outro em que um conhecimento parcial pode ser conseguido e chega-se à categoria de informação parcial.

No caso da informação parcial, pode-se desenvolver uma caracterização do relacionamento entre as alternativas e os resultados. Essa caracterização, que é chamada **modelo de avaliação**, inclui somente o que é considerado resultado perfeito. O estágio de ignorância completa é considerado improvável. A grande maioria dos modelos de avaliação cai na categoria de informação parcial.

Pelo uso de um modelo, o tomador de decisão avalia os resultados de cada alternativa que melhor contribui para o objetivo. Esse processo tem sido designado como a medida da efetividade da racionalidade dos critérios. Entretanto, não há critérios racionais separados das regras de decisão. Como há muitas famílias de regras de decisão, também há muitos critérios de efetividade. Além disso, um método para medir a racionalidade é comparar os resultados das decisões com os objetivos do tomador de decisões. A racionalidade pode assim ser medida pelo que o patrão chama de **o princípio pragmático**. Se um conjunto de regras é *bom*, isto é, se ele produz resultados que vão ao encontro dos objetivos do tomador de decisões, então a racionalidade está estabelecida por definição. Posto que os objetivos são relativos, como pode alguém dizer que um objetivo é mais racional do que outro? O princípio pragmático, da mesma forma que o positivismo, está orientado, em seu espírito, para o conservantismo. Ele é mais compatível com o que é do que com o que deve ser.

Um processo de planejamento deve ser avaliado sob dois aspectos: sob o aspecto de procedimento ou processual e sob o aspecto econômico. A análise do procedimento do planejamento é a análise e revisão dos procedimentos seguidos e das características resultantes que diferenciam os planos com sucesso dos planos com fracasso. Os critérios utilizados são descritivos, e as dimensões utilizadas para essa análise são:

- complexidade do plano;
- grau de compreensão;
- tempo de duração;
- grau de especificidade;
- flexibilidade;
- freqüência;
- natureza confidencial;
- formalidade;
- facilidade de implantação;
- facilidade de controle.

O segundo aspecto da avaliação do planejamento é a determinação do grau de economicidade do plano. Para poder determinar o valor econômico do planejamento, é necessário usar uma técnica que permita descrever qualquer plano em termos econômicos.

Cada planejamento tem suas próprias características, em função do tipo de empresa para a qual o plano está sendo executado. Entretanto, é possível um planejamento ser executado com grande sucesso, porém não ser o mais apropriado para aquela situação específica. Há um conceito amplamente utilizado no campo da economia que pode ser usado para determinar se um planejamento dá a máxima contribuição aos objetivos empresariais. A eficácia econômica em planejamento resulta em planos que maximizam o atendimento dos objetivos organizacionais pela utilização mais eficiente dos recursos disponíveis.

10.9 EFICÁCIA DO PLANEJAMENTO

Uma das dimensões consideradas significativas no planejamento é até que ponto o ato de planejar mais ou menos contribui para a eficácia organizacional. Em recente pesquisa, foi possível mostrar alguns fatores que tornam o planejamento eficaz:

- quando o planejamento é bem elaborado, contribui para reduzir ambigüidade e conflito de posições dentro da estrutura organizacional;
- relacionado com o que dissemos, o planejamento limita ações arbitrárias;
- o planejamento reduz o grau de incerteza dentro da organização;
- o planejamento permite à organização ter maior capacidade de tratar com as incertezas tanto do ambiente externo como do interno;
- o planejamento força o administrador a considerar fatores, para efeito de tomada de decisão, que dificilmente seriam considerados sem planejamento;

- o planejamento é importante, pois contribui para o desempenho das demais funções do processo administrativo. Sem a definição de um caminho como referência, todas as funções administrativas teriam dificuldades em dirigir suas atividades em torno de um objetivo.

10.10 LIMITES DO PLANEJAMENTO

Existem vários fatores que limitam a execução e a implementação do planejamento. Uma das limitações é inerente ao processo de previsão. Estabelecer um modelo para a definição de políticas e premissas básicas apoiadas em previsão não traz muitos benefícios à empresa, uma vez que essa previsão é limitada pela ação do tempo, ou seja, o que foi previsto pode não ocorrer ou pode modificar-se.

Por outro lado, as mudanças podem ocorrer de forma tão rápida, que mesmo uma previsão certa perde o valor como base para um planejamento. A um ponto extremo, as mudanças de ambiente são tão rápidas, que tornam o planejamento a longo prazo um instrumento inútil.

Outra limitação do planejamento é sua implementação. O planejamento e sua implementação devem sempre trabalhar paralelamente. Se o planejamento não tem condições de ser implementado, por resistência ou por falta de recursos, não tem nenhum uso prático para a organização.

Finalmente, o planejamento é caro em termos de tempo, dinheiro e outros recursos, que, muitas vezes, são difíceis de ser mobilizados. Isso provoca um planejamento pobre e limitado, causando limitações no desempenho das demais funções do processo administrativo.

10.11 POSIÇÃO DO PLANEJAMENTO NA ESTRUTURA ORGANIZACIONAL

O planejamento é uma atividade inerente ao cargo de todo executivo, e alguns deles gastam todo o seu tempo planejando suas atividades. A estrutura organizacional usada para conter uma atividade de planejamento é muito variada. Porém, muitas empresas colocam o planejamento tanto no nível de empresa como no de divisão. O planejamento a curto prazo é inerente à maioria dos gerentes, enquanto o planejamento a longo prazo tende a ser função de alta administração da empresa. Normalmente, o planejamento global da empresa é dirigido pelo presidente ou vice-presidente.

10.12 FATORES HUMANOS NO PLANEJAMENTO

Planejamento poderia ser um processo simples se o elemento-chave – o indivíduo – nele envolvido tivesse um comportamento sempre previsível. Entretanto, distorções e conflitos no processo de planejamento sempre aparecem como um resultado de conflitos interpessoais e diferenças individuais em percepção, comunicação, necessidades e interesses:

- **diferenças em percepção:** há diferenças na maneira de as pessoas perceberem os objetivos, de forma que, mesmo se o planejamento pudesse ser restrito ao nível superior, não haveria acordo comum no objetivo organizacional. E essas diferenças vão-se ampliando à medida que o planejamento vai descendo na escala hierárquica da organização. No nível inferior, as diferenças em percepção sobre os objetivos e a forma de atingi-los são grandes, em virtude da falta de informações ou de informações incorretas, e também de conflitos de interesses;
- **canais de comunicação:** quanto maior a organização, mais freqüente será o uso do canal informal de comunicação, provocando distorções nas mensagens. Informações incompletas ou incorretas ocorrem em todos os níveis do processo de planejamento, e prejudicam a retroalimentação do processo para o reajustamento dos objetivos. A mudança no sentido da mensagem dentro do canal de comunicação é uma das causas da distorção na comunicação. Distorção também ocorre como resultado da imperfeição em transmitir a mensagem. Um dos problemas é a semântica, uma vez que algumas palavras têm significados diferentes para diferentes pessoas e raramente a comunicação atinge a perfeição.

Resistência à mudança é comum. Planejamento freqüente depende do reconhecimento das necessidades de mudança, e muitas vezes as mudanças criam ansiedades. Planejadores deveriam reconhecer que qualquer mudança afeta o relacionamento entre grupos e entre líderes de grupos.

10.13 COMO TORNAR UM PLANEJAMENTO EFICAZ

Para que o processo de planejamento tenha sucesso, duas grandes barreiras devem ser ultrapassadas: a resistência interna ao estabelecimento de objetivos e a relutância em aceitar os planos em virtude das mudanças que traz. Muitas vezes, essas duas resistências devem-se ao fato de se desconhecer o processo todo e ao medo de não corresponder ao esperado pelo indivíduo comprometido com o processo. Para vencer todas essas barreiras, deve-se envolver ao máximo as pessoas responsáveis pelo cumprimento dos planos definidos e, principalmente, solicitar a participação deles na definição dos objetivos relativos ao setor e todos os aspectos relativos ao cumprimento desses objetivos. Um sistema de comunicação bem definido também é outro fator que auxilia o sucesso do planejamento.

BIBLIOGRAFIA BÁSICA

ALBERT, Kenneth J. *Strategic administration*. New York: McGraw-Hill, 1983.

ANSOFF, H. I. *Corporate strategy*. New York: McGraw-Hill, 1965.

BELASCO, James; HAMPTON, David; PRICE, Karl. *Administration of today*. New York: John Wiley, 1975.

BOLMAN, Lee; DEAL, Terrence E. *Reframing organizations*. San Francisco, Cal.: Jossey-Bass, 1991.

FILLEY, Alan; HOUSE, Robert. *Managerial process and organizational*. Glenview: Scott, Foresman, 1969.

GABARRO, John J. Managing people and organizations. *Harvard Business Review*, Boston, 1992.

HICKS, Herber; GULLET, C. Ray. *Administration*. New York: McGraw-Hill, 1976.

MARCH, James G.; SIMON, Herbert. *Organization*. New York: John Wiley, 1958.

MINTZBERG, H. *The rise and fall of strategic planning*. New York: Free Press, 1994.

PORTER, Michael. *Competitive strategy*. New York: Free Press, 1990.

SIMON, Herbert A. *The new science of management decision*. New York: Harper & Row, 1960.

TREWATH, Robert L.; NEWPORT, M. Gene. *Management*. 3. ed. Newport: Plano Texas Business, 1992.

QUESTÕES PARA DISCUSSÃO E REVISÃO

1. Quais as diferenças entre planejamento, plano e tomada de decisão?
2. Por que as decisões dos executivos tendem a ser de alguma forma conservativas?
3. Quais os principais passos para a tomada de decisão?
4. Qual o papel dos objetivos organizacionais do processo de planejamento?
5. Como saber se um planejamento é eficaz?
6. O que representa a estratégia hoje?
7. O que é vantagem competitiva?

Parte III

Processo Empresarial

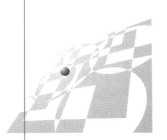

Apresentação da Parte III

Uma organização forma-se por muitas razões, porém todas são dirigidas para servir ao homem. Uma organização permite ao homem fazer coisas, superar obstáculos, controlar seu ambiente. Através de especialização de tarefas, coordenação de esforços, unidade de direção e uso inteligente dos recursos, a organização pode fazer mais do que um homem sozinho.

O formato estrutural de uma organização busca, além dos indivíduos, o exame do contexto ambiental no qual esses indivíduos trabalham. A perspectiva é algumas vezes mal interpretada, uma vez que envolve muita burocracia rígida. A abordagem estrutural é complexa e subestima aqueles que adotam certa flexibilidade estrutural. Infelizmente, essa é uma perspectiva freqüentemente exagerada, resultando na necessidade de treinamento em massa para solucionar problemas que têm mais a ver com a estrutura do que com as pessoas que nela estão envolvidas.

O quadro estrutural focaliza duas dimensões centrais de moral organizacional: uma organização que divide o trabalho, criando uma variedade de papéis, funções e unidades, outra que opta por uma centralização de papéis, funções e poder. Ambas devem, posteriormente, juntar tudo isso através de uma integração vertical ou horizontal. Não há forma melhor de estruturar uma organização, e sua forma correta depende muito dos objetivos, tecnologia e ambiente organizacional.

Em geral, as organizações que operam em um ambiente simples e mais estável tendem a utilizar estruturas mais centralizadas e menos complexas, com autoridades, papéis, regras e políticas como veículos principais para conseguir integração. Organizações que operam em ambientes de mudanças rápidas e turbulentas estão mais inclinadas a optar por estruturas complexas e mais flexíveis. Entender a complexidade organizacional e as várias formas de estruturar uma empresa poderá auxiliar na escolha daquela que será mais contributiva do que destrutiva para os objetivos propostos.

Reestruturar é uma das abordagens mais comuns para a mudança organizacional, apesar do fato de que todas as organizações produzem rupturas e não são muitas as que conseguem produzir benefícios a longo prazo que justifiquem custos a curto prazo. O impulso para reestruturar ocorre em resposta a uma variedade de tensões decorrentes da estrutura atual, como: diferenciação *versus* integração, superposição *versus* subutilização, clareza *versus* criatividade, autonomia *versus* interdependência, liberdade *versus* controle rígido, objetivos difusos *versus* objetivos claros.

As possibilidades e a dinâmica da reestruturação dependem da configuração da organização. Mintzberg identifica as formas: burocrática, divisional ou adhocrática. Cada uma serve a uma circunstância particular e cria um conjunto de dinâmica interna que necessita ser entendido.

A dinâmica dos grupos é uma das mais importantes. Cada grupo deve envolver alguma forma estrutural, à medida que seus membros trabalham para cumprir dada tarefa; porém, a forma como esse grupo é constituído poderá ou não ser eficaz. Muitos dos problemas típicos de um pequeno grupo surgem de uma estrutura imprópria. Uma escolha conscienciosa ou uma revisão de padrões pode fazer grande diferença no desempenho do grupo. Muitos grupos falham em aprender e absorver a questão do comando grupal, tal como a liderança e figuras principais e secundárias dentro de cada grupo. A estruturação de cada papel, suas ligações e a interdependência que melhor atende às necessidades do grupo mudam consideravelmente durante sua vida. Formas não hierarquizadas poderão funcionar muito bem no início da constituição do grupo formal, mas com o tempo haverá necessidade de apresentar resultados via relatório, geração de dados e outras formas de comunicação e disseminação de informações sobre as tarefas; haverá necessidade de uma estrutura mais centralizada e hierarquizada.

Quando um grupo encontra as vicissitudes inevitáveis de sua vida, como sobrecarga de trabalho, conflito, confusão e lapso de comunicação, seus membros freqüentemente tendem a procurar os culpados entre si, e não a solução do problema independentemente de quem os gerou. Poucos grupos são abençoados com coesão e falta de competitividade interna, porém muitos acharão mais fácil reestruturar sua forma de constituição do que alterar a personalidade de seus membros.

O modelo humanístico focaliza sua atenção na tentativa de adaptar o indivíduo à organização. Quando essa adaptação é inadequada, ou mesmo impossível, esses recursos tendem a ser subutilizados, levando a frustrações e conflitos psicológicos. Os indivíduos tendem a ficar apáticos, estabelecendo resistência a mudanças ou até tentando sabotar planos futuros.

O conhecimento do comportamento organizacional está ainda em pleno desenvolvimento, e é muito cedo para tirar conclusões da validade das teorias comportamentais e das soluções apresentadas para os problemas comportamentais em relação ao indivíduo. As tentativas levadas a efeito hoje estão bastante fundamentadas na participação individual ou grupal na solução dos problemas, independentemente do nível em que ocorram. Em palavras mais simples, podemos dizer que "colocar a salvação da empresa nas mãos dos operários" leva a resultados mais favoráveis do que entregar os problemas a especialistas e deixar o nível operacional somente com a tarefa de implementar as mudanças.

A visão tradicional de uma organização é ela ser criada e controlada por autoridade legítima, que estabelece objetivos, define a estrutura, escolhe e administra os dirigentes e busca formas de garantir que a organização funcione de maneira consistente com seus objetivos pessoais. O quadro político oferece uma perspectiva diferente. Autoridades controlam o poder inerente à posição que ocupam na hierarquia, porém são apenas algumas das formas de poder existente na organização.

A perspectiva política sugere que os objetivos, estrutura e políticas organizacionais emergem de um processo contínuo de negociação entre os vários grupos de interesse. Algumas vezes a autoridade legítima é o membro dominante, como, por exemplo, em uma organização pequena, em que o presidente é também o proprietário. Porém, grandes organizações são sempre controladas por executivos de carreira. A visão política sugere que o exercício do poder é uma parte natural em uma disputa organizacional. Aqueles que usam o poder da melhor forma serão sempre os vencedores. Não há nenhuma grande garantia de que aqueles que ganham poder irão usá-lo de forma inteligente ou com justiça, mas não é inevitável que o poder e a política sejam sempre demandatórios e destrutivos. Política construtiva é uma necessidade se quisermos construir uma organização mais justa e eficiente.

A questão não é se uma organização deve ou não ter políticas, mas que tipo de políticas e políticos ela deve ter. Ambos podem ser maquiavélicos e destrutivos, mas também veículos para obter propósitos nobres; administradores podem sempre ser políticos benevolentes. As mudanças organizacionais dependem desses tipos de administradores. A política construtiva reconhece realidades organizacionais, estabelece um plano de ação e busca negociação eficaz com aqueles que apóiam e com aqueles que se opõem a esse plano. Ambos necessitam considerar as potencialidades de colaboração, a importância do relacionamento a longo prazo, os valores e as éticas que carregam consigo e, acima de tudo, quando adotar posições democráticas ou autocráticas.

Para alguns administradores, o quadro político é o único retrato realístico da organização, porém encontramos uma série delas em que esse quadro está apenas implícito na estrutura e na visão dos recursos humanos. A visão política, no entanto, estabelece que poder e política são os aspectos centrais em qualquer grupo e não poderão ser escondidos embaixo do tapete; essa visão, contudo, poderá ser culpada de sua própria limitação, ou seja:

- a perspectiva política subestima o significado dos processos colaborativos e racionais;
- o quadro é normativo e pessimista, pois superestima a inevitabilidade de conflito e evita o potencial participativo do grupo.

Organizações são arenas e instrumentos políticos. Como arena, oferecem um conjunto de papéis e interesses entre diferentes grupos e indivíduos; como instrumento, oferecem o poder para obter resultados e implementar mudanças do interesse de quem o manipula. Mudança organizacional é sempre um processo político; ocorre quando um grupo ou um indivíduo consegue impor seu plano sobre o sistema atual.

Todas as organizações são compostas de símbolos rituais e culturas que marcam sua existência no mundo dos negócios. Eles expressam os padrões de crenças, valores, práticas e significados dos mitos. O quadro simbólico enfatiza o aspecto tribal da organização, contrapondo-se ao aspecto de objetividade da visão tradicional. O quadro simbólico estabelece uma série de conceitos que enfatiza a complexidade e a ambigüidade do fenômeno organizacional. Mitos e histórias dão a dimensão de dramatização, coesão, claridade e direção. Rituais e cerimônias provêem formas de tornar as ações menos ambíguas e imprevisíveis. Esses elementos compõem a cultura organizacional. A definição de cultura organizacional é sempre contestada. Uns dizem que a cultura é a própria organização e outros que a organização tem uma cultura, ou seja, "a forma como as coisas são feitas", padrão próprio de resolver problemas.

Na questão do processo administrativo, em que todos os aspectos acima deverão ser considerados, sem sombra de dúvida há necessidade de um modelo a ser adotado pelos administradores, na busca de sucesso organizacional. Esse modelo, embora historicamente influenciado por uma teoria ou outra, daquelas vistas no início deste livro, não poderá ser considerado único, mas um multimodelo, uma vez que a simplificação tende a limitar a habilidade de entender a complexidade organizacional. Os administradores devem entender que qualquer evento ou processo poderá servir a um múltiplo propósito e que diferentes pessoas estão sempre operando em um quadro de referência diferente.

Muitas pesquisas recentes demonstram que tanto líderes quanto organizações eficazes estão cada vez mais se apoiando em modelos múltiplos de gestão organizacional. Eles poderão ser usados como cenários, oferecendo uma base diferente para ações, conduzindo a resultados diferentes mesmo quando aplicados à mesma situação. Cada modelo oferece significativas possibilidades à liderança de um negócio. Todos nós sabemos como nos comportar em diferentes situações; resta fazer bom uso dessa habilidade.

O processo empresarial deve obrigatoriamente acompanhar os movimentos históricos da linha do tempo e, portanto, podemos identificar alguns marcos históricos significativos que nos mostram como a evolução do conhecimento exerceu grande influência nos conceitos administrativos, exigindo um novo comportamento do empresário e do administrador.

1920 – Era da administração simplificada
1920/1930 – Preocupação com o crescimento das empresas
1930/1940 – Grande recessão econômica e desaceleração dos negócios

1940/1950 – Introdução dos conhecimentos sobre política dos negócios e conceito de corporação
1950/1960 – Descentralização dos negócios, exportação, regionalização
1960/1970 – Preparação para competir pesado, expansão
1970/1980 – Cenários, *SWOT*, estratégia competitiva
1980/1990 – Cultura corporativa, informática, excelência, globalização, ética
1990/2000 – Alianças estratégicas, capital intelectual, competindo pelo futuro
2000/2002 – Rede de negócios, *clusters*, estratégia indutiva

Quando estudamos administração como uma disciplina acadêmica, é necessário considerar a administração como **processo**. Com isso, podemos descrevê-lo e analisá-lo em termos de várias funções principais. Entretanto, ao discutir o processo, é necessário descrever e analisar cada função separadamente. Como resultado, pode-se ter a impressão de que o processo administrativo consiste em uma série de funções estanques. Isso não é verdade; essas funções, na prática, tornam o processo uma linha contínua de atividades. Assim como o tempo exerceu uma mudança de rota, os nomes também foram alterados.

DO PLANEJAMENTO À ESTRATÉGIA COMPETITIVA. Quando a administração é vista como processo, o planejamento é a primeira das funções a serem executadas. Uma vez que os objetivos foram definidos, os meios necessários para ter esses objetivos atingidos são apresentados em forma de planos. Os planos de uma organização determinam o curso de ação e fornecem uma base para estimar o grau do sucesso provável para atingir os objetivos propostos. Hoje, isso ficou para os níveis inferiores, dando lugar à estratégia competitiva.

ORGANIZAÇÃO. Para que os planos sejam executados, após terem sido preparados, é necessário criar uma organização. Esta é a função da administração, que determina o tipo de organização requerido para executar os planos propostos. Ela deve ser alinhada com a estratégia.

GESTÃO DE NEGÓCIOS. Está estreitamente relacionada com a liderança face a face entre superior e subordinados, seguidores e associados. Algumas vezes chamada "motivação", pode ser vista como encorajar, interpretar políticas, delinear instituições, aconselhar, e como atividade relacionada com o quadro organizacional em funcionamento, fazendo com que ele continue em direção aos objetivos.

AVALIAÇÃO DE DESEMPENHO. A última fase do processo administrativo é a função controle. Essa é a função que mede o desempenho presente em relação aos padrões esperados, e, como resultado de tal comparação, pode-se determinar se há necessidade de ação corretiva. A função controle é exercida de forma contínua, e, embora esteja também relacionada com a função de organização, está mais relacionada à função de planejar. A ação conetiva, muitas vezes, requer revisão nos planos e, por isso, é considerada como parte do ciclo contínuo de planejar-controlar-planejar.

As funções do processo administrativo são utilizadas como um quadro geral ao estudo da administração. Essas funções devem ser vistas isoladamente, mas como parte do sistema global da organização; elas não são excludentes, mas complementares. Qualquer delas que seja executada sem critério afetará a outra e a eficiência da organização. O que pode haver são diferenças de aplicação nos vários níveis das unidades da estrutura organizacional, e subdivisões funcionais.

A figura a seguir apresenta uma comparação de modelos usados por vários autores que exploraram o assunto. A figura mostra que não se chegou a um consenso sobre o assunto, porém as três funções – planejamento, organização, direção e controle – foram as que tiveram maior aceitação entre os autores.

Principais funções administrativas vistas por vários autores, num passado recente e como se apresentam hoje:

Autores \ Funções	Planejamento	Organização	Controle	Comunicação	Ação	Direção	Composição	Inovação	Representação	Criação	Motivação
Johnson	X	X	X	X							
G. R. Terry	X	X	X		X						
Jucius & Schlender	X	X	X			X					
R. C. Davis	X	X	X								
E. Dale	X	X	X				X	X	X		
Koontz & O'Donnell	X	X	X			X	X				
T. Haimann	X	X	X			X	X				
H. G. Hicks	X	X	X			X				X	X
J. Longenecker	X	X	X								

Diante do quadro seguinte podemos observar que as velhas barreiras caíram, à semelhança do muro de Berlim, e surgiu uma administração mais aberta, que acredita mais nas pessoas e na visibilidade.

A evolução do processo empresarial	
Visão clássica dos processos	**Visão atual dos processos**
Planejamento Organização Sistema informação restrito Conhecimento restrito à organização Controles rígidos Visão de resultado financeiro	Estratégia competitiva Estrutura flexível alinhada à estratégia da informação globalizada Valor do conhecimento estratégico Avaliação de desempenho da organização Visão de excelência corporativa

11

Organização

Um administrador raramente tem a oportunidade de estruturar uma organização desde sua criação. Em muitos casos, executa mudanças em uma estrutura existente para satisfazer a necessidades como a de crescimento. Em todos os casos, os componentes básicos de tecnologia, objetivos e recursos são conhecidos e podem ser analisados.

Os administradores podem mudar a estrutura organizacional de forma rápida ou lenta, dependendo do que as condições garantam. As decisões relativas à estrutura propriamente dita e os métodos de mudança levam em consideração o processo de decisão, comunicação potencial de crescimento e muitos outros elementos. Organização é mais bem definida como a estrutura ou a rede de relações entre indivíduos e posições em um ambiente de trabalho e o processo pelo qual a estrutura é criada, mantida e usada. A definição tem dois aspectos inter-relacionados: estrutura e processo. A estrutura consiste em uma rede de relacionamento específico entre indivíduos, posições e tarefas. Essa é uma visão estática. Processo, que é visão dinâmica, refere-se às funções gerenciais pelas quais as organizações são criadas, adaptadas e mudadas continuamente. Ambos os aspectos são importantes. A estrutura ajuda-nos a observar e a classificar os principais aspectos da anatomia organizacional e a compará-los com outras organizações. O processo enfoca as ações administrativas que criam e mudam a estrutura.

11.1 HIERARQUIA

A hierarquia é a posição que cada grupo ocupa dentro do desenho que a organização adota. As posições de mais *status* tendem a ser de menor número de pessoas, ou de até uma só pessoa. À medida que o *status* dentro dessa figura diminui, aumenta o número de grupos, e conseqüentemente o número de pessoas em cada grupo. Esses grupos são normalmente constituídos segundo um critério que atenda às necessidades da empresa. A hierarquia atende a características de delegação de autoridade e é alocada em posições da organização e não em pessoas.

O uso inadequado do conceito de hierarquia tem provocado muitos problemas. Uma reclamação constante é a de que as informações passam por muitas pessoas e as decisões, por muitos níveis, e administradores e subordinados estão muito próximos em experiência e habilidade. Outra reclamação é a de que poucos chefes adicionam alguma coisa de valor às tarefas de seus subordinados. Há ainda a ocorrência de comportamento do tipo egoísta, com tendências a valorizar a falta de sensibilidade, o carreirismo e a autovalorização. Esse é o tipo de comportamento que levou os estudiosos do comportamento organizacional a buscar soluções em organizações não hierarquizadas.

Caso estejamos interessados em elaborar uma estrutura hierarquizada bem feita, é essencial dar ênfase à responsabilidade e autoridade. Estar empregado é ter um contrato em andamento, que exige de você responsabilidade por uma tarefa ou um montante de horas de trabalho. Suas tarefas específicas serão definidas por seu chefe, que detém a autoridade para tal e que também será responsável pelo resultado de seu trabalho.

A estrutura organizacional apresenta duas dimensões básicas: a horizontal e a vertical. A hierarquia é, assim, composta de níveis verticais de responsabilidades, que se compõem de três elementos-chaves graduados em três degraus de importância de cima para baixo:

1. Posições que consistem em tarefas, responsabilidades e autoridades proporcionais a eles.
2. Políticas, planos objetivos, procedimentos em todos os níveis.
3. Papéis, *status* e autoridades dos indivíduos possuidores do cargo.

A Figura 11.1 mostra essas dimensões.

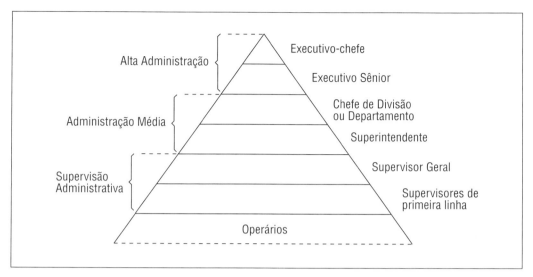

Figura 11.1 *Pirâmide organizacional.*

A existência de níveis em escala caracteriza todas as formas de esforço cooperativo organizado. Em um grupo simples e informal, existirão dois níveis, assim que aparecer um líder. Em organizações mais complexas, o número de níveis aumenta. Cada nível mais baixo da pirâmide representa uma administração da qualidade de volume de autoridade e responsabilidade.

11.2 DEPARTAMENTALIZAÇÃO

No tópico sobre divisão de tarefas, abordamos a questão do ponto de vista do indivíduo. Do ponto de vista da organização, após a divisão, as tarefas deverão ser agrupadas em alguma ordem para que se obtenha eficácia no esforço de coordenação. Administradores poderão coordenar melhor as atividades sob sua responsabilidade quando estiverem agrupados de alguma forma lógica. Esse processo de agrupamento é denominado de departamentalização, ou segmentação das atividades.

Como veremos a seguir, várias são as formas a serem consideradas para a departamentalização, porém devemos ter sempre em mente que a organização deve ter capacidade para uma rápida e flexível resposta a mudanças, quando isso se fizer necessário. Tal aptidão é necessária para poder manter uma vantagem competitiva. Ao mesmo tempo, a sobrevivência depende de monitoração eficaz do ambiente, transferência de tecnologia e inovação.

O termo *departamentalização* refere-se à diferenciação horizontal da organização – divisão, filiais, unidades regionais, subsidiárias e similares, assim como os departamentos divididos em funções principais, tais como marketing, produção e pessoal.

Departamentalização envolve o processo de estabelecer unidades compostas de grupos com funções relacionadas. À medida que a empresa cresce, a dimensão horizontal expande automaticamente pelo surgimento de novas unidades.

Departamentalização envolve descentralização.

As decisões são tomadas sobretudo pelos próprios executores da ação: os tomadores de decisão. São os que detêm as informações mais importantes. Isso não deve ser restrito ao nível mais alto, pois seria a negação da descentralização. Todos os problemas decorrentes da descentralização, tais como falha no fluxo de informação, fisiologismo departamental, desigualdade de desempenho entre grupos, são compensados pela maior participação no processo decisorial, o que eleva o moral e a motivação em todos os níveis.

11.3 DEPARTAMENTALIZAÇÃO: VÁRIAS ABORDAGENS

Os teóricos da organização discutiram as várias abordagens que podem ser adotadas no processo da departamentalização. Disso se infere que a departamentalização é um processo contínuo, dependente de uma variedade de forças externas. As técnicas de departamentalização variarão de organização para organização, e de épocas para épocas. Elas dependerão da tecnologia, da filosofia administrativa, do capital, da força de trabalho, do tamanho e de uma variedade de outros fatores.

Então, é evidente que há, teoricamente, tantos meios para a departamentalização quantas forem as organizações. Discutiremos e avaliaremos os principais conceitos, isto é, os tipos de departamentalização funcional, baseada no produto, por localização, por clientela, por processo, por objetivo, por tempo, e critérios alfabéticos e numéricos. Deve-se observar que seus primeiros procedimentos são mais comuns, considerando que as outras técnicas são menos freqüentes e, geralmente, suplementares.

As diferenças entre um modelo e outro são amplas. Em um modelo de estrutura linear simples, o proprietário administrador toma todas as decisões diretamente e monitora todas as atividades, enquanto o restante do pessoal atua como extensão da autoridade do administrador. Trata-se de uma organização simples, estável, com responsabilidade clara e de fácil implantação.

11.3.1 Departamentalização funcional

Consiste em um executivo e um pessoal com atividades de linha em áreas dominantes, como produção, marketing, pesquisa e desenvolvimento, recursos humanos e finanças. As linhas de comunicação são diretas, é alto o grau de especialização e as decisões são descentralizadas.

A departamentalização funcional é, provavelmente, o tipo predominante de atividade desenvolvida na maioria das organizações. Longenecker defende que esse modelo está especialmente presente em organizações pequenas, embora os dados empíricos a esse respeito também indiquem sua utilização em grandes organizações. Dale estudou 100 grandes empresas. Os dados mostraram forte tendência em direção à departamentalização funcional na produção, na mercadologia e nas relações industriais, como os mais importantes segmentos da departamentalização.

Terry observa que esse tipo de departamentalização é freqüentemente usado para identificar as principais unidades organizacionais, como produção, vendas e finanças. Além disso, enfatizou que esse método é também freqüentemente usado nos níveis mais baixos. Por exemplo, Longenecker sugere que uma pequena organização deve possuir um departamento funcional básico, como a manufatura. Esta pode ser, além disso, dividida em funções essenciais, segundo suas atividades distintas, como perfuração, torneio, pintura, e assim por diante (como encontramos, por exemplo, em um departamento de produção de automóveis).

11.3.2 Departamentalização por produto

As formas de configurar a departamentalização a seguir seguem o conceito e a estrutura multidivisional, que é composta de divisões operacionais, cada uma representando um negócio específico ou um centro de custos em que o nível mais alto delega responsabilidades para as operações do dia-a-dia e as decisões estratégicas para as gerências divisionais. Em outras palavras, sempre haverá uma estrutura funcional básica, agregada a áreas operacionais, quer seja por produto, quer por região geográfica, quer por tipo de cliente, processo etc.

A segunda maior e mais freqüente forma de departamentalização envolve o conceito do produto. Terry defende que a departamentalização por produto "acentua a utilização do conhecimento especializado e encoraja um sensível grau de especialização".

Dale declara que esse tipo de departamentalização exemplifica as atividades administrativas que estão agrupadas com base nas famílias de produto ou serviços vendidos no mercado.

Talvez o fator mais importante que necessita desse tipo de departamentalização seja o simples tamanho, geralmente devido à expansão das linhas de produto. Longenecker incorpora tal filosofia quando propõe que a "diversificação do produto é especialmente boa no caso de uma linha de produção altamente diversificada". Modelos baseados no produto permitem que a especialização seja em termos de produção ou famílias de produtos, e além disso "os objetivos das várias divisões podem ser estabelecidos em termos que sejam significativos para a empresa como um todo e o desempenho pode ser julgado adequadamente".

11.3.3 Departamentalização por localização

A departamentalização por localização busca reunir as atividades localizadas em uma área geográfica independentemente do serviço realizado ou das técnicas empregadas. Esse método de departamentalização é freqüentemente usado por organizações multidivisionais; da mesma forma que a departamentalização por produto, ela é uma função do tamanho. Urwick observa:

> "Então, é geralmente uma questão de saber em que nível de altura da organização a subdivisão geográfica será introduzida. Poderia ser a primeira maior subdivisão de trabalho sob o executivo-chefe, ou abaixo da linha em que as subdivisões maiores foram estabelecidas pelo objetivo, pelo processo ou pela clientela. A anterior é chamada primeira subdivisão, a seguinte chamada secundária, ou subdivisão geográfica subordinada."

Devemos observar que a departamentalização por localização é freqüentemente suplementar a formas básicas, como a departamentalização funcional ou por produto.

11.3.4 Departamentalização por cliente ou por clientela

Esse tipo de departamentalização acentua-se quando maior ênfase é localizada efetivamente no atendimento dos clientes. Também é usada quando as diferenças da clientela são substanciais e os modelos específicos do comportamento do cliente estão presentes. Geralmente, encontramos distinções em vender para clientes industriais e em vender para distribuidores e varejistas.

Na departamentalização por cliente, a estrutura organizacional é ditada pelo ambiente externo. Se os clientes esperam que existam determinados departamentos, a organização deve providenciar esses departamentos (por exemplo, diferenciação por sexo nas lojas de departamento, departamento de sapatos masculinos, departamento de sapatos femininos etc.).

11.3.5 Departamentalização por processo

As principais divisões podem ser delegadas com base nas atividades operacionais, como, por exemplo, fiação, tecelagem, lavagem, tintura, inspeção etc. O agrupamento lógico do equipamento e do pessoal em grupos operacionais leva à departamentalização por processo. Também pode seguir naturalmente a posição simples dos fatores operacionais envolvidos. Os custos e as razões econômicas assumem papel preponderante na adoção do tema do departamento por processo. Em essência, a departamentalização por processo é resultado da natureza e da proximidade geográfica dos fatores operacionais que proporcionam incentivo de lucro com a departamentalização.

Usando o processo como um guia para a departamentalização, podemos considerar três modelos básicos:

1. **Periódico:** o trabalho move-se ao longo de um único canal ou linha de montagem e desloca-se passo a passo para o acabamento, passando por vários estágios de trabalho. Isso permite que os operários sejam altamente especializados.
2. **Paralelo:** um número de etapas diferentes de trabalho é realizado por uma unidade organizacional ou por um operário individualmente. Os operários são impelidos a aumentar seus níveis de capacitação.
3. **Simultâneo:** diferentes funcionários realizam diferentes etapas do mesmo trabalho, ao mesmo tempo. A especialização é necessária, mas não em alto nível.

Resumindo, a departamentalização por processo é um meio conveniente de coordenação e controle das atividades orientadas pelo processo dentro de uma organização.

11.3.6 Departamentalização por objetivo

Este tipo de departamentalização utiliza a unidade natural que já existe na organização com o propósito de alcançar algum objetivo ou meta específica. A departamentalização por objetivo pode existir em dois níveis:

1. **Objetivos principais**, que incluem as metas fundamentais da organização, em torno das quais se agrega o centro de atividades.
2. **Objetivos secundários**, geralmente projetos de curto prazo, que requerem a coordenação de muitas atividades.

ORGANIZAÇÃO POR OBJETIVOS PRINCIPAIS. A formação de um departamento de base para alcançar um objetivo específico, dentro de uma organização, é chamada organização por objetivos principais. O departamento de educação dentro do governo estadual é um exemplo desse método. O departamento de educação inclui professores e administradores de escolas, tal qual bedéis, jardineiros, contadores, e assim por diante. Todos os empregados do sistema escolar estão incluídos na coordenação que visa alcançar os objetivos do sistema.

Gulick e Urwick mencionam duas vantagens nesse tipo de departamentalização. Primeiro, há um aumento da certeza de alcançar qualquer objetivo mais amplo, colocando uma pessoa encarregada. Depois, dirigimos "as energias e lealdade do pessoal" para um objetivo comum. Em essência, a valorização de um objetivo principal aumenta a efetividade potencial da organização.

A natureza dos pontos fundamentais acarreta desvantagens na departamentalização por objetivos principais. Esse método é caracterizado por uma firme coordenação e direcionamento internos, que também pode atuar em detrimento da organização. Primeiro, tal estrutura pode tornar a organização altamente independente, o que poderia causar, em contrapartida, o desengajamento de todas as outras atividades, e até mesmo do meio exterior. Como resultado, freqüentemente há relutância em usar inovações e a maior parte da tecnologia mais atualizada.

Outra definição é que a *singularidade do objetivo* pode ocasionar a omissão ou a redução de ênfase das partes subordinadas.

ORGANIZAÇÃO POR OBJETIVOS SECUNDÁRIOS – Inclui métodos como projetos ou tarefas da organização. A organização por objetivos secundários acentua a utilização efetiva do pessoal para alcançar os fins e os objetivos de um específico projeto ou tarefa a curto prazo.

A tarefa deve ser identificada e entendida adequadamente por todo o pessoal participante. Um administrador ou um líder é encarregado do controle e da coordenação dessa tarefa específica.

Da mesma forma que a departamentalização por objetivos principais, a departamentalização por objetivos secundários tem a vantagem de intensificar o controle e a coordenação. A desvantagem provém da frustração e da insegurança da natureza temporária da situação do projeto ou tarefa.

11.3.7 Departamentalização por tempo

Esse método envolve o parcelamento das operações da organização em determinados componentes de tempo. Isto é, a reunião das unidades pela departamentalização por tempo depende da posição relativa de cada uma delas, para a realização de todos os objetivos da organização. O departamento inicial estará relacionado com a **formulação** do objetivo e dos planos, bem como dos meios para realizá-los. Inclui, também, atividades como previsão e orçamento. Isso estabelecerá o plano global da organização e, por sua natureza, também sugerirá o formato dos outros dois departamentos gerais.

Ao segundo departamento concerne a **execução** dos planos introduzidos pelo primeiro departamento. Por exemplo, a programação e a execução da produção. O terceiro departamento geral exerce o **controle** sobre a execução referente aos planos e objetivos da organização.

Em essência, a departamentalização por tempo divide as atividades da organização em três departamentos gerais de tempo-execução. Cada departamento geral pode ser subdividido. Essa forma de departamentalização proporciona meios para orientar as atividades numa perspectiva temporal para atingir os objetivos organizacionais.

11.3.8 Departamentalização alfabética e numérica

Consiste em designar funcionários para um grupo ou departamento, tanto por delegação alfabética como por listagem numérica dos trabalhadores postos em departamentos específicos. Esse método é aplicado quando a capacidade requerida e a capacidade dos trabalhadores são homogêneas entre si, o que implica, entretanto, que a experiência disponível e a experiência requerida são consistentes uma com a outra. Também se assume que as tarefas da organização sejam relativamente simples. Hutchinson usa o exemplo dos colhedores de frutas divididos em grupos de trabalho, empregando tantos homens para fazer o trabalho quantos seriam necessários para uma tarefa específica.

As vantagens desse método aparecem devido a sua aplicação fácil e rápida. As desvantagens surgem quando as hipóteses da situação são irrealistas, por exemplo, quando a habilidade dos trabalhadores não é homogênea. Se a hipótese falha, a departamentalização alfabética e numérica é ineficiente e outro método de departamentalização deve ser usado.

11.4 VANTAGENS E DESVANTAGENS DA ORGANIZAÇÃO

Da mesma forma que existem vantagens em organizar, existem também certas desvantagens. Cabe ao administrador conhecer esses pontos fortes e fracos e tentar tirar o melhor proveito possível para poder atingir os objetivos propostos da forma mais eficiente possível.

11.4.1 Vantagens da organização

São as seguintes as vantagens da organização:

- **especialização:** mais conhecida por divisão do trabalho. Cada produto ou projeto produzido por uma empresa é dividido em várias partes; essas partes são designadas para várias pessoas e estas se tornam altamente especialistas nessas tarefas;

- **economia de escala:** isso significa que grande número de unidades de um produto é produzido por um custo menor, e à medida que o número de produtos aumenta, os custos caem;
- **flexibilidade no tempo de produção:** o tempo para produção de unidades pode ser reduzido ou aumentado, dependendo da necessidade. Através da organização, podemos aumentar ou diminuir os elementos envolvidos nas unidades produtoras, influenciando o tempo de execução do produto;
- **decisões rápidas:** o processo decisório está mais próximo dos executores da ação, o que proporciona agilidade.

11.4.2 Desvantagens da organização

São as seguintes as desvantagens da organização:

- **os dois lados de uma organização:** as organizações tendem a criar dois grupos distintos, um dentro da organização e outro fora da organização, e esses grupos tendem a alienar um ao outro, embora mantenham certa lealdade entre si;
- **desejo de homogeneidade:** isso leva à tendência de resistir às mudanças organizacionais. O desejo de manter a organização em um estágio puro restringe seu crescimento, e é constantemente uma fonte geradora de conflito organizacional;
- **indivíduo × organização:** a organização coloca o indivíduo em uma posição que o força a ser dependente, subordinado e submisso. Tal relacionamento é inconsistente com a personalidade de algumas pessoas. Ou seja, as pessoas são postas em situações de trabalho completamente opostas ao desenvolvimento de sua personalidade.

11.5 ESTRUTURA ORGANIZACIONAL

Em sentido restrito, a estrutura organizacional pode ser considerada como elemento fundamental de uma empresa, ou seja, a estrutura formal dentro da qual ocorrem as relações funcionais e pessoais da empresa.

As estruturas podem ser simples, quando as empresas apresentam características que permitem um número limitado de níveis hierárquicos, ou seja, ter pouca especialização e a possibilidade de alteração constante entre todos os membros da empresa.

Atualmente, verifica-se tendência para organizações mais complexas, em que há grande número de níveis hierárquicos, alto grau de especialidade e uma dificuldade maior de interação entre seus membros. Em qualquer dos casos, existe a necessidade de organização racional e lógica e de representação gráfica dessa organização.

Normalmente, um organograma mostrará essencialmente funções operativas e algumas funções administrativas, e suas inter-relações. Como exemplo, a função de vendas de uma empresa poderia ser considerada uma função operativa essencial para uma empresa. Em organograma, ela estaria ligada ao presidente (função administrativa).

As pesquisas empíricas dos últimos 15 anos sobre estrutura organizacional parecem confirmar a hipótese de Herbert Simon, segundo a qual os limites humanos são os fatores básicos de limitação da determinação de uma estrutura organizacional (Simon, 1957, p. 196-206).

Para a elaboração de uma estrutura organizacional adequada há necessidade de definir uma estratégia de ação, uma vez que existem algumas variáveis envolvidas no processo. Uma estrutura é mais bem desenvolvida quando temos em mente um modelo hipotético de organização. As variáveis principais que envolvem a definição de uma estratégia são: estabelecimento de objetivos, referencial hierárquico e normas e programas de ação; e também a habilidade de uma organização utilizar com sucesso uma coordenação de objetivos, hierarquia e normas depende de combinação da freqüência de utilização dessas variáveis. Existem duas estratégias básicas: a de criar um modelo que reduza as necessidades de processar informações ou a de aumentar a capacidade de processar informações. Dessa forma, teremos o esquema apresentado pela Figura 11.2.

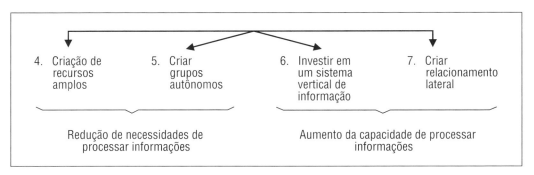

Figura 11.2 *Estratégia para construir um organograma.*

11.6 ORGANOGRAMA

É difícil visualizar uma organização em sua totalidade. Surge assim a necessidade de um gráfico que mostre, de forma imediata, as relações funcionais, os fluxos de autoridade e responsabilidade e as funções organizacionais da empresa. Por exemplo: se uma empresa tem um presidente e um vice-presidente para a produção, olhando o organograma podemos inferir que o presidente delega funções de produção para o vice-presidente, dando a ele autoridade e responsabilidade para exercer a função.

Se a empresa tem um organograma bem estabelecido, muitos erros podem ser evitados, e as decisões podem ser mais rápidas e mais bem fundamentadas. A representação gráfica de uma organização é um bom teste para sua solidez, já que nenhuma relação organizacional que não possa ser colocada em termos ilógicos é confusa para aqueles que deverão interagir com a empresa. A razão para um organograma ocupar o tempo da alta administração de uma empresa é óbvia: o programa fixa responsabilidade e autoridade para o desempenho das funções, estabelece canais formais de comunicação e deixa claro o relacionamento.

11.7 VANTAGENS DO ORGANOGRAMA

Os organogramas são muito importantes para fins de análise organizacional. Podemos encontrar condições como:

- funções importantes que estão sendo negligenciadas podem estar sendo relegadas a segundo plano, ou podem mesmo ser inexistentes;
- funções secundárias com muita importância: pode uma atividade de pouca importância receber demasiada atenção em detrimento de outras mais básicas;
- duplicação de funções: quando ocorre falta de interação entre as diversas unidades da organização, pode ocorrer que duas ou mais dessas unidades estejam fazendo a mesma coisa; essas atividades poderiam ser centralizadas;
- funções mal distribuídas: pode ocorrer uma distribuição de função inadequada e imprópria, com prejuízo para a própria função e para a organização.

Além das vantagens mencionadas, outras de menor importância que mostram a importância do organograma podem ser citadas. São elas: facilitar o sistema de informação e o fluxo de comunicação dentro da empresa, criar uniformidade de cargos, auxiliar a graduar e a classificar trabalhos e tarefas e permitir visualização maior das necessidades de mudanças organizacionais e de crescimento da empresa.

11.8 LIMITAÇÕES DO ORGANOGRAMA

Uma das limitações do organograma é que ele mostra apenas uma dimensão dos muitos tipos de relações que existem entre indivíduos e unidades de trabalho de uma mesma empresa, o que dificulta as mudanças organizacionais. O organograma representa as relações que devem existir, porém pode não ser fiel ao que ocorre no dia-a-dia. Em outras palavras, o organograma mostra apenas as relações formais na organização, isto é, aquelas previstas nos estatutos, regulamentos, instruções, portarias, normas e outras comunicações oficiais. O organograma deixa a desejar sobretudo quando a organização cresce de forma tal que os líderes passam a exercer verdadeiras funções de comando que limitam a autoridade formalmente delegada.

11.9 REGRAS GERAIS PARA ELABORAÇÃO DE UM ORGANOGRAMA

O organograma é o tipo mais comum de gráfico para representar a estrutura organizacional de uma empresa. Usualmente, é composto por um número de blocos interligados, como indicamos na Figura 11.3, que mostram a relação de autoridade e responsabilidade existente na estrutura.

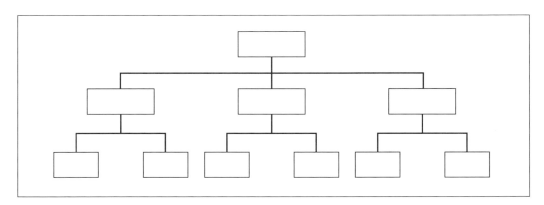

Figura 11.3   *Forma usual de apresentação de um organograma.*

Existem alguns pontos básicos a serem seguidos para a elaboração de um organograma em que, apesar de alguns países terem convenções diferentes de elaboração, as normas seguidas são as mesmas. Os pontos básicos das normas são os seguintes:

- os retângulos devem ser colocados de forma a possibilitar a análise da estrutura da esquerda para a direita e de cima para baixo;
- cada função e cada titular de cargo (chamado responsável) deve ser representado por um retângulo, como segue:

| Pessoal Gerente | Finanças Gerente | Produção Gerente |

- o lugar de cada retângulo será determinado pelo grau ou título do responsável na hierarquia organizacional;
- os diferentes retângulos estão ligados por um traço vertical e cada titular ocupa uma zona vertical ou de responsabilidade;
- cada titular que depende hierarquicamente de outro aparece em uma zona vertical à direita deste, e a parte superior do retângulo em que figurar ligar-se-á à linha vertical de responsabilidade por meio de uma linha horizontal de subordinação;
- o tamanho relativo ao retângulo não deve ter significação técnica. Na interpretação do organograma, aconselhamos utilizar retângulos do mesmo tamanho para posições no mesmo nível administrativo.

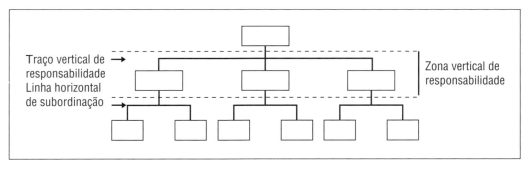

Figura 11.4   *Identificação da responsabilidade e subordinação por meio do organograma.*

Algumas sugestões facilitam muito o desenho e aumentam a utilidade do organograma:
- para o propósito de análise da estrutura existente, é vital que o organograma apresente a estrutura que opera atualmente, e não a que as pessoas acreditam que deveria ser;

- os títulos do cargo devem aparecer nos quadros, e, se houver necessidade de identificar o nome da pessoa que ocupa o cargo, este deve aparecer fora dele; se for colocado dentro do quadro, deve ser feito com outro tipo e letra para facilitar a diferenciação;
- para maior clareza e referência, o gráfico deve ter nome, data e número, e deve ser mostrada a referência de outros gráficos derivados. Quadros suplementares devem ser usados para evitar grandes detalhes do organograma principal. Se um gráfico mostra somente uma parte da organização, devemos deixar linhas abertas para mostrar essa continuidade, como exemplificamos na Figura 11.5.

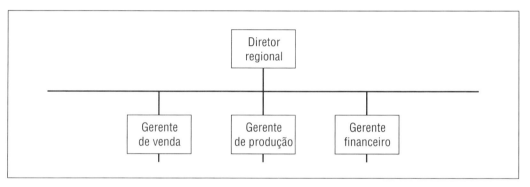

Figura 11.5 *Linhas de continuidade do organograma.*

11.10 METODOLOGIA PARA ELABORAÇÃO DE UM ORGANOGRAMA

Existem certos passos dentro de uma seqüência lógica a serem seguidos na elaboração de um organograma. São eles:

- o estabelecimento da lista de funções;
- a determinação dos critérios de administração;
- a análise das funções em relação a esses critérios;
- a construção do organograma propriamente dito.

1º) Lista das funções: estabelece os limites do campo de ação relativo ao organograma a ser construído. De fato, não podemos estabelecer uma estrutura *a priori*. Ela deve tomar a seu cargo uma atividade caracterizada por um número definido de funções; o problema é o da organização, reagrupamento e inter-relações dessas funções.

2°) A determinação dos critérios de administração torna-se parte fundamental na elaboração do organograma. Não podemos tomar por critério todas as variáveis necessárias ao bom funcionamento da organização. É necessário optar entre os que representam melhor as idéias básicas da filosofia da empresa e que o organograma deverá promover. Por exemplo, critério de longo, curto e médio prazos. É difícil trabalhar simultaneamente com esses três prazos sem negligenciar um ou outro.

3°) A análise das funções em relação aos critérios administrativos estabelecidos deve ser feita individualmente, uma vez que cada função apresenta influências marcantes em relação a esses critérios, devido a seus aspectos particulares. Assim, podemos afirmar que, dentro do critério de curto, longo e médio prazos, as funções de alta direção correspondem ao critério de longo prazo; os serviços, ao de médio prazo, e o abastecimento, a recepção, a expedição etc., ao de curto prazo.

11.11 ORGANIZAÇÃO MATRICIAL

A departamentalização funcional é a maneira tradicional de organizar segundo uma característica de dimensão única. A organização matricial é a realização de uma organização bidimensional que emana diretamente das duas dimensões de autoridade. Duas organizações complementares – a por projeto e a funcional – são fundidas para criar a organização matricial. Ela é bastante útil, quando há necessidade de planejar, coordenar, monitorar e controlar trabalhos complexos e multidimensionais. Por exemplo, para produzir grandes projetos com custos desejados, programas e padrões de desempenho.

O conceito básico de organização por matriz, exemplificado na Figura 11.6, é atingir o objetivo proposto mantendo um balanceamento ou controle de conflitos entre os grupos de administradores que têm a responsabilidade específica de um projeto, produto ou programa e outro grupo de executivos que têm responsabilidade especificamente funcional.

O uso do conceito de matriz certamente não é a solução para todos os problemas organizacionais, nem deveria ser usado por todos sem qualquer critério. Entretanto, pode ser muito útil com administradores a serem treinados ou quando a empresa está trabalhando com tarefas complexas e interdisciplinares.

O propósito da estrutura organizacional é:

- especializar as atividades executivas;
- simplificar as tarefas dos administradores;
- agrupar os empregados com o propósito de melhor dirigi-los e controlá-los.

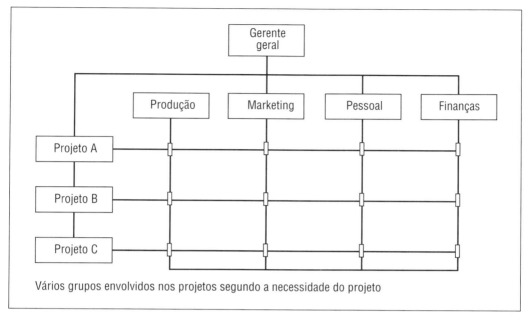

Figura 11.6 *Estrutura matricial.*

A estrutura matricial permite-nos uma possibilidade a mais de variação a ser considerada quando desejamos:

- especialização das habilidades dos executivos;
- rápida transferência de tecnologia entre programas ou projetos;
- grande flexibilidade de utilização de mão-de-obra especializada;
- redução de duplicação de esforços e conseqüente redução de custos.

Isso conclui as considerações básicas sobre os aspectos organizacionais. Apesar de as abordagens para estabelecer um modelo e estruturação serem diversas, novas formas organizacionais vêm surgindo constantemente, e para o futuro o que dissemos pode ser ultrapassado. Mudanças são uma das principais características de uma organização, e elas devem sempre ser consideradas.

11.12 FUTURO DA ESTRUTURA ORGANIZACIONAL

Em 1962, Chandler escreveu *Estratégia e estrutura*, onde expressa a forte noção de que a estrutura deve sempre acompanhar a estratégia organizacional. A evolução da era estruturalista criou certa estagnação nas organizações, que demoraram a perceber a evolução no mundo dos negócios. Muitos administradores perderam a visão do que é importante nos dias de hoje: ação rápida, serviço ao consumidor, inovação e o fato de que não podemos obter nada sem o envolvimento de todos.

Com a necessidade de ser ágil na evolução tecnológica e a facilidade do fluxo de informação via redescomputarização, a tendência de estruturas flexíveis é cada vez mais forte. Isso não significa que as paredes vão cair, que os gráficos do organograma vão desaparecer ou que não haverá mais distinção entre chefe e subordinados.

O surgimento da reengenharia, que focava a redução de custo operacional, já alterou a concepção de estrutura funcional, reduzindo seus níveis e eliminando atividades improdutivas, criando grupos funcionais com responsabilidade total pelo processo. Nesses casos, a configuração estrutural é bem mais horizontalizada e os funcionários ganham responsabilidade por sua produção; por outro lado, perdemos muita mão-de-obra especializada e conhecimento que a empresa acumulou ao longo do tempo.

Estruturação contemporânea surge em resposta aos avanços da tecnologia e exige uma nova atitude em torno de um aprendizado contínuo, ou seja, como parte dessa nova forma de estrutura, cada empregado torna-se um automotivado aprendiz.

Pelo menos a curto prazo, essa prática não ocorre; muitos empregados não têm confiança necessária para participar ativamente nas experiências de aprendizado oferecidas pela organização; por outro lado, a estrutura verticalizada exige maior interação com o ambiente externo e os acionistas.

Em função disso, administradores não devem abandonar os esforços para adotar estrutura organizacional que tem a possibilidade de auxiliar na estratégia, mas ater-se a alguns aspectos que ajudam, como:

- estrutura flexível, que permite às informações fluir livremente, reduzindo a hierarquia;
- estrutura baseada em participação, que se torna criativa e empreendedora;
- consideração de metas corporativas e não individuais e restritas.

BIBLIOGRAFIA BÁSICA

BARKDULL, C. Span of control: an avaliation method. *Michigan Business Review*, v. 15, n° 3, May 1963.

GALBRAITH, J. *Desenhando organizações complexas*. Reading, Mass.: Addison Wesley, 1973.

IVANCEVICH, J. M. et al. *Organization, structure, process and behavior*. S.l.: Texas Business, 1973.

LITTERER, J. A. *Análise da organização*. São Paulo: Atlas, 1970.

MARCH, James; SIMON, Herbert. *Organizações*. New York: John Wiley, 1958.

ROBBINS, Stphein P. *O processo administrativo*: integrando teoria e prática. Rio de Janeiro: Prentice Hall do Brasil, 1976.

ROGERS, R. E. *The politic process and modern organization*. New York: Exposition, 1971.

WATERMAN, Robert. *The frontiers of excellence*. Londres: Nicolas Brealey, 1994.

QUESTÕES PARA DISCUSSÃO E REVISÃO

1. O que é organograma e quais as variáveis que envolvem sua execução?
2. O que é departamentalização?
3. Quais as principais formas de departamentalização?
4. O que diferencia a estrutura matricial de outras formas de estruturação?
5. Quais as tendências futuras para definir uma estrutura organizacional?

12

Direção

Efetuar planos e estruturar uma organização não significa que as tarefas serão executadas e os objetivos atingidos. A divisão de tarefas, com a finalidade de aumentar a eficiência operacional, necessita ser coordenada para que as pessoas possam executá-las sem dispersão de recursos e energias. A tarefa de dirigir está diretamente relacionada com a interface entre as pessoas dentro de uma organização, quer sejam superiores, quer sejam subordinadas, quer sejam pares. Como Chester Barnard bem coloca, "uma organização simples ou completa é sempre um sistema impessoal de coordenar esforços humanos".

O fracasso em coordenar adequadamente as atividades em uma organização pode ser observado quando do surgimento de sintomas, como: perda de controle, excesso de conflito, falha em competência, responsabilidades negligenciadas e perda de autoridade.

Direção é necessária em toda organização. Conceitos como unidade de comando, centralização e descentralização, autoridade, poder e responsabilidade, delegação e relações laterais entre departamentos são alguns dos aspectos importantes a serem considerados para uma direção eficaz.

Os conceitos de direção, coordenação e liderança mesclam-se quando se trata de atividades estruturadas, e a figura do líder diferencia-se quando entram questões de negociação, em que o líder pode até ser emergente e informal.

12.1 AUTORIDADE, PODER, RESPONSABILIDADE E LEALDADE

Geralmente, uma decisão é tomada por um indivíduo ou grupo, com a expectativa de que o comportamento de outra pessoa ou grupo será afetado. A eficiência do tomador de decisão e o tipo de decisão que ele pode tomar são determinados pelo poder e pela autoridade que ele tem. Assim, poder e autoridade são ingredientes necessários ao processo de tomada de decisão e fundamental para sua atividade de direção. Poder e autoridade formam um relacionamento recíproco entre indivíduo ou grupos, um relacionamento entre os que têm poder e autoridade e aqueles que respondem ao poder e à autoridade. O poder e o *status* estão diretamente relacionados ao nível que eles ocupam na empresa; a autoridade pode estar ainda associada à admiração e ao conhecimento que o líder possui, conforme a Figura 12.1.

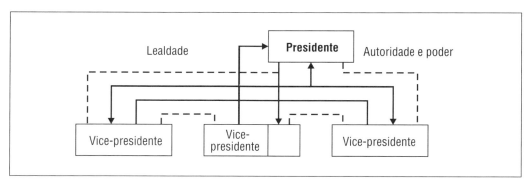

Figura 12.1 *Fluxo de autoridade, poder e lealdade.*

Conceituamos essas duas características da atividade de direção; podemos dizer que o **poder** é a capacidade de pessoas ou grupos de impor seus desejos sobre os outros, independentemente de sua resistência ou aceitação. Já a **autoridade** é o poder legitimado. Essa legitimação é dada, geralmente, pela estrutura organizacional. A autoridade pode ser considerada como o direito de tomar decisão específica e ordenar obediência, posto que o ato de comandar sempre envolve, ao menos, determinada decisão.

Assim como a fonte de autoridade está na estrutura organizacional e em relação à posição que o indivíduo ocupa, as bases para o poder podem ser originadas de: recompensa, coerção, legitimação e especialização. O poder coercitivo está baseado na crença de que o líder tem a sua disposição meios de administrar a punição, caso uma ordem não seja cumprida. O poder de recompensa está baseado na crença do indivíduo de que o dirigente tem a habilidade de conseguir recompensa para conseguir a submissão. O poder legitimado está baseado em normas sociais e valores internalizados que legitimam o direito de influenciar. O poder de especialização está baseado em um conhecimento especial de um indivíduo ou em sua senioridade sobre determinado assunto.

Responsabilidade é a aceitação do papel a ser desempenhado na organização e atribuído ao ocupante de um cargo. A divisão de tarefas carrega consigo um grau de responsabilidade por seu executor. A responsabilidade pelo resultado de uma decisão ou ato não pode ser transferida a terceiros. Poderá, quando muito, ser dividida entre as pessoas do grupo, entre o chefe ou subordinado e entre os pares de uma mesma hierarquia organizacional.

Lealdade é uma atitude de sentimento de ligação, pela comunhão de idéias, entre um mesmo grupo – chefe/subordinado, pares. É a ligação profunda de respeito de aceitação derivada muitas vezes do próprio poder, principalmente daquele baseado na especialização, que é um poder sem nenhum grau de coerção. O nível de lealdade demonstra a confiança que existe entre as pessoas do grupo, aumentando a coerção grupal.

O perfil dos indivíduos escolhidos para coordenar atividades hoje é diferente do perfil exigido em outras épocas. Hoje, o perfil deve estabelecer relação de credibilidade e confiança. Nas estruturas modernas, em que a flexibilidade é mais importante, o poder é relativo e as características mais importantes são o carisma e o conhecimento. Os líderes devem inspirar os seguidores e promover estímulo intelectual para facilitar a solução de problemas.

12.2 CENTRALIZAÇÃO E DESCENTRALIZAÇÃO

Refere-se ao grau de delegação de tarefas, poder e autoridade aos níveis mais baixos da organização. Pode também ser pensado como um nível eficaz de tomada de decisão para uma área em particular. Os dois termos podem ser pensados como um *espectrum* e avaliados em maior ou menor amplitude e nunca em não-existência de delegação, conforme Figura 12.2.

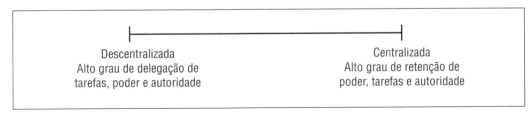

Figura 12.2 Espectrum *de centralização e descentralização. Uma organização poderá situar-se em qualquer ponto do* espectrum. *Dificilmente estará nos extremos.*

Maior centralização é desejada quando a organização quer ganhar os benefícios de melhor participação de seus membros no processo de decisão. Maior centralização é desejada quando o administrador quer exercer maior controle direto sobre as atividades. A tendência hoje é descentralização e controle por resultados.

O processo de organizar envolve a determinação do trabalho que deve ser feito para permitir à empresa atingir seus objetivos. Um dos resultados de processo seria a estrutura organizacional que representa o mecanismo formal por meio do qual a empresa é administrada.

Delegar sempre foi uma atitude essencial para o sucesso da direção. Na década de 80, no entanto, isso era considerado uma fraqueza. Já na década de 90, mudou-se de atitude, transformando-se em necessidade. Hoje, algumas empresas americanas têm 50 operários para cada gerente.

O âmbito de controle, hoje, é muito mais amplo que antigamente. Hoje, há o exercício do *empowerment*, que é diferente de delegar. Uma coisa é dar a alguém parte de sua tarefa para fazer, outra é eliminar limitações que impeçam uma pessoa de fazer seu trabalho de forma mais eficiente. A direção, no novo papel do gerente, treina a pessoa para executar novas tarefas e reveste-a de poder para isso. A delegação revestida de poder exige responsabilidade. Os americanos chamam isso de *accontability*, que é uma palavra muito forte para significar apenas responsabilidade. É aquele que responde por seus atos.

12.3 AMPLITUDE DE CONTROLE

A amplitude de controle refere-se ao número de subordinados que um administrador pode efetivamente administrar. A pergunta mais difundida desde o início do uso desse termo tem sido: Qual o número ótimo de pessoas a serem subordinadas a qualquer supervisor (ou administrador, executivo etc.)?

12.4 VISÃO TRADICIONAL

Tradicionalmente, a amplitude de controle tem descrito o relacionamento entre administradores e subordinados. Mais recentemente, apareceu a tendência para usar termos mais específicos para esse relacionamento, isto é, a **amplitude da administração**. Esta é uma expressão mais exata e inclusiva que designa o relacionamento e, conseqüentemente, considera mais do que simplesmente a função controle. Inclui, também, as funções de planejamento, organização, chefia e controle.

Em 1922, a expressão **amplitude de controle** foi usada por Ian Hamilton. Aplicando-a aos militares, ele afirmou que "a média da inteligência humana encontra sua efetiva medida controlando de três a seis outros cérebros". Isto foi adaptado, mais significativamente, no mundo dos negócios. Refere-se ao número de subordinados que um chefe pode supervisionar.

Em 1933, Graicunas publicou o artigo "Relacionamentos na organização". Esta foi a primeira tentativa de quantificar a amplitude de controle. Sua hipótese estabelecia que, como o relacionamento do supervisor com o subordinado aumenta na proporção em que aumenta a amplitude de controle, os relacionamentos com diferentes grupos de subordinados e o cruzamento dos relacionamentos entre todos os subordinados, subseqüentemente aumentarão em grande proporção. Por exemplo:

A supervisiona 2 pessoas = 6 relacionamentos cruzados.

A supervisiona 3 pessoas = 18 relacionamentos cruzados.

A supervisiona 4 pessoas = 44 relacionamentos cruzados.

A supervisiona 5 pessoas = 100 relacionamentos cruzados.

A supervisiona 6 pessoas = 200 relacionamentos cruzados.

Em 1956, Urwick afirmou que a amplitude de controle era cinco com um máximo de seis. Ele apoiou esta premissa no critério psicológico de que o homem possui uma medida limitada de atenção. De acordo com Urwick, outros fatores que contribuem para essa limitação são a quantidade de energia e tempo que o supervisor possui a sua disposição. Ele não deu muita ênfase a estes "outros" fatores, entretanto, e não proporcionou variação suficiente de amplitudes de controle para levar em consideração os efeitos desses fatores. Será mostrado adiante que o campo de variação das amplitudes de controle é diferente para cada organização e influenciado pelos fatores mencionados.

Gillmore afirmou que "existe um consenso geral de que, se as funções que estão sendo **coordenadas** são **interdependentes** e diferentes, a amplitude de controle não deveria exceder a cinco". Esta afirmação qualifica a idéia de **um número** ótimo de amplitude, indicando a variação para a amplitude efetiva de controle.

Hoje, a questão da amplitude perde um pouco sua importância com a visão de grupos autogeridos, tendo o gerente se transformado em conselheiro e sendo incentivador do grupo, e não em um controlador de normas e regras. Drucker, nos anos 50, sugeriu que deveria haver no máximo cinco níveis em uma organização, o que permanece até hoje, em casos de organizações complexas. Para organizações mais simples, pode haver um supervisor para cada 25 pessoas.

12.5 PESQUISAS RECENTES

Walton considera que a amplitude média deveria ser cinco ou seis para dirigentes universitários e cinco para presidentes de pequenas empresas. Mais recentemente, Woodward, J. (1981) achou que a amplitude de controle era seis. Sua amostra incluiu 100 empresas manufaturadoras britânicas. Entretanto, quando as empresas foram classificadas de acordo com a natureza de seus processos de produção, as amplitudes, subseqüentemente, variaram. O estudo de Woodward sugere que a amplitude ótima deve ser contingencial, de acordo com as diferentes tecnologias.

Historicamente, o interesse sobre a amplitude de controle baseou-se na idéia de que algum número ótimo de subordinados administrativos deveria existir. A falha maior dessa visão é que ela apresenta a tendência de buscar **um número** como resposta, sem uma consideração apropriada dos fatores que contribuem para a **efetiva** amplitude de controle. Desde Urwick, muitas pesquisas e discussões concentraram-se nos outros fatores que afetam a amplitude desejada.

Diversos estudos introduziram uma nova evidência que questiona os padrões de Urwick e a relevância do trabalho de Graicunas. Além disso, a recente literatura apóia a idéia de que são os fatores, mais do que simplesmente o valor numérico, que devem ser considerados para alcançar efetiva amplitude de controle.

Um estudo clássico da amplitude de controle foi elaborado em 1952 pela American Management Association (AMA). O estudo observou 100 companhias, cada qual com mais de 5.000 empregados. As companhias eram consideradas como tendo em uso "boas práticas organizacionais". Em média, o presidente supervisionava oito subordinados. O campo de variação, entretanto, estendia-se de um a 24 subordinados.

A AMA também conduziu uma comparação parcial dos mesmos problemas entre companhias médias (de 500 a 5.000 empregados). A média da amplitude de controle encontrada estava mais baixa nas empresas médias do que nas grandes (isto é, entre seis e sete subordinados comparados com oito). Além disso, a variação era de três até 17.

12.6 LINHA E *STAFF*

Outro meio de expandir a amplitude de controle é a introdução de um *staff* de assistentes. Eles podem auxiliar o supervisor no desempenho de suas funções.

Há uma confusão significativa em muitas organizações sobre o significado de linha e *staff*. Apesar de o uso dos conceitos de linha e *staff* criar problemas para a organização, eles são parte importante do vocabulário do administrador.

Um dos pontos de vista sobre isso é que linha e *staff* estão atuando em funções diferentes na organização: o pessoal de linha é aquele que tem responsabilidade direta sobre os objetivos organizacionais. Outro aspecto é sobre a autoridade; o pessoal de linha tem autoridade relativamente ilimitada e o *staff* não tem autoridade.

12.7 TIPOS DE *STAFF*

São dois os tipos de *staff*:

Pessoal: assiste pessoalmente o administrador, aconselhando, assistindo ou servindo.

Especializado: relacionado a uma área específica; é o que conhece mais sobre a área.

Como função primordial, eles desempenham funções de facilitação, ou seja, dão conselhos e conduzem pesquisas e investigações para coletar dados, facilitando as decisões dos executivos. Atividade de assessoria não deve ser vista como um único indivíduo. Pode ser um setor inteiro, dependendo do tamanho e da necessidade da empresa. A representação gráfica da posição da função de assessoria em relação à de linha, dentro da estrutura organizacional, pode ser vista na Figura 12.3.

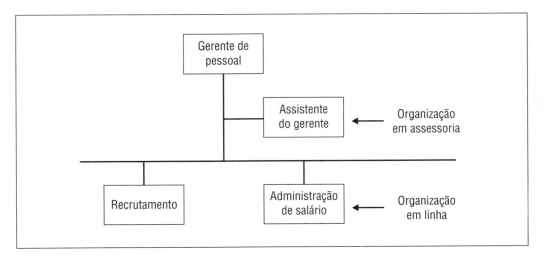

Figura 12.3 *Posição da função de assessoria.*

Os relacionamentos da linha e do *staff* são, provavelmente, uma das fontes mais freqüentes de conflito interno nas organizações. Observamos anteriormente que a função do *staff* é fornecer conselho e assistência ao pessoal da linha. O funcionário do *staff* não tem poder de comando sobre os funcionários da linha para ordenar certo curso de ação. Entretanto, na prática, freqüentemente os administradores do *staff* usurpam a autoridade da linha e comandam mais do que aconselham. Em vez de "vender" suas idéias, eles ordenam. Quando um administrador do *staff* possui autoridade funcional garantida, por exemplo, prescrevendo procedimentos ou processos, o funcionário da linha é suplantado. O princípio da "unidade de comando" é violado. A própria prática de usar pessoal do *staff* envolve desenfatização da função geral administrativa. Essa restrição do administrador da linha tende a tornar seu trabalho menos importante e permite supervisão mais próxima de seu superior. Com a introdução das unidades do *staff*, as únicas habilidades pessoais dos administradores da linha tornam-se menos vitais para a existência e o sucesso organizacional.

12.8 PROCESSO DE COMUNICAÇÃO

O valor da comunicação para o líder e sua habilidade para, efetiva e exatamente, comunicar-se estão invariavelmente unidos ao próprio processo de comunicação. Um exame do processo proporciona alguma compreensão do porquê alguns líderes são verdadeiros comunicadores e outros não.

O processo envolve a seleção dos assuntos de comunicação, a codificação dessa informação, a transmissão da informação codificada e o movimento dessa transmissão por meio dos canais de comunicação para o receptor, que então detecta a informação transmitida, isto é, decodifica a transmissão e seleciona os assuntos comunicados que são mais importantes para ele. A codificação é usada para maximizar a quantidade de informações que podem ser transmitidas em determinado período de tempo, e o esquema de codificação utilizado normalmente são palavras, números, ações ou figuras (diagramas). Os métodos de transmissão mais comumente usados incluem mensagens escritas, palavras faladas, expressão física, silêncio e comportamento (dois ou mais destes podem ser usados para comunicar as mesmas idéias, conceitos, e assim por diante). O receptor da informação detecta a transmissão da informação por meio da observação, leitura ou escuta. Então, cabe ao receptor decodificar a informação e com base em suas necessidades assimilar a informação, isto é, o que for significativo e útil para ele.

Sob condições ideais, o resultado deveria ser a comunicação precisa da informação entre o emissor e o receptor. Entretanto, como Litterer assinala, há invariavelmente certa quantidade de **ruído** no canal de comunicação. O *ruído* a que Litterer se refere é descrito como qualquer coisa que se move no canal de comunicação, diferente dos sinais reais ou mensagens desejadas pelo emissor. Esse ruído pode ser reduzido pela **redundância** ou pela repetição da mensagem ou do sinal, mas o custo advindo é a perda de tempo, de esforço e de capacidade do canal para mandar a mesma mensagem duas vezes. Ele observa que, porque a exatidão é um componente essencial da comunicação, esse custo aparecerá, invariavelmente; entretanto, o melhor que pode ser esperado é diminuir ao mínimo o nível de ruído.

A relevância de tudo isso para a liderança está ligada à perícia que o líder adquire sobre os componentes fundamentais do processo de comunicação (isto é, seleção, codificação, transmissão, detecção e decodificação). A consciência do líder desses componentes e sua concentração em aperfeiçoar estas habilidades determinarão sua capacidade (assim como sua efetiva liderança). Também o processo é relevante para o líder porque, se ele está consciente do excesso de ruído no canal, pode tomar medidas terapêuticas para minimizar o ruído (por meio do controle da mensagem e do sinal encaminhado ao canal de comunicação) e aumentar o nível e a precisão da comunicação.

A comunicação deu um salto de qualidade muito grande com o surgimento da Internet, por volta de 1990, com a criação da *World Wide Web* (www), que integrou pela primeira vez textos e gráficos, visando facilitar o intercâmbio de informações. É inegável que recentes avanços da informática tendem a elevar o poder de comunicação. Rapidamente, o conceito de teleconferências, empresa virtual e horário de trabalho flexível foi colocado em prática, pois, uma vez na rede e conectada, tudo é possível para a empresa em termos de comunicação.

No momento em que a Internet parece revolucionar o mundo dos negócios, uma análise um pouco menos apressada de alguns aspectos mostra, contudo, que o gerenciamento e o elemento humano ainda são alguns dos pilares a serem considerados. Em primeiro lugar, há que se destacar que a Internet não resolve todos os problemas de comunicação; em segundo, o relacionamento pessoa a pessoa ainda vai existir por muitos séculos. Se refletirmos um pouco, o telefone ainda é a ferramenta de comunicação e transmissão de conhecimento mais utilizada nas empresas. Em resumo, o processo de transmitir informação é totalmente dependente da mente humana.

12.9 CANAIS DE COMUNICAÇÃO

Posto que a administração pode ser vista nesse contexto como uma agência monitora para um sistema de procedimentos, entradas e saídas da organização, e como a comunicação é parte integrante da administração, passemos agora a examinar os canais de comunicação abertos para a administração (líderes). Esses canais de comunicação podem ser caracterizados como formal ou informal.

Nos canais de comunicação formal (rede), o sistema global (objetivos) é comunicado pela hierarquia organizacional (de cima para baixo) e a informação, comunicada para cima (assumindo uma rede de comunicação de duas mãos). Uma espécie dessa rede formal de comunicação é a rede da **cadeia de comando**, que corresponde à estrutura formal da organização. Se, como Flippo sugere, "a comunicação deve ser controlada para que o trabalho possa ser regulado e a unidade de comando preservada", então a rede da cadeia de comando forneceria um canal eficiente de comunicação.

Além dos canais formais de comunicação, os líderes devem estar cientes da existência de canais de comunicação informal e dos valores que isso representa para os funcionários que os criaram e que os alimentam. Os canais informais de comunicação representam uma liberdade de expressão para o grupo de trabalho.

Esses canais informais não precisam aderir necessariamente às linhas formais de autoridade ou à estrutura da organização e, geralmente, surgem como resultado de uma espécie de deficiência da rede de comunicação formal. A chamada organização de boatos é um exemplo de rede de comunicação informal. Esses canais informais de comunicação são vistos por alguns autores como prometedores de um fluxo livre de informação e comunicação, bem como geradores de apoio para o moral dos subordinados e tendências inovadoras. Aqueles que defendem esses canais de comunicação de *fluxo-livre* apresentaram objeção às redes de comunicação formal baseada no fato de que eles tendem a ter um efeito adverso no moral dos empregados.

Com respeito a esses canais, "a administração deveria escolher judiciosamente os assuntos a serem comunicados, determinar as características da audiência pretendida e selecionar um número restrito de canais para atingir a mente da audiência".

Os canais de comunicação ascendentes são necessários para que os líderes possam determinar se os subordinados entenderam as mensagens mandadas para baixo, bem como para ajudar a aferir o sucesso das diretrizes emitidas. Flippo sustentou que essa comunicação ascendente é requerida para satisfazer às necessidades do ego humano e enfatizou que alguns canais de comunicação disponíveis para transmissão ascendente incluem:

- cadeia de comando;
- procedimento de queixas;
- aconselhamento;
- questionários de avaliação moral;
- uma política de portas abertas;
- entrevistas de saída (isto é, de empregados que estão saindo);
- organização de boatos;
- sindicatos;

- informantes;
- encarregado de queixas e informações.

A comunicação ascendente é altamente valorizada por aqueles que defendem a teoria da interação. Da mesma forma que a comunicação descendente, a comunicação ascendente não proporciona os benefícios de uma boa comunicação. A comunicação ascendente atrai especialmente os líderes que aderem à Teoria Y de McGregor e a liderança participante (democrática).

A comunicação também pode ser transmitida em uma direção horizontal. Um exemplo de onde ela prevalece é o nível em que subordinados ou líderes estão juntos entre os de *status* igual (como na chefia de departamento). Essa comunicação facilita o fluxo mais livre, a troca de mensagens e a comunicação entre os membros da organização, mas isso não se compara com o significado da comunicação ascendente e descendente.

A importância dos canais de comunicação é significativa em relação à liderança porque, sem os canais adequados, as mensagens de comunicação não podem ser transmitidas aos níveis necessários. Então, os canais diferentes de comunicação possuem qualidades diferentes, e as desvantagens e o tipo de rede usados (e os canais utilizados) terão um apoio na precisão e efetividade da comunicação e em seu uso pelo líder.

BIBLIOGRAFIA BÁSICA

COLEMBIEWSKI, R. *Organizing home and power*. Chicago: Rend McNally, 1967.

DAVIS, Keith. *Relações humanas no trabalho*. New York: McGraw-Hill, 1962.

FIDLER, F. E. *Uma teoria de liderança eficaz*. São Paulo: McGraw-Hill do Brasil, 1967.

GRAICUNAS, V. A. Relacionamento na organização. *The Bulletin of International Management Institute*, Columbia, 1933.

HANEY, W. V. *Communication and organizational behavior*. Homewood: Richard D. Irwin, 1967.

KANTER, Rosabeth Moss. *Men and women of the corporation*. Basic Books, 1977.

STIEGLITZ, H. Optimazing span of control. *Management Record*, v. 24, nº 9, Sept. 1962.

TERRA, José Cláudio. *Gestão do conhecimento*: o grande desafio empresarial. São Paulo: Negócios, 2001.

URWICK, L. F. The manager's span of control. *Harvard Business Review*, Boston, 1956, p. 39-47.

WALTON, Clarence C. *Leadership and accountability*. Cambridge, MA: Moral Man, 1988.

WOODWARD, Joan. *Industrial organization*: theory and practice. USA: Oxford University, 1981.

ZALD, M. N. *Organizational power*. Nashville: Vanderbilt University, 1970.

ZALESNIK, A. *Human dilemmas of leadership*. New York: Harper & Row, 1966.

QUESTÕES PARA DISCUSSÃO E REVISÃO

1. Diferencie autoridade, poder, responsabilidade.
2. O que significa unidade de comando?
3. O que significa amplitude de controle? Você considera um conceito válido?
4. Qual a importância da comunicação da atividade de direção?
5. Qual o papel do *staff* para a organização?

13

Controle

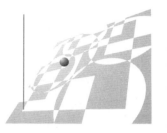

Planejamento e controle estão sempre tão relacionados que chega a ser difícil identificar onde um termina e outro começa. Um planejamento representa antecipação da ação, que é um conceito passivo até o momento de sua execução. Controle é um processo ativo que procura manter o planejamento dentro de seu curso inicial. Uma boa definição de controle administrativo é o processo por meio do qual os administradores sabem que as atividades efetivas estarão de acordo com as atividades planejadas.

No planejamento das atividades de uma organização determinam-se metas a serem cumpridas. O processo de controle mede o progresso rumo a essas metas e permite que se descubram os possíveis desvios a tempo de tomar medidas corretivas.

Robert J. Mockler, em seu livro *Management control process*, apresenta conceituação bastante ampla:

> "O controle administrativo é um esforço sistêmico de estabelecer padrões de desempenho, com objetivos de planejamento, projetar sistemas de *feedback* de informações, comparar desempenho efetivo com estes padrões predeterminados, determinar se existe desvio, medir sua importância e tomar qualquer medida necessária para garantir que todos os recursos estejam sendo usados da maneira mais eficaz e eficiente possível, para a consecução dos objetivos da empresa."

A avaliação não pode ser considerada pragmática. Ela não está fundamentada em etapas a serem cumpridas. Está associada a posições favoráveis que a organização espera encontrar no momento de sua execução. O importante não é o quanto faz, mas se está fazendo o melhor em relação a seu desempenho passado, ou em relação à indústria a que ela pertence ou em relação a seu maior concorrente.

Isso significa que a avaliação, quando é feita, é comparada a padrões de comportamento não necessariamente ligados a planejamento, mas a modelos existentes dentro de seu universo enquanto empresa.

Dessa maneira, estamos colocando a avaliação a serviço do controle, uma vez que, para fazer planejamento a ser controlado futuramente, o administrador irá espelhar-se no comportamento desses modelos já avaliados anteriormente.

Outro aspecto diferenciador é que a avaliação pode ser um processo desvinculado do planejamento, como já foi dito anteriormente; ele é calcado na necessidade individual de conhecer o desempenho de uma área, atividade ou um programa específico. O controle envolve correlação de atividades funcionais num sistema integrado de planejamento e ação.

Muitas empresas utilizam regras verbais que são consideradas como "padrão de conduta" para a ação. Por exemplo: "Não recrutar nenhuma pessoa que não resida por mais de seis meses na mesma cidade em que a empresa está localizada." Essa regra pode ser utilizada pelo Recrutamento como um padrão de conduta que pode ser considerada uma política de pessoal ou de recrutamento. Alguém deveria checar se essa empresa está reduzindo rotatividade e obtendo bom nível de mão-de-obra como resultado dessa regra.

O controle define que o índice de rotatividade está alto, bom ou abaixo daquele esperado pela organização, mas o porquê desse resultado deverá ser explicado pela avaliação mais profunda das implicações do comportamento desse índice. Dependendo dessa avaliação, os padrões ou a própria política deverão ser revistos.

O controle de qualidade é um fator importante no processo de produção, da mesma forma que o controle de qualidade é importante para a administração de recursos humanos. Há sempre a necessidade de checar a qualidade dos empregados selecionados e admitidos, assim como a qualidade do treinamento oferecido. O controle de qualidade no processo produtivo determina se o indivíduo está mantendo o padrão estabelecido e quanto de desvio está ocorrendo; as causas desses desvios requerem avaliação mais profunda e qualitativa de comportamento do indivíduo em seu posto de trabalho.

Para que a empresa tenha certeza de estar correta em seu curso de ação em relação às atividades de recursos humanos, há a necessidade de avaliação em períodos curtos e regulares. Muitos autores vão além do que estamos atestando aqui como necessidade básica, afirmando que a avaliação deve ser feita tanto olhando o passado como o futuro, ou seja, tanto para as ações que já foram tomadas como para as que ainda estão para acontecer, como princípio de uma avaliação futurológica.

13.1 MODERNAS VISÕES DE CONTROLE

Mais recentemente, em função de uma evolução das teorias sobre planejamento estratégico nas organizações, o conceito de controle também foi revisto e apresentado sob uma ótica mais moderna do que a tradicional, apresentada até então. Numa revisão bibliográfica desses conceitos, discutimos alguns que fundamentam melhor a questão.

O processo para definir "Fatores Críticos de Sucesso" procura atender às expectativas dos altos executivos e dar-lhes condições de, por um lado, avaliar a qualidade de suas decisões e, de outro, melhorar a eficácia gerencial. O chamado "Processo de Fatores Críticos de Sucesso" não pode ser considerado um modelo, mas um sistema moderno de geração de informações que permite à alta administração identificar quais as áreas que merecem maior atenção e sobre quais deveriam ser desenvolvidos sistemas de informações mais pormenorizados e com maior grau de sofisticação.

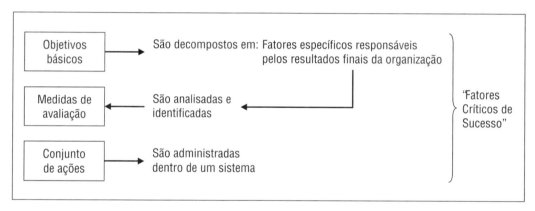

Figura 13.1   *Modelo para definir os "Fatores Críticos de Sucesso".*

Embora seja um modelo definido para toda a organização, ou seja, utilizado para acionistas terem condições de avaliarem as ações dos empresários e executivos nas definições de políticas, estratégias e realização de retornos favoráveis no final de cada exercício, pode ser de grande utilidade para as demais áreas da empresa, o que contribui muito para o sucesso da metodologia em âmbito geral. O modelo genérico obedece à seguinte configuração.

A aplicação desse modelo é feita por meio de uma metodologia dinâmica e participativa, em que todos opinam sobre quais são os fatores mais importantes para que os objetivos da organização sejam atingidos, a partir da seleção no sistema de informações para identificar quais são importantes e quais não são. As informações que não se identificam com os fatores críticos são abandonadas. Outra análise importante que o grupo deve fazer é avaliar quais as informações que não estão sendo computadas e como deveriam estar sendo medidas ou registradas. O desenho final do modelo da Aplicação de Fatores Críticos de Sucesso é composto por:

- conjunto de fatores críticos de sucesso;
- informações necessárias para a avaliação desses fatores;
- formas de medir o comportamento de cada fator.

Podemos observar, portanto, que o modelo é genérico o suficiente para permitir sua utilização tanto em sistemas globais, como em sistemas representados pelas várias áreas da organização e, conseqüentemente, a área de Recursos Humanos.

Nosso próximo modelo a estudar é o "Serviço de Inteligência Empresarial". Tanto quanto no modelo anterior, o princípio do modelo "Serviço de Inteligência Empresarial" baseia-se na qualidade das informações utilizadas no processo de avaliação. O sucesso de qualquer estratégia empresarial depende da qualidade das informações sobre as quais a decisão está baseada; portanto, o importante para a alta administração é definir um sistema de informações que seja de absoluta confiança para a organização. O modelo "Serviço de Inteligência Empresarial" é composto dos seguintes elementos básicos:

- **inteligência defensiva:** orientada para a obtenção de informações da empresa;
- **inteligência passiva:** orientada para a obtenção de parâmetro para avaliar o desempenho. Uso inteligente de fatos já ocorridos;
- **inteligência ofensiva:** orientada para o ambiente externo e a busca constante dos eventos que podem facilitar o sucesso da organização.

Com base na identificação dos componentes de cada uma dessas inteligências, devemos aplicar os conceitos modernos de sistemas de informações gerenciais para detalharmos cada um deles e compormos o modelo global. Acreditamos não caber aqui detalhamento desses conceitos, uma vez que o trabalho que estamos desenvolvendo não trata especificamente de sistemas de informações, mas da contribuição deles para um sistema de avaliação das decisões.

MODELO DE CONTROLE DA ESTRATÉGIA. Recentemente, planejadores estratégicos e teóricos de administração têm salientado a importância do controle da estratégia e estão ansiosos na busca de modelos que permitem um efetivo resultado. Enquanto divergem em alguns aspectos, a grande maioria concorda com a definição de controle estratégico oferecida por Schendel e Hofer (*Long range planning review*, 1978, p. 18).

"O controle da estratégia enfoca duas questões básicas: (1) a estratégia está sendo implementada como planejada; (2) os resultados produzidos pela estratégia são aqueles esperados."

Esse conceito está bastante fundamentado no conceito fundamental de *feedback*, o que pode ser bastante questionado quando falamos de controle estratégico, uma vez que:

- *feedback* é um controle *a posteriori*;
- padrões devem ser considerados para comparação entre o esperado e o executado.

O controle sobre atos passados com base na estratégia pode vir tarde demais para ações corretivas ao plano estratégico. A comparação com padrões, e no caso o padrão é o plano, resulta como "mal" quando há desvio, uma vez que o plano é considerado sempre "bom". O fato de que o "plano" possa não ser bom não é sequer considerado.

Essas restrições levam-nos a admitir que o controle estratégico começa a ser operacionalizado ao mesmo tempo que o planejamento se inicia. Não pode mais ser concebido como último passo, dentro do processo estratégico de administração.

Tempo t_0: ponto em que a formulação de estratégia começa.

Tempo t_1: ponto em que são definidas as premissas que sustentam as estratégias; e se iniciam os controles. O acompanhamento de todos os passos de seleção das premissas em planejamento visa implementar as estratégias. Simultaneamente, a vigilância estratégica começa.

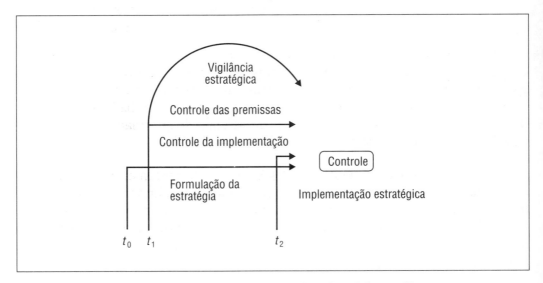

Figura 13.2 *Modelo de controle estratégico de Schendel e Hoffer.*

Tempo t_2: quando a implementação da estratégia começa, o controle da implementação é colocado pela ação, ou seja, quando t_2 começa, todos os níveis de controle estão em ação.

Controle das premissas: tem sido designado para constatar sistemática e continuamente se as premissas consideradas no processo de planejamento são ainda válidas.

Controle de implementação: avaliar se todo o curso estratégico já definido deveria mudar à luz de eventos passados, questionando sempre a direção básica da estratégia.

Vigilância da estratégia: monitorar a gama completa de eventos, inclusive de fora da empresa, que podem prejudicar o curso de ação estratégica. Esse aspecto do controle pode ser considerado similar à monitoração de ambiente.

Para que a organização possa responder à questão fundamental sobre se o curso de ação estratégica deveria ou não mudar, o sistema de controle deveria adotar uma perspectiva universal e estar preparado para isso, do ponto de vista comportamental.

O desenvolvimento tecnológico vem cada dia mais impondo virtualidade às atividades organizacionais; isto tem impelido os estrategistas na direção de maior reflexão sobre a dinâmica dos processos da organização, ou seja, novas práticas de distribuição, novas práticas comerciais, ampliação do relacionamento com o cliente, gestão do capital intelectual, entre outros fatores na mesma dimensão de importância. Portanto, o que na realidade se busca são mecanismos capazes de criar vantagem competitiva para a organização.

Este processo, contudo, torna-se mais evidente principalmente a partir da década de 80, em que, com o advento da chamada era da informação, a velocidade organizacional transforma-se em vantagem competitiva.

Nesse contexto, a informação, confiável, útil e disponível, transforma-se em poderosa ferramenta para o estabelecimento da vantagem competitiva sustentável, pois proporciona à organização agilidade, flexibilidade e velocidade ao deparar com a turbulência dos mercados atuais.

Segundo Davenport (1998), um grande limitador da dinâmica da organização é o excesso de dados gerados e sua pouca utilidade; portanto, o processo de seleção, tratamento dos dados quantitativos ou qualitativos, gerados pelas operações cotidianas, mais aqueles próprios ao negócio e ao mercado, devem ser capazes de gerar uma rede de informações orientadas para fornecer para o gestor condições de intervir em possíveis anomalias na organização (presente) e a prever anomalias futuras a fim de orientar as estratégias da organização.

13.1.1 Avaliação por indicadores: *Balanced Scorecard* (BSC)

No início da década de 90, a unidade de pesquisa da KPMG patrocinou um estudo de um ano com diversas empresas intitulado de *Mensuring performance in the organization of the future*; esse trabalho foi motivado pela crença de que os métodos de medidas de desempenho empresarial apoiados em indicadores de desempenho, principalmente financeiros e contábeis, estavam tornando-se obsoletos; esse trabalho à época foi conduzido por Nolan Norton e pelo consultor acadêmico Robert Kaplan.

Esse estudo gerou a publicação do artigo The balanced scorecard – mesuring the drive performance, na *Harvard Business Review* de 1992. Alguns estudiosos da administração atribuem a esse artigo o título de *A mais poderosa ferramenta gerencial criada nos últimos 30 anos*; portanto, pela dimensão de sua importância para a gestão das organizações, iremos abordar os principais aspectos relativos ao BSC. Ele é um sistema de avaliação e gestão que associa objetivos estratégicos a indicadores abrangentes.

Criar uma vantagem competitiva para uma organização requer profundo entendimento do contexto em que a organização está inserida. Porém, como o ambiente onde as organizações se encontram inseridas é, na maioria dos casos, muito dinâmico e mutável, isso requer o desenvolvimento de mecanismos que sejam capazes de acompanhar tal dinâmica de maneira que sua leitura ocorra preferencialmente em tempo real.

Dessa forma, a organização deve estruturar um conjunto de estratégias, a fim de conquistar sua visão, bem como viabilizar os mecanismos necessários para implementação das estratégias.

É neste ponto que introduzimos Balanced Scorecard, enquanto uma evolução de seu conceito original de uma ferramenta de mensuração para uma poderosa ferramenta para a gestão estratégica, ou seja, um instrumento para lidar com as elevadas taxas de 90% de insucessos na implementação das estratégias.

Para entendermos o Balanced Scorecard, em função dos argumentos anteriores, temos que compreender a dinâmica pré-década de 90. O modelo existente nesse período, ou melhor, que se arrastou por toda a era industrial de 1850 a aproximadamente 1975, foi determinado pela maneira como as empresas aproveitavam das economias de escala, em que as organizações mantinham um conjunto muito grande de medidas e, posteriormente, de indicadores de desempenho, ou seja, características mensuráveis de seus produtos, serviços e processos, que eram utilizados para mensurar o desempenho da organização, principalmente com base em variáveis financeiras/contábeis; portanto, os aspectos tangíveis que, por conseqüência, não eram capazes de expressar a dinâmica da organização na era da informação. A tecnologia nesse período era importante, porém as empresas bem-sucedidas eram aquelas que conseguiam incorporar as novas tecnologias a seu processo produtivo e operar em grande escala e de forma padronizada.

Durante esse período, as medidas financeiras e contábeis eram as que orientavam a mensuração do desempenho de uma empresa.

O BSC promove a medição da eficácia das estratégias. Contudo, o que também o diferencia de outras metodologias é sua capacidade de fornecer a mensuração em tempo real. O BSC é capaz de fornecer um referencial de análise estratégica e ser usado para a criação de valor do negócio, considerando-se quatro fatores organizacionais: finanças, cliente/mercado, processos internos/operações e aprendizado e crescimento, conforme descrevemos a seguir:

- **finanças:** as medidas financeiras de desempenho indicam se a estratégia de uma empresa, sua implementação e execução estão contribuindo para a melhoria dos resultados financeiros da organização. Estas medidas estão normalmente relacionadas com a **lucratividade** da empresa. Alguns exemplos típicos de medidas financeiras são: receita operacional, retorno sobre o capital empregado, valor econômico agregado;
- **clientes/mercado:** permite identificar o segmento de clientes e mercados nos quais a empresa irá competir e indicadores de medidas de desempenho do negócio. Alguns exemplos típicos de medidas do cliente/mercado são: participação no mercado, retenção de clientes, aquisição de novos clientes, satisfação dos clientes, rentabilidade dos clientes, qualidade do produto, relacionamento com clientes, imagem e reputação;
- **processos internos/operações:** permite a identificação dos processos internos críticos nos quais a empresa deve alcançar a excelência. Alguns exemplos típicos de medidas dos processos internos são: inovação (desenvolvimento de novos produtos e processos), operação (produção, distribuição, vendas), serviços pós-venda (assistência técnica, atendimento a solicitações do cliente);
- **aprendizado e crescimento:** identifica a infra-estrutura necessária para que a empresa consiga gerar crescimento e melhoria a longo prazo. O crescimento e aprendizagem normalmente provêm de três fontes principais: **pessoas, sistemas** e **procedimentos organizacionais**. Alguns exemplos típicos de medidas de aprendizado e crescimento são: desenvolvimento de competências da equipe, educação, capacitação e desenvolvimento de pessoas, infra-estrutura tecnológica, cultura organizacional.

Construindo o BSC

Segundo Kaplan e Norton, a construção do BSC como um sistema de gestão estratégica está vinculada a quatro processos básicos:

1. **Tradução da visão:** o processo do BSC tem início com um trabalho da equipe gerencial para traduzir a visão e a estratégia da organização ou de uma unidade de negócios em objetivos estratégicos específicos – isso ocorrerá quando a organização conseguir desdobrá-la em um conjunto de indicadores que sejam capazes de demonstrar de maneira clara a importância de cada ação para a conquista da visão, bem como de demonstrar os níveis de desempenho necessários para cada indicador, a fim de se atingir a visão. Outro aspecto importante que esse desdobramento promove é evidenciar as relações de causa e efeito existentes no gerenciamento estratégico.

2. **Comunicação e comprometimento:** são utilizados vários mecanismos da comunicação empresarial para se promover a comunicação e a disseminação dos objetivos e medidas estratégicas definidas no BSC para toda a organização; esse mecanismo do BSC é fundamental, pois permite aos gerentes promoverem o compromisso dos colaboradores, por meio da ligação dos objetivos empresariais com os objetivos de setor e individuais de cada colaborador, permitindo que as iniciativas setoriais, bem como as individuais, possam ser alinhadas com as globais.

3. **Planejar, estabelecer metas e alinhar as iniciativas estratégicas:** com base nas orientações estratégicas da organização, devem ser desenvolvidos os planos específicos que promovem o alinhamento dos vários aspectos que compõem a arquitetura da organização, como, por exemplo: pessoal, financeiro, de marketing, de produção etc. Isso permitirá a convergência dos esforços para os aspectos importantes da organização.

4. *Feedback* **e o aprendizado estratégico:** este aspecto diz respeito ao aprendizado estratégico. Kaplan e Norton consideram-no o mais importante e principal inovação que pode ser atribuída ao BSC, pois cria instrumentos para o aprendizado organizacional no nível estratégico. O aprendizado deve perfazer todas as perspectivas do BSC.

O BSC procura mostrar que o velho ferramental orientado pela mensuração apenas dos tangíveis não era mais suficiente para acompanhar os requisitos da constante busca pela vantagem competitiva, que impõe às organizações arranjos cada vez mais flexíveis.

13.2 CONTROLE ORGANIZACIONAL E OPERACIONAL

Controles podem ser classificados como organizacional e operacional. Os métodos de controle organizacional avaliam o desempenho geral da organização.

Padrões de medida, como lucratividade, crescimento das vendas, retorno sobre os investimentos, representam aspectos do desempenho organizacional. Formas de corrigir falhas para atingir esses padrões podem ser redefinir objetivos, replanejar, mudar a organização formal, melhorar a comunicação e motivar os empregados. Os controles operacionais envolvem desempenhos diários e podem ser corrigidos imediatamente para poder atingir os padrões esperados. Tipos de medidas são volume de produção diária, qualidade de produção, problemas com abastecimento de matéria-prima, e as correções devem ser rápidas para não diminuir o volume de produção esperado. Tanto o controle organizacional como o operacional são necessários para a eficácia do controle.

MOMENTO DE CONTROLAR. A melhor época para a aplicação do controle é um fator significativo em seu sistema. Os controles deveriam identificar os problemas antes de eles ocorrerem, porém isso quase nunca é possível. Podemos classificar o controle em três momentos:

PRÉ-CONTROLE OU PREVENTIVO. Qualquer técnica que possibilite identificar o problema antes de ele ocorrer é considerada pré-controle, tais como orçamento de caixa, previsão de vendas.

CONTROLE CONTÍNUO. Mede os desvios à medida que ocorrem. Apesar de não ser tão ideal como o pré-controle, ele pode evitar grandes danos. O gráfico de controle de qualidade representado pela Figura 13.3 é um exemplo de controle contínuo. A correção poderá ser efetuada antes que maiores unidades sejam produzidas.

CONTROLE HISTÓRICO. A grande maioria dos valores avalia os resultados após a ocorrência do fato. Se alguma ação corretiva necessita ser tomada, ela será em função de evitar que os erros ocorram novamente.

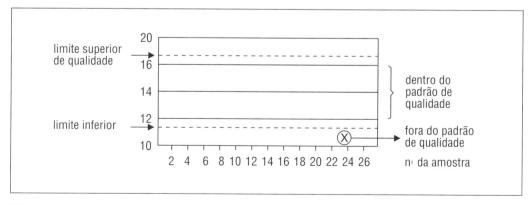

Figura 13.3 *Gráfico de controle de qualidade.*

Quadro 13.1 *Formas de controle.*

Momento para controle		
Quando ocorre	**Características**	**Exemplos**
Pré-controle	Prevê variação do plano antes de ocorrer.	Previsão caixa, Previsão compra, PERT
Controle contínuo	Mede a variação de um padrão no momento que ocorre.	Controle de qualidade, tempo real etc.
Controle histórico	Localiza a variação no plano após sua ocorrência.	Relatórios financeiros, controles orçamentários

Essas três formas de controle são bastante úteis para o administrador. Quando usadas ao mesmo tempo, podem permitir visão clara da situação da empresa. Um equilíbrio adequado entre os três tipos pode aumentar a eficácia de qualquer organização. O Quadro 13.1 resume essas três formas de controle.

Quando se fala em controle, a primeira idéia que vem à mente é a de alguém que verifica ou vigia a tarefa que está sendo executada. Porém, o controle que abordamos neste capítulo não é com essa idéia restrita, mas é um processo mais amplo, que envolve comparação contra padrões previamente estabelecidos e uma ação corretiva quando ocorrer diferença do planejado. Na Figura 13.4, evidenciamos como esse processo se desenvolve.

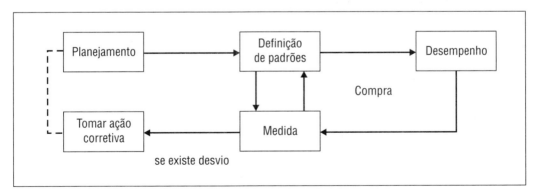

Figura 13.4 *Modelo de função controle.*

13.3 TIPOS DE CONTROLE

Há dois tipos básicos de controle, que podem ajustar tanto a ação como os padrões: o sistema aberto e o sistema fechado de seqüência de ação. Na prática da administração, a seqüência aberta de controle é usada para modificar os padrões, e não a ação. Esse sistema deve ser utilizado para ajustar padrões de inventários, volume de produção, cronogramas de compras etc.

No segundo sistema de controle, denominado seqüência fechada, o processo de correção é automático, e é chamado de *feedback*, ou retroalimentação. Esse tipo de sistema é comumente utilizado em computadores. A expressão *sistema fechado* advém de as informações partirem de uma origem e, após o ciclo completo, voltarem para a mesma origem.

Se o sistema é uma seqüência aberta, o processo termina na tomada de ação corretiva. Se a seqüência é fechada, segue até o planejamento, conforme mostra o desenho.

O processo de avaliação, portanto, é composto dos seguintes passos:

- **estabelecer** padrões e métodos de medida de desempenho;
- **medir** o desempenho atual;
- **comparar** com os padrões para determinar se há alguma diferença; e
- **corrigir** qualquer desvio mediante ação corretiva.

A simples definição do controle administrativo como "o processo pelo qual administradores garantem que as atividades estão de acordo com o planejado" tem a vantagem de ligar planejamento com controle, porém é uma definição muito simplista. Na realidade, o processo de controlar é mais complexo. Podemos defini-lo como:

> "O esforço sistemático de estabelecer padrões de desempenho, estabelecer sistema de informação, comparar o atual desempenho com os padrões determinados e medir o grau de significância dos desvios apresentados, tomando ações corretivas para assegurar que a empresa possa atingir seu grau de eficiência quanto aos objetivos definidos no planejamento."

Embora o planejamento e o estabelecimento de padrões façam parte da figura que representa o modelo do processo de controle, na realidade o processo inicia-se na medição, e supõe-se que as atividades anteriores já estejam definidas. É muito difícil pensar em controle sem planejamento ou vice-versa. Muitos autores tratam da dicotomia planejamento-controle em um mesmo capítulo, considerando que um é complemento do outro.

TIPOS DE MEDIDAS. Para determinar o desempenho atual, é necessário colher informações. Existem várias formas de colher informações para o efeito de controle, e existem vários tipos de informações. Atualmente, a tendência de colher dados estatísticos é utilizar medidas mais objetivas para o controle das atividades da empresa. Porém, o uso de observações pessoais, relatórios escritos e orais é também ainda muito freqüente. Cada uma dessas técnicas de colher dados tem seus pontos fortes e fracos, e a combinação desses métodos permite obter informações mais confiáveis, bem como ter maior número de dados.

Um problema que o administrador enfrenta é definir um modelo de controle e a especificação do que deverá ser medido. A seleção de critérios errados pode resultar em uma conseqüência muito séria e um descrédito no processo. O controle é, sem qualquer dúvida, executado em função dos objetivos da empresa, e é ele que irá determinar o que é mais importante ser medido. Se a ênfase do controle deve ser dada na área financeira, de produção ou de marketing, dependerá do que a empresa pretende como produto final.

TIPO DE COMPARAÇÃO. A comparação é a determinação entre o desempenho atual e o desejável. Essa comparação depende basicamente dos padrões. Se padrões de desempenho estão abaixo dos níveis aceitáveis, a atenção deve ser maior. A fase de comparação no processo de controle exige que os padrões sejam conhecidos, que o desempenho atual tenha sido medido e que sejam definidos os níveis de tolerância.

TIPO DE AÇÃO CORRETIVA. O tipo de ação corretiva a ser tomado para restabelecer o desempenho aceitável depende do fator medido e da decisão feita sobre as causas e a definição dos métodos de correção. Há dois tipos distintos de ação corretiva. Um é a correção imediata, que é colocação das coisas nos devidos lugares imediatamente. Outro tipo é a correção básica, que primeiro pergunta como e por que houve o desvio e depois procura fazer os ajustes de maneira permanente. Bons administradores reconhecem que devem preocupar-se mais com a correção básica.

QUALIDADES DE UM BOM SISTEMA DE CONTROLE. Existem certas qualidades que tornam um sistema de controle mais eficiente. Algumas dessas qualidades são:

- **tempo:** os controladores devem chamar a atenção do desvio a tempo de efetivar uma correção, antes que haja um prejuízo muito grande para o desempenho da organização;
- **flexibilidade:** o sistema deve ter flexibilidade para ajustar a mudança tanto das operações internas como do ambiente externo. O reconhecimento dessa mudança é uma constante que toda organização deve enfrentar;

- **economia:** embora seja um sistema de controle desejável, ele deve ser econômico para mantê-lo em operação. Não é aconselhável instalar um sistema de controle cujos custos são maiores do que os desvios esperados. Os custos normalmente aumentam com a precisão da medida;
- **ser apropriado:** para serem apropriados à natureza da empresa, tanto os padrões como os controles devem ser realísticos, aceitáveis, objetivos e bem elaborados. Essas condições são inter-relacionadas;
- **grau de compreensão:** o sistema deve ser legível tanto para o administrador que o coordena, como para os indivíduos, grupos que o interpretam e o influenciam. Na medida do possível, a simplicidade é um fator-chave para se ter um bom grau de compreensão do sistema;
- **dar ênfase às exceções:** o administrador não tem tempo para dedicar-se a rotinas, de forma que ele deve ser comunicado das exceções somente quando elas são realmente diferentes das reais.

RELAÇÃO CONTROLE/TEMPO. Existem várias fases em que pode ocorrer o controle sobre uma atividade. As fases mais fáceis de identificar são:

- antes de as atividades serem executadas; nesses casos, é denominada **pré-controle**, e seu objetivo é diminuir o efeito erro na execução de uma tarefa;
- durante a execução das atividades; é então denominado **controle corrente**, visto que procura manter sempre as atividades no curso de ação;
- após a execução das atividades; é denominado **pós-controle** e ocupa-se da avaliação dos resultados, segundo um padrão preestabelecido.

A ação corretiva dos desvios detectados pode e deve ser tomada em qualquer das fases do controle.

Além dessas fases descritas, a ação de controlar pode ocorrer a qualquer momento ou fase da tarefa, desde que já identificada uma necessidade. Por exemplo, quando a tarefa é complexa ou é um projeto de grande importância, há necessidade de um controle contínuo e sistemático, pois os riscos de sucesso ou insucesso são grandes, e um erro pode ser bastante prejudicial para a empresa.

13.4 CONTROLE NAS ÁREAS FUNCIONAIS

Nas várias áreas funcionais da organização – finanças, marketing, produção e pessoal – existem certos aspectos básicos que devem ser controlados que dão uma idéia básica do desempenho da área.

- **finanças:** na área de finanças, há dois tipos de controle a serem executados: o controle orçamentário e o não orçamentário. O orçamento financeiro nada mais é que o planejamento do uso dos recursos financeiros e a determinação de um retorno esperado após um período de gestão da empresa. Esse orçamento é verificado constantemente com o executado para sentir as diferenças e a posição atual da empresa. Nesse momento de comparação, já se inicia o controle. O controle não orçamentário na área de finanças corresponde à análise do balanço da empresa e à interpretação dos índices que esse balanço proporciona ao administrador. Outro ponto de análise é a avaliação do investimento de capital. Um padrão para a taxa de retorno sobre o investimento é esperado, e o controle determina se esse padrão foi alcançado;

- **produção:** o sistema de produção é muito complexo, e sua eficiência é medida por dois padrões: um é a quantidade e a qualidade das unidades produzidas e outro é o emprego dos recursos destinados à produção. Para determinar se esses padrões foram atingidos, vários controles devem ser efetuados na área de produção. Controle do inventário dos produtos, tanto da matéria-prima como de produtos acabados, controle de qualidade da produção em suas várias fases, controle dos custos de produção, controle do desempenho da função produção, em termos de cumprimento dos prazos de entrega, e controle dos tempos e movimentos. Cada um desses controles representa por si só um sistema, usando técnicas específicas, e fazendo parte da engenharia de produção;

- **marketing:** a lucratividade é uma unidade significativa de medida no controle da área de marketing. Medidas como volume de vendas e penetração de mercado são úteis na medida da lucratividade. Há ainda outros controles da função de marketing, tais como: controle da linha de produto para verificar em que estágio da curva da vida o produto se apresenta e o esforço de vendas por produto e por cliente que serve para identificar quais produtos/clientes são lucrativos ou não. O controle dos territórios de marketing permite identificar quais os territórios que são mais representativos no total dos lucros, em função do volume de vendas. O controle sobre o esforço de propaganda fornece informações para a tomada de decisão em dois pontos básicos da média utilizada: um é a penetração da propaganda até o cliente e outro é para onde deve ir o maior volume do orçamento de propaganda;

- **pessoal:** a empresa mantém arquivo do controle das atividades da área de pessoal por muitas razões: auxilia a solução de problemas de pessoal; serve de dados de informação para o planejamento de necessidades de mão-de-obra, de treinamento e de assistência ao pessoal existente na organização, e inclusive para conhecer o ambiente motivacional e disciplinar existente na empresa. Os principais índices medidos na área de pessoal são: índice de eficiência, índice de acidentes, índice de ausência e rotatividade e índice de emprego. A dificuldade de avaliar a eficiência da função pessoal é que existem múltiplas causas que influenciam nessa eficiência e que estão fora do controle da área de pessoal. Por exemplo, o *layout* da área produtiva.

RESISTÊNCIA AO CONTROLE. Muitas pessoas não gostam de ser controladas, mesmo que entendam a necessidade do controle. A razão disso é que, quando o sistema de controle é implantado na organização:

- os padrões são estabelecidos de forma incorreta – de forma muito rígida, sem seleção adequada, com erros;
- os padrões não são administrados de forma adequada;
- os padrões sempre tendem a ser aumentados;
- as medidas de avaliação nunca são corretas ou não refletem o esforço real;
- ações corretivas são vistas como crítica pessoal;
- há muita falta de conhecimento sobre o sistema de controle.

Isso reflete a característica de pressão em que o controle e a associação merecem recompensa ou punição. De forma consciente ou não, os indivíduos comparam o controle com a violação da liberdade e o desejo de ser o dono de seu próprio destino.

As atitudes que os indivíduos normalmente tomam contra o controle podem ser as mais variadas:

- resistência do grupo informal;
- resistência do grupo formal;
- ataque agressivo;
- neutralidade ou apatia;
- ausência ao trabalho.

Uma forma de tornar o controle mais efetivo e limitar algumas dessas atitudes de resistência é estabelecer um estilo mais liberal de administração. Mas nem sempre essa atitude é possível. O controle eficiente das pessoas é mais função da natureza do trabalho, do tipo de indivíduo e do ambiente em que se opera o controle.

Outro aspecto do controle que pode gerar conflito é a área comum que está sendo controlada por pessoas diferentes, que representamos na Figura 13.5.

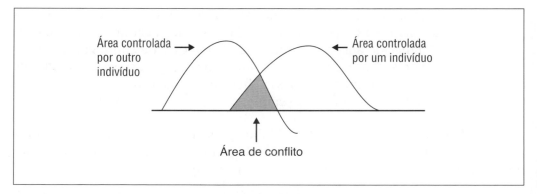

Figura 13.5 *Conflito gerado por superposição de controle.*

Nenhuma das partes está realmente procurando conflito. Cada um está preocupado com seu próprio trabalho. Porém, a certo ponto, suas áreas interpõem-se, e isso gera o conflito, pois cada indivíduo procura obter o controle sobre o montante maior de seu próprio ambiente.

Além desses problemas de caráter comportamental em relação ao sistema de controle, existem os problemas de ordem técnica, que dificultam a implantação do sistema. Um tipo de problema é a dificuldade de identificar as características para controle. Selecionar as características para medir é um problema de conflito entre as características que mais se aproximam dos objetivos da empresa e aquelas que são controláveis de forma mais econômica. Outro problema ocorre quando as informações de forma incorreta são introduzidas no canal que alimenta o sistema de controle. A rapidez ou não com que essas informações chegam ao sistema também pode constituir um problema sério ao controle. Quanto mais rapidamente chegarem as informações, menos tempo levará para que sejam tomadas as ações corretivas, evitando maiores prejuízos. O processo de estabelecer padrões é um problema em muitos sistemas de controle. Os padrões devem ser os mais precisos e comunicados para todas as pessoas que de alguma forma estejam a eles relacionadas. Muitos desses problemas podem ser solucionados desde que sejam conhecidos em suas raízes.

13.5 POSIÇÃO DO CONTROLE NO ORGANOGRAMA

Para que a função controle tenha bom funcionamento e não enfrente muitas resistências dentro da organização, é importante sua adequação à estrutura organizacional; à medida que essa estrutura vai ampliando-se com o crescimento da empresa, a função deve acompanhar esse crescimento, introduzindo elementos de controle que aumentam sua eficiência.

Embora haja grande interligação entre planejamento e controle, existe uma tendência de separar essas duas funções dentro do organograma, dando ao controle maior autonomia e flexibilidade para funcionar como órgão de investigação. Isso pode gerar algum atrito entre as duas funções, o qual pode ser amenizado dando-se à função controle conotação mais de conselheira, e não de função com poder de exercer autoridade sobre o órgão controlado.

Dessa forma, ao julgar o realizado e o planejado e constatar desvios, as ações que devam ser tomadas a fim de permitir que sejam corrigidos esses desvios deveriam ser indicadas como sugestões pela função controle. Como o objetivo de todos os membros da organização é executar seu trabalho de forma mais eficiente, e se essas sugestões são para beneficiar o desempenho organizacional, é certo que elas serão observadas.

13.6 COMO TORNAR UM SISTEMA DE CONTROLE EFICIENTE

Um controle eficiente é baseado em um Sistema de Informação Gerencial (SIG) eficiente. Um SIG pode ser definido como um método formal de dar aos gerentes informações necessárias para a tomada de decisões.

O valor das informações vindas do SIG depende de sua qualidade, tempo e relevância para a ação administrativa. Quando o sistema apresenta equilíbrio na combinação desses fatores, será considerado eficiente. Outro aspecto importante é verificar a relação de custo e benefício dessas informações, pois devem ser equilibrados.

O tipo de informações difere de acordo com o nível hierárquico que o indivíduo ocupa na organização. A alta administração necessita de informações de fontes externas, pois trabalha com planejamento estratégico. Para os administradores do meio, necessita de informações de fontes internas, pois trabalha com planejamento operacional, o que demanda detalhes e maior volume de dados.

Atualmente, o uso do computador como um elemento importante do SIG tem aumentado, principalmente para empresas em crescimento.

BIBLIOGRAFIA BÁSICA

FAYOL, Henri. *Industrial and general administration*. New York: Pitman, 1949.

KAPLAN, Robert S.; NORTON, David P. *The balanced scorecard*: translating strategy into action. Boston: Harvard Business School Press, 1996.

MOCKLER, Robert J. *The control process in business*. New York: Appleton Century Crifts, 1971.

PERLICK, Walter; LESIKAR, Raymond. *Introduction to business*. Homewood: Irwin Dorsey, 1972.

SCHENDEL; HOFER. Modelo de controle estratégico. *Academy of Management Review*, v. 18, 1979.

SCHEREYOGG, G.; STEIMANN, H. Strategic control: a new perspective. *Academy of Management Review*, v. 12, 1987.

STONER, James A. F. *Administração*. Rio de Janeiro: Prentice Hall do Brasil, 1985.

QUESTÕES PARA DISCUSSÃO E REVISÃO

1. Qual o conceito de controle que mais se adapta à administração moderna?
2. Diferencie Controle Organizacional e Operacional.
3. O que identifica um modelo adequado de controle?
4. Em que momento a empresa deve preocupar-se com controle organizacional?
5. A palavra **controle** carrega um estigma que o faz indesejável em todos os níveis da organização. Por quê? E como podemos mudar sua imagem?
6. O que significa *balanced scorecard*?

14

Administrando a Excelência e a Qualidade

"Qualidade é de graça. Não é um presente, mas é de graça. O que custa muito dinheiro é a falta de qualidade no que se faz, todas as ações que envolvem o não fazer as coisas bem feitas logo na primeira vez."

Assim começa o livro de Philip B. Crosby sobre qualidade total, *Quality is free*, que tomei a liberdade de reproduzir, pois considero uma filosofia que deveria ser seguida por todos que têm a intenção ou que efetivamente conduzem um negócio. O interesse e a iniciativa pela melhoria da qualidade total vêm sendo discutidos exaustivamente dentro da área de produção, uma vez que ela é vista como diretamente ligada ao resultado final do produto e à satisfação do cliente. Contudo, experiências mostram que toda a organização deverá estar envolvida no processo de qualidade total.

Como vocês podem observar, estamos considerando esse aspecto da administração como um processo e como tal colocado na seção do livro em que tratamos desse assunto. No decorrer do tópico, verificaremos que muitos aspectos dos processos administrativos estão comprometidos com o sucesso da qualidade total da organização, bem como todas as áreas devem ter uma parcela de tarefas a serem cumpridas para que esse objetivo seja atingido.

Os primeiros a reconhecerem que a melhoria da qualidade não é privilégio ou responsabilidade apenas do setor de produção foram os japoneses, que hoje representam os grandes competidores no mercado internacional. Vários estudos e resultados de pesquisas foram publicados sobre a forma como os japoneses conduzem seus negócios, e qual o modelo de sucesso para chegar ao ponto de derrubarem concorrentes que eram absolutos no mercado.

UM POUCO DO HISTÓRICO DESSA JORNADA. Por volta de 1926, o Japão, por motivos que fogem ao escopo deste livro, tinha consolidado seu "Primeiro Milagre Econômico". Entretanto, características não confrontativas do povo japonês levaram a um enfraquecimento das forças democráticas, o que viabilizou uma desastrosa aliança entre as forças militares e as forças industriais. O resultado, como infelizmente já conhecemos, foi a pesada derrota sofrida pelo Japão na Segunda Guerra Mundial.

Arrasado, foi ocupado depois da guerra pelos Estados Unidos. Conforme nos descreve Whitehill (1981), "devido a uma combinação imbatível de trabalho duro, determinação, orgulho nacional e a mais benevolente ocupação na história do mundo, somado a um tanto de sorte, o Japão ressurgiu como nação independente em 1952, com uma sólida base para a rápida ascensão à prosperidade e liderança industrial".

O ponto de sorte a que se refere o autor foi a Guerra da Coréia, em 1950, que despejou muitos bilhões de dólares, advindos tanto das Nações Unidas quanto dos Estados Unidos, para a produção de material de guerra. Este enorme aporte de capital foi utilizado para construir e equipar algumas das mais modernas e eficientes fábricas do mundo.

Outro fator determinante do sucesso japonês foi a introdução das idéias de qualidade total e do programa de zero-defeito, que foi levado ao Japão por W. Edwards Deming. Embora a idéia tenha nascido em solo americano, com os trabalhos de Joseph Juran, a excepcionalmente propícia base cultural japonesa, apoiada no coletivismo imposto pela reconstrução de uma país arrasado, proporciona extraordinário substrato para o desenvolvimento dessas tecnologias de produção com qualidade. Anos depois, o fantasma do zero-defeito e da tecnologia *lean manufacturing* (*just in time*) estariam assombrando as indústrias norte-americanas.

Desse esforço podemos resumir algumas considerações:

1. Os japoneses, em geral, produzem com melhor qualidade por meio do desenvolvimento direto de seus trabalhadores e altos executivos nos problemas de qualidade.

2. As empresas com os mais altos recordes de qualidade também mantêm os mais altos índices de produtividade por trabalhador.

3. O custo extra envolvido em produzir produtos de alta qualidade é a metade daquele obtido por empresas ocidentais. Ou seja, para que as empresas ocidentais consigam competir com os japoneses em termos de qualidade, gastam o dobro em custo de produção.

São esses os principais motivos pelos quais as empresas de um país que era pouco influente na economia mundial há 30 anos mostram hoje ao Primeiro Mundo que eles são bons em criar e produzir com eficiência. O Japão representa hoje a terceira onda de industrialização e, certamente, ainda dará muito trabalho no futuro.

Ao contrário da japonesa, a indústria brasileira tem contribuído para o exercício oposto da filosofia de qualidade total. Quaisquer que sejam os motivos que a levem a descuidar-se desse aspecto, a ponto de permitirem espaço para o crescimento de similares estrangeiros no país, podemos listar algumas das ações que mostram a falta de objetividade no que concerne ao destino de nossas organizações:

- falta de objetivos a longo prazo;
- falta de investimento em novos equipamentos;
- falta de pesquisa básica, falta de desenvolvimento de produtos e projetos de produtos cuidadosamente desenvolvidos;
- falta de estratégias e planos voltados para qualidade total;
- estilo administrativo inadequado. O brasileiro ainda é muito controlador e de personalidade possessiva, transmitindo esse viés para seu estilo administrativo. A filosofia de qualidade total requer participação administrativa;
- falta de programa de treinamento em várias áreas, em caráter contínuo;
- falta de preocupação com o consumidor. Acredita-se que o brasileiro é muito pouco exigente com o que consome, e isso faz com que os empresários se descuidem da qualidade dos produtos colocados no mercado. A miopia em relação ao comportamento do consumidor pode levar a uma situação irreversível para alguns produtos que hoje ainda detêm alguma parcela de mercado.

Poderíamos discorrer sobre esse tema por algumas páginas, mas, acreditando na obviedade gritante que cada um desses tópicos transmite aos leitores, iremos resumi-lo a esses indicativos de problemas e passaremos a apresentar melhor o que entendemos por Qualidade Total da Organização.

Apresentamos no capítulo sobre controle, que é uma decorrência do processo de planejamento, de alguns aspectos instrumentais e comportamentais dessa fase do processo administrativo. A obtenção da Qualidade Total da Organização utiliza muitos desses e dos demais aspectos desenvolvidos neste livro. O aspecto de avaliar uma organização é tratado singelamente pelos administradores, o que decorre do não-compromisso com conceitos sólidos de avaliação.

Quando falamos em avaliação, a recorrência imediata é de que se está falando em "valor"; portanto, é um ato de valorizar. No entanto, a avaliação é um processo que envolve apreciação qualitativa e quantitativa de: uma pessoa, ação, área de atuação ou instituição. Os procedimentos de avaliação podem envolver fatores objetivos baseados em conceitos e modelos matemáticos ou conceitos subjetivos, baseados em objetivos ideais.

A avaliação não pode ser considerada pragmática. Não está fundamentada em etapas a serem cumpridas, mas associada a posições favoráveis que a organização espera encontrar no momento de sua ação. O importante não é quanto faz melhor, mas se está fazendo melhor do que o período último de sua avaliação, tomando-se por padrões o interno e o externo tanto quanto possível. Isso significa que a avaliação, quando existente, é feita usando-se padrões de comportamento não necessariamente ligados a planejamento, mas a modelos existentes dentro de seu universo enquanto organização.

A avaliação, ao contrário do controle, pode ser desvinculada do planejamento. Como é necessária para conhecer o desempenho de uma área de atuação, atividade, programa ou instituição, pode estar relacionada a objetivos diferentes daqueles definidos no planejamento.

Observamos até agora que a avaliação só ocorre quando há uma filosofia administrativa que a adote e depende muito do estilo de liderança que for adotado. A avaliação, contudo, deve permitir:

- medir a eficácia dos programas e atividades desenvolvidos nas áreas organizacionais;
- estabelecer um inventário dos recursos humanos disponíveis nesses programas de atuação;
- dar condições políticas de estabelecer novo curso de ação para atingir nossos novos objetivos.

Os resultados desse processo dependem basicamente das informações geradas pelo sistema. Uma avaliação baseada em informações incorretas não tem qualquer significado.

O desafio de enfrentar mudanças futuras e implementar um programa de Qualidade Total na organização é muito grande e deve-se ter sempre em mente que a melhoria da qualidade é uma tarefa sem fim e de todos.

Hoje, os empresários, altos executivos e média gerência estão muito mais preocupados em gastar seu tempo na busca dos grandes vilões da história, ou seja, os culpados pelo fracasso na economia, recessão, falta de competitividade internacional. O tempo deveria ser sempre primeiro usado para buscar soluções para os problemas e depois para buscar os culpados por eles. O tempo e a energia são escassos, e enquanto estivermos utilizando-os para um fim, não poderemos usá-los para outro mais objetivo e necessário.

Os japoneses introduziram a filosofia de que, quanto mais informações possuírem sobre como as coisas acontecem dentro da empresa, mais bem preparados para enfrentar os problemas estarão; a partir daí, foram gerando formas de obtenção de dados que o sistema formal falhava em fornecer.

Com isso surgiu o Círculo de Controle de Qualidade (CCQ), que à época provocou comoção entre os administradores de Recursos Humanos e Desenvolvimento Organizacional, como a maior descoberta para a área. Na realidade, o CCQ já tinha como objetivo principal a obtenção da melhoria da qualidade da produção. Embora tenha características participativas, ou seja, faça com que os membros de vários níveis da organização participem na solução de alguns problemas, sua criação está condicionada a um reflexo favorável nos resultados finais da empresa.

Hoje podemos afirmar que o CCQ está a serviço do Programa de Qualidade Total da Organização; no entanto, não necessariamente depende dele. As diferenças entre um e outro são muitas. Uma delas é a formalidade para sua operacionalidade. O CCQ era formado por operários voluntários, que definiam projetos simples e de curto prazo, com vista nas soluções de problemas de fábrica ou administrativos, que refletiam em resultados imediatos de melhoria de relações de trabalho, qualidade de vida do trabalhador, clima organizacional, segurança no trabalho. O resultado disso só poderia refletir favoravelmente na questão da produtividade e qualidade do produto final.

A Qualidade Total da Organização é definida como um processo formal, com pessoas designadas para tal, objetivos claramente definidos e projetos de ação a curto, médio e longo prazo para que o programa tenha sucesso. Alguns programas do CCQ não dependiam de despesas adicionais, mas de vontade pessoal de mudar ou pequenos investimentos. Já o programa de qualidade total pode demandar investimentos adicionais de considerável monta que a empresa deverá estar disposta a investir.

Como esse processo deve ser visto e desenvolvido como um sistema integrativo entre as várias áreas da organização, optamos por analisá-lo do ponto de vista sistêmico, cuja configuração poderia ser definida pela Figura 14.1.

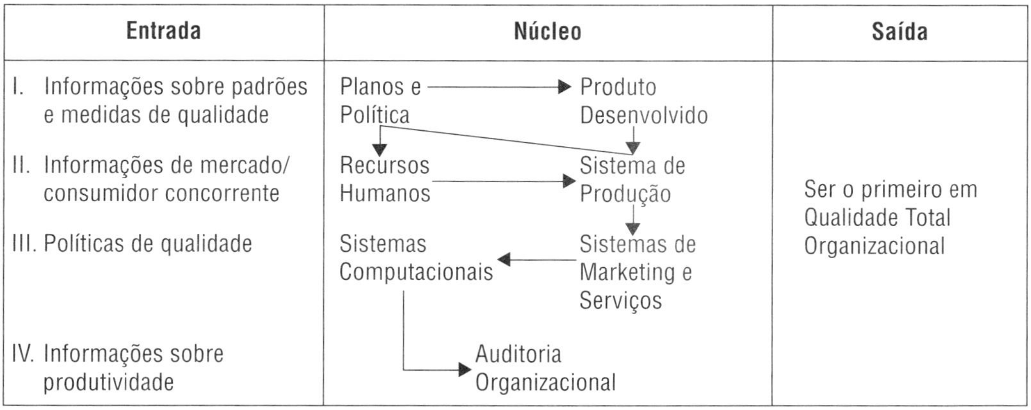

Entrada	Núcleo	Saída
I. Informações sobre padrões e medidas de qualidade	Planos e Política → Produto Desenvolvido	
II. Informações de mercado/ consumidor concorrente	Recursos Humanos → Sistema de Produção	Ser o primeiro em Qualidade Total Organizacional
III. Políticas de qualidade	Sistemas Computacionais ← Sistemas de Marketing e Serviços	
IV. Informações sobre produtividade	Auditoria Organizacional	

Figura 14.1 *Sistema de qualidade total na organização.*

Ambiente	3ª Camada de Decisão	Cliente/Mercado
Áreas	2ª Camada de Decisão	Processos
Indivíduos	1ª Camada de Decisão FEEDBACK	Produtos

Figura 14.2 *Processo hierarquizado de qualidade total na organização.*

Para a introdução desse tema neste livro, optamos por fazê-lo na Parte III, em que tratamos dos processos administrativos, e não naquela em que vimos as áreas operacionais. Essa divisão pode ser considerada meramente didática, uma vez que os processos estão contidos nas áreas funcionais. Portanto, estamos introduzindo o conceito de processo administrativo hierarquizado, ou seja, o mesmo processo, ilustrado pela Figura 14.2, deve ocorrer em todos os níveis da organização.

Ao nível da organização, deve-se sempre estar buscando informações do ambiente externo, tais como políticas econômicas, exportação, novas tecnologias, novos padrões de qualidade e produtividade da indústria, que servirão para manter a organização atualizada e alimentar seus níveis inferiores com dados para redefinir programas de ação. Como resultado dessa linha de frente de atuação, teremos clientes satisfeitos e mercado competitivo.

As áreas operacionais da organização, a partir de estratégias e políticas de atuação definidas após rastreamento do ambiente, poderão reestudar seus sistemas e redefinir seus planos de ação; como resultado, teremos sempre os sistemas administrativos atualizados e adequados para os objetivos de Qualidade Total. As estratégias de Qualidade Total da Organização deverão estar sempre presentes nesse nível de decisão.

Os indivíduos envolvidos nos processos administrativos dentro de cada área estarão preparados e motivados para produzir o melhor resultado, que poderá ser representado por produtos ou serviços. O executor está envolvido diretamente com a tarefa, aplicando as táticas operacionais de qualidade total.

Uma organização realmente interessada em melhorar sua qualidade deve ter uma política claramente definida, entendida, aceita e absorvida e vivida por todos dentro da organização. A clara definição de o que é esperado, durante todo o ano, ou período definido pelo programa, faz com que as pessoas envolvidas consigam preparar-se melhor para atingir seus objetivos. Um projeto dessa natureza não deverá, sob qualquer hipótese, ser restrito a alguns níveis hierárquicos. Uma vez que ele não contém nenhum dado sigiloso ou que possa gerar poder para quem detém a informação, não deve morrer na mesa de chefes que usam esse expediente em seu estilo de comandar.

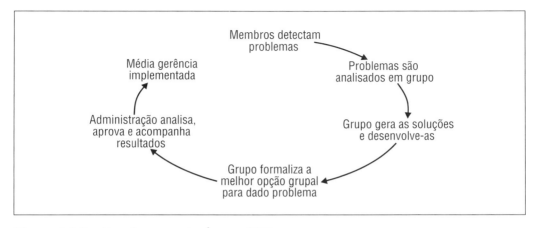

Figura 14.3 *Funcionamento de um CCQ.*

O sucesso do programa está bastante baseado na *vontade*. As pessoas com vontade e dedicação serão as grandes responsáveis pelos resultados positivos. Isso gera uma demanda na área de Recursos Humanos, com ênfase nas atividades de treinamento e relações de trabalho.

O treinamento deve ser visto como uma ação contínua que envolve tanto os aspectos técnicos do sistema de produção e computacionais, como os aspectos humanos do trabalho. Uma das fontes para aferição das necessidades de treinamento utilizadas pelos japoneses é o CCQ. Seu funcionamento, conforme é mostrado na Figura 14.3, gera um conjunto de informações suficientes para determinar pontos fortes e fracos nos vários sistemas e com isso definir programas de treinamento contínuos.

As relações de trabalho são importantes ao CCQ, pois, caso as soluções não tenham boa receptividade, ou sejam esquecidas nas gavetas das hierarquias superiores, podem provocar piora nos resultados produtivos e qualitativos.

Um fator importante para o CCQ é a correta composição do grupo. Como se trata de um grupo voluntário, deve ser o mais representativo possível e sua constituição ter transparência democrática. Conduzir o processo de composição desse grupo politicamente para que tenha representatividade partidária, sindical ou poder atuante, tanto da parte dos empregados quanto dos empregadores, é simplesmente desastroso.

Além de ter as áreas organizacionais bem representadas, o líder do grupo, escolhido entre seus membros, deve ter livre trânsito entre os níveis hierárquicos e manter diálogo sempre aberto, no papel de facilitador das negociações dos projetos de soluções apresentados pelo grupo.

Como já dissemos anteriormente, a existência de CCQ não condiciona a existência de um programa de melhoria de qualidade total da organização. Existem outras formas de participação nos problemas organizacionais; o líder de fábrica ou de produção, o líder sindical na empresa e o *ombudsman* são fontes de contribuição para obtenção de informações importantes para o programa. O importante é a filosofia e o envolvimento de todos no processo.

Além do CCQ, outros modelos que dessem ênfase à excelência organizacional foram utilizados; podemos relacionar alguns que já estiveram atuantes e desapareceram na mesma velocidade com que surgiram. Entre eles, temos:

A produção enxuta, que fez a discussão sobre qualidade evoluir. Aumentou a conscientização e divulgou a eficiência operacional a um público mais amplo. As organizações conseguiram utilizar os equipamentos mais atualizados, a tecnologia da informação e as técnicas gerenciais para eliminar os desperdícios, os defeitos e os atrasos. Inevitavelmente, a produção enxuta tem suas desvantagens: só pode ser usada em produção em massa e um pouco em atividades de varejo; em outras atividades, sua aplicabilidade fica prejudicada.

O *benchmarking* é outro modelo que mede a excelência organizacional. Ele envolve comparar as principais práticas, processos, serviços e produtos de uma empresa com os dos concorrentes ou com os melhores do mundo, não necessariamente o melhor do mesmo ramo de atividade ou do mesmo país; depois, as conclusões são utilizadas num planejamento estratégico que visa atingir ou mesmo ultrapassar o desempenho dos concorrentes numa data especificada. Alguns pontos que podem ser comparados com empresas de sucesso.

Principais vilões que afetam os resultados de uma empresa:

1. *Desenvolvimento do Produto ou Serviço*: criar, projetar e idealizar constituem-se nas atividades da área de projeto de uma organização, que é, hoje, uma das mais importantes e na qual as empresas investem pesado, pelo menos as empresas do Primeiro Mundo. Um produto bem concebido fala por si só. O marketing necessário para colocar esse produto na mão do consumidor final é apenas uma questão de veiculação. Um Renoir não precisa correr atrás de um cliente. O inverso é verdadeiro. Por maior que seja o grau de liberdade a ela atribuído, a criatividade deverá considerar sempre alguns aspectos na concepção de um novo produto, como versatilidade, adequação e qualidade, muita qualidade mesmo. A pressa é inimiga da perfeição e a imperfeição é a morte da organização.

2. *Sistema de Produção*: esse é o grande responsável por tornar realidade os projetos dos criadores do produto e também o grande vilão quando o sucesso não é atingido; não que a culpa seja toda dele, mas é mais fácil pensar assim do que pensar criticamente a sua volta. A forma de os sistemas de produção contribuírem para sua boa imagem e também para a obtenção da qualidade total é acompanhar e coletar informações ao longo do processo produtivo e não deixar por conta apenas do Controle de Qualidade ou Controle de Produção, do ponto de vista clássico da teoria administrativa. A separação simples das peças defeituosas e das boas ao final do processo é muito mais dispendiosa do que a correção do

desvio nos momentos estratégicos de produção, quando ainda alguma coisa pode ser aproveitada. O acompanhamento do processo é importante e as informações devem ser de qualidade e disponíveis a todos os envolvidos com a atividade de produção.

3. *Sistemas Computacionais*: a idéia de coletar informações a cada passo do processo e exercer a atividade de mudar o curso de ação quando necessário poderia parecer utópica e dispendiosa, se não fosse a existência de computadores a serviço da produção. O grande desenvolvimento da área de Informática no campo da produção permite hoje que tenhamos acesso a dados nunca sonhados no passado. Existem máquinas operatrizes acopladas a sistemas computacionais que produzem informações exatas e com rapidez, pois dispensam a interferência humana na alimentação dos sistemas. A reprodução desses dados em forma de relatórios e resumos dos mesmos em tela facilita ações imediatas. Paralelamente a isso, a participação do campo da Matemática e da Engenharia de Produção do desenvolvimento de modelos matemáticos permite estabelecer níveis de produtividade para sistemas específicos de produção, com participação plena dos sistemas computacionais disponíveis. Porém, a informação sozinha não adianta; precisa saber usar.

4. *Sistemas de Marketing*: os clientes estão hoje muito menos fiéis e dependentes de uma marca específica. Em determinadas camadas sociais e níveis de necessidades em que essa sociedade se encontra, a qualidade perde vez para o custo do produto, porém a busca é sempre da melhor aquisição, ou seja, da maximização de sua compra (melhor produto pelo melhor preço). Não havendo diferença de qualidade, a escolha recai no melhor preço. A disposição de pagar mais reside no fato de estar comprando um produto sem comparação.

Temos observado nos noticiários econômicos a entrada de mais itens e maiores volumes de produtos importados em nosso mercado, o que significa que há demanda. Sabemos que os produtos importados são mais caros que os chamados similares nacionais. Como definir o comportamento do consumidor nesse caso? O grande fator de decisão nesse caso é a qualidade do produto, infinitamente superior àquele produzido no país.

Os sistemas de marketing deverão estar preparados para entender o comportamento do consumidor de seus produtos e qual é a razão que leva a consumi-los ou não. Para tanto devemos lembrar sempre que o cliente é o elemento mais importante do processo. É para servi-lo que existimos e criamos uma organização. Muitas vezes, alguma reclamação é vista como incômodo, mas deveria ser entendida como um favor que o cliente está fazendo ao transmitir uma informação que permita melhorar a qualidade do produto final.

Devemos sempre olhar o cliente como aquele que gera um negócio, por meio de suas necessidades. É o responsável pelos salários dos funcionários, pela geração de recursos para investimento nas organizações e por permitir que uma empresa seja premiada como a melhor do ramo. Portanto, devemos sempre nos lembrar de que o cliente merece a maior cortesia e atenção de nossa parte.

AUDITORIA DE QUALIDADE. Já discorremos no início do capítulo sobre a concepção de avaliação, porém essa concepção só pode ser concluída com dados claros e detalhados. Ao compararmos a auditoria de qualidade com a auditoria contábil, em que os auditores vão aos mínimos detalhes de sua investigação para atestar os resultados financeiros de uma empresa, na questão da qualidade podemos traçar um paralelo. A explicação das ocorrências negativas no resultado final da avaliação da qualidade será decorrente da investigação minuciosa dos processos discutidos anteriormente. Ela é efetuada visando:

- medir as políticas sobre qualidade, se atendem aos padrões adequados ou desejados;
- avaliar os resultados obtidos, se representam os esforços despendidos para obter a qualidade total;
- garantir que os produtos e serviços alcancem as especificações estabelecidas no planejamento do programa;
- garantir que os recursos foram utilizados adequadamente.

Em muitos países, a auditoria externa é uma prática desejável e exigida, para obter-se a aprovação imediata do produto e poder colocá-lo à disposição dos consumidores. Ainda assim, não garante a aprovação pelo consumidor final.

Algumas sociedades mais evoluídas estão sempre alertas e mais exigentes em relação a essa aprovação externa. No Brasil, existe agora uma nova consciência, a partir da publicação do Código do Consumidor, porém falta empenho em popularizar os direitos do consumidor. A confiabilidade nas instituições legais, tanto para a aprovação do produto, como para defender um cliente quando lesado, ainda é muito precária. O ceticismo decorre da própria integridade e da qualidade da prestação de serviço dessas instituições. Como vemos, não dispomos de qualidade para defendermos o direito de qualidade.

A auditoria interna é mais comum, pois também é a menos comprometedora, podendo os problemas ser resolvidos sem o conhecimento do público consumidor ou usuário dos produtos ou serviços. Auditoria, controle e avaliação podem ser feitos pela área específica ou pela alta administração, na forma de comitê de avaliação.

Uma prática comum entre as grandes organizações é a preparação de relatórios anuais, em forma de brochura, panfletos ou livretos, com o objetivo de divulgar a imagem oficial da organização, podendo, assim, atrair novos fundos por meio de acionistas, novos mercados, estabelecer posição junto à indústria a que pertence. Esses dados, embora sejam sempre uma realidade, escondem padrões de comparação internos e externos, bem como a imagem percebida internamente. Esses relatórios mostram as melhores fotos da coleção; as demais ficam fora do álbum.

14.1 RECOMENDAÇÕES

Para qualquer administrador que tenha intenção de iniciar um processo de mudança para introduzir um Programa de Qualidade Total na Organização, recomendamos:

- não inicie nenhuma atividade planejada e sistemática de desenvolvimento de qualidade sem que a empresa tenha declarado, formalmente, sua postura estratégica em face da qualidade;
- a postura estratégica em face da qualidade é um objetivo e não uma função, portanto, a empresa deve saber o que quer, e cabe ao administrador assessorá-la;
- a ação em face das pessoas deve ser de educação e treinamento sobre a qualidade a ser desenvolvida de forma integrada;
- a ação em face do processo produtivo deve ser descentralizada para cada estágio da tarefa ou estação de trabalho. Cada funcionário é responsável por seu processo produtivo e por certificar-se de que ele esteja sob controle;
- a ação em face do sistema de qualidade obriga a adoção de normas de qualidade e, portanto, a definição de um órgão responsável pela qualidade.

BIBLIOGRAFIA BÁSICA

CERQUEIRA NETO, Edgar Pedreira. *Gestão da qualidade*: princípios e métodos. São Paulo: Pioneira, 1991.

CROSBY, Philip B. *Quality is free*. New York: McGraw-Hill, 1979.

_____. *Quality without tears*. New York: Plume Book, 1984.

HIRADESKY, John L. *Productivity & quality improvement*. New York: McGraw-Hill, 1988.

INGLE, Sud. *In search of perfection*. Englewood Cliffs: Prentice Hall, 1990.

RUMMLER, Geary A.; BRANCHE, Alan P. *Melhores desempenhos das empresas*. São Paulo: Makron Books, 1990.

WHITEHILL, Walter Mur. A topographical history. *Harvard Business Review*, 1981.

QUESTÕES PARA DISCUSSÃO E REVISÃO

1. O que é uma estratégia de qualidade total?
2. Quais os elementos da organização que devem ser envolvidos em um projeto de qualidade total?
3. Quais ações cada área da empresa deve desenvolver para atingir o objetivo de uma qualidade total?
4. Como deve ser visto o cliente dentro de uma expectativa de qualidade total?
5. As empresas temem sua própria avaliação? Por que não somos tão bons como os japoneses?

Parte IV

A Empresa

Apresentação da Parte IV

O homem nasce, cresce, sente necessidades e procura de alguma forma satisfazê-las, à medida que surgem. Para a satisfação dessas necessidades o homem é levado a desenvolver habilidade e aplicar esses conhecimentos no mercado de trabalho por meio de uma tarefa ou função, criando um negócio próprio.

Nessa fase, ele poderá fazer um trabalho sozinho e talvez o faça como artesão, porém, por maior que sejam seus esforços, existem restrições que o impedem de desenvolver-se e evoluir em sua atividade. Uma pessoa não é ilha; ela só se completa a partir do momento em que passa a atuar como parte de um grupo e surgem então as atividades geradas ou assistidas pelo grupo. Uma empresa nada mais é do que um grupo, formal, como já o definimos no corpo de nossa obra. A maneira como os grupos são compostos, dentro do ponto de vista empresarial, pode variar em estrutura, organização, tamanho, objetivos, direitos e obrigações. O Capítulo 15 desta Parte procura apresentar essas várias formas, bem como as leis que regem a vida de cada tipo de composição empresarial.

À medida que os grupos formais iniciam suas atividades são obrigados a atualizar-se, a desenvolver suas tecnologias e a aumentar sua vantagem competitiva, ou estão sujeitos a desaparecer, provocando, dessa forma, a necessidade de crescimento. Muitas vezes, alguns grupos não podem crescer sozinhos e procuram a união com outros grupos. Outras vezes, um grupo resolve, para atender a seu objetivo, absorver outro grupo, ou ainda outro grupo junta-se a um segundo para poderem absorver um terceiro. Essas várias formas de crescimento podem ser associadas a empresas, e pode-se estudar como o crescimento empresarial é provocado. Esses aspectos são apresentados no Capítulo 16.

Para que esses grupos tenham harmonia de vida e condição para poder atingir um crescimento desejável, há necessidade constante de conhecer, entender e participar do ambiente em que cada grupo está inserido.

15
Formas de Propriedade e de Associação entre Empresas

Entre as diversas descrições da estrutura básica empresarial, há duas que têm um significado específico: a dos tipos de propriedade e a dos tipos de organização. Em outras palavras, quais são os proprietários das empresas industriais do país e como elas estão organizadas para a consecução das operações industriais.

15.1 TIPOS DE PROPRIEDADE

Propriedade é um termo jurídico que significa o direito legal de uma coisa, ou o direito de possuir ou dispor de uma coisa. Aplicado à empresa, esse termo significa o direito de possuir o ativo de uma empresa, o direito de determinar sua política e de receber e dispor de seus juros.[1] Quando uma empresa está organizada de tal forma que um grupo exerce esses direitos e benefícios em favor próprio, ela é privada. Se esses direitos correspondem a agências políticas, ou seja, a go-

---

1   No termo *propriedade*, inclui-se o domínio sobre o que se possui. Apesar disso, desde o desenvolvimento da sociedade anônima ou corporação há uma certa tendência a separar a propriedade do domínio. Com isso, queremos dizer que, não obstante todos os direitos de propriedade estarem nas mãos dos acionistas, as condições práticas obrigam a que a direção dos assuntos da sociedade passe às mãos dos funcionários e diretores, muitos dos quais são acionistas da empresa. Esse poder é tão substancial que os que exercem a direção usufruem praticamente de todas as vantagens da propriedade, e muitas vezes com maiores poderes que os proprietários legais. Para uma discussão completa desse assunto, veja o trabalho de Berle e Means, *The corporation and private property*.

vernos municipais, estaduais ou federais, a propriedade é pública. Em alguns poucos casos, os elementos da propriedade encontram-se divididos de tal modo que dela participam tanto indivíduos, como organismos públicos. Nesse caso, podemos falar de unidades de economia mista, e, apesar de serem pouco numerosas, as condições atuais permitem que pensemos em um aumento considerável desse tipo de empresa.[2] Portanto, há três tipos principais de propriedade – privada, pública e mista –, e cada uma pode adotar formas diferentes, e é nessas formas que encontramos a estrutura e as características básicas da empresa industrial.

15.2 FORMAS DE PROPRIEDADE PRIVADA

As empresas privadas adotam uma das cinco formas básicas: (1) propriedade individual, (2) associação, (3) corporação, (4) combinações de corporação e (5) organização cooperativa (incluindo mutualistas). Uma empresa pode organizar-se sob qualquer das formas mencionadas, mas geralmente se prefere apenas uma delas. A escolha depende do estudo cauteloso de certo número de fatores, entre os quais encontramos os seguintes: quais são os promotores e quais são suas idéias sobre as diversas formas de organização; natureza e tamanho da empresa, capital que necessita e os meios para consegui-lo; tempo de entrada em operação comercial; método e volume de produção; tipo de mercado a ser abastecido e sistema de vendas; condições de concorrência da empresa escolhida; método de distribuição dos benefícios e obrigações da empresa, assim como a influência de todas as leis e regulamentos governamentais relativos à empresa privada. À luz desses fatores, cada forma de organização da propriedade tem características especiais, que a tornam apropriada para certos tipos de atividades econômicas.

15.2.1 Propriedade individual

Quando a empresa é de pequeno porte, requer pouco capital, e pode ser dirigida por uma só pessoa, e é provável a adoção da forma de propriedade individual ou indivisível. A pequena oficina mecânica, a marcenaria, a impressora gráfica, a fábrica de conservas alimentícias e muitos outros tipos de empresa adotam essa forma de propriedade. Nesse caso, um só indivíduo promove a empresa, consegue terreno para construí-la, compra as máquinas e dirige os trabalhadores pessoalmente nas operações de manufatura. A empresa não precisa neces-

---

[2] Um exemplo, ainda que não o mais apropriado, é o caso em que a propriedade (título) de uma empresa se encontra de posse do público, enquanto a direção está em mãos de um grupo de diretores privados. Veja nota anterior.

sariamente ser muito pequena, mas também não será muito grande. Um empresário sozinho, que opera em seu próprio nome, encontra dificuldades quanto ao tipo prático para acumular ou conseguir capital. Por isso, há forças que restringem a escala de suas operações e limitam suas possibilidades de expansão mesmo quando as condições se apresentam favoráveis. Além disso, nos dias de hoje, as empresas requerem grau crescente de especialização, que, por sua vez, exige especialização em sua direção. Mesmo que o proprietário individual consiga criar um quadro de funcionários competentes, é bem provável que as tarefas de direção geral e a de coordenação estejam acima de suas possibilidades quando a empresa crescer mais do que ele esperava. O conhecimento das responsabilidades frente aos credores e frente a todos os que tenham reclamações de sua pessoa, não somente no valor de seus negócios, mas também de suas propriedades privadas, tem sido de forte influência para persuadir os empresários individuais sobre a conveniência de adotarem alguma outra forma de propriedade na organização de sua empresa.

Evidentemente, aquele que não abandonou a propriedade individual não o fez porque ainda tem certas vantagens nela. Uma delas é a facilidade com que se pode colocar em andamento uma empresa desse tipo, pois ela oferece muitas possibilidades ao homem de idéias e de recursos limitados. O indivíduo pode trabalhar por conta própria, contanto que tenha pago uma pequena cota referente a licença e tenha cumprido as regras locais de seu tipo de atividade. Como se trata aqui de um negócio próprio, ele tem todas as motivações necessárias para realizar seu esforço máximo. Se ele contrata auxiliares, pode trabalhar diretamente com eles, ensinando-os a executar as tarefas com perfeição, tendo a vantagem de saber como eles realizam exatamente as tarefas pedidas. Aos poucos, ele adquire a tecnologia para os negócios e chega a conhecer conscientemente cada uma de suas fases. Assim, ele pode tirar grandes proveitos das oportunidades que se apresentam, devido a sua liberdade e iniciativa e também à rapidez com que pode tomar uma decisão. O conhecimento de sua propriedade, saber o que lhe pertence, dá-lhe orgulho e satisfação em seu trabalho, e também nos resultados que obtém, além do sentimento de prazer e segurança que sente ao saber da liberdade que possui. Esses fatores, unidos ao fato de que muitas empresas têm de ser pequenas por sua própria natureza, possibilitaram que o número de propriedades individuais se mantivesse bastante grande, embora nos dias de hoje o volume de suas operações constitua uma pequena porcentagem do volume de operações da indústria.

15.2.2 Associação

A necessidade de evitar os inconvenientes da propriedade individual é talvez a razão principal da existência da associação como forma de propriedade. Nela, duas ou mais pessoas associam-se com o propósito de dirigir a empresa. Cada uma realiza parte do trabalho, e sua associação oferece à empresa um capital maior e um número maior de trabalhadores qualificados para as operações da empresa, assim como uma direção que tem o interesse próprio, como um incentivo para o êxito. A organização associada forma-se tão facilmente como a empresa individual. Mediante um acordo oral ou escrito,[3] os sócios esboçam a natureza de sua empresa, indicam seus direitos e obrigações e determinam as participações correspondentes a cada um e a forma de divisão dos benefícios. Em linhas gerais, fixam os termos e condições relativos à empresa de sua propriedade. Os interesses dos sócios não têm de ser necessariamente iguais. Eles podem formar uma associação limitada, na qual um ou mais sócios (geralmente, os que contribuem com dinheiro ou patentes sem ter participação ativa na empresa) ficarão com as responsabilidades das dívidas ou da associação em proporção a sua inversão na empresa. Nesse caso, basta que se registre um simples certificado de associação para que a firma fique legalmente autorizada para exercer negócios, especialmente se a associação tem uma razão social que não coincide com os nomes verdadeiros de seus sócios.

As vantagens adicionais da associação desaparecem e aparecem desvantagens sérias. No caso de a sociedade ter dívidas, os bens da sociedade e também os pessoais dos sócios ficam embargados. Cada sócio é responsável frente aos credores pelo total das dívidas da firma, e não somente pela parte proporcional de sua participação. Essa obrigação é imposta por lei, e somente os sócios limitados podem livrar-se dela em poucas situações. Um sócio pode responder pelos demais e cada sócio é responsável pelas ações de seus associados. Os desentendimentos entre os sócios levam com freqüência a atrasos e dificuldades que podem colocar em perigo a empresa. A morte de um sócio dissolve automaticamente a sociedade. Isto é devido ao fato de que a lei limita a associação aos termos de uma relação pessoal, associação esta que termina quando um dos associados falece. Pode, em casos como este, ver-se a firma em uma posição difícil, obrigada a encerrar suas atividades em um momento que talvez seja altamente inconveniente. Essa desvantagem não impediu que houvesse muitas associações sólidas, mas exerceu forte influência na tendência a adotar a forma de propriedade conhecida por sociedade anônima ou corporação, que, como veremos a seguir, está isenta de muitas das desvantagens das associações.

15.2.3 Organização cooperativa

---

3   Quando dois ou mais indivíduos se associam em uma empresa comum, que tem por direito os elementos da associação, os tribunais declaram normalmente que existe a sociedade, para proteger os credores, além de outros propósitos, ainda que não se faça contrato de associação oral ou escrito.

Uma associação cooperativa tem alguns dos elementos de uma grande associação e muitas das características da sociedade anônima, apesar de ser bem diferente das duas. Somente no século XIX (1844) é que a organização cooperativa apareceu, de forma prática, em Rochdale, Inglaterra, onde um grupo de pessoas formou uma associação e criou um armazém de vendas a varejo para se abastecer de alimentos e outras mercadorias. Tratava-se de uma cooperativa de consumidores cujo objetivo era suprimir os benefícios dos intermediários. Com o passar do tempo, as sociedades cooperativas inglesas aumentaram em número de membros e começaram a entrar nas vendas ao atacado, na fabricação, no cultivo e na produção de matérias-primas. A idéia de cooperativa expandiu-se pela Europa e em muitos países formaram-se numerosas sociedades. O movimento nos Estados Unidos é de menor importância.

O principal postulado da associação cooperativa é a eliminação do benefício e dos danos econômicos, na suposição de darem lugar a um sistema econômico neles baseado. No sistema cooperativista, as empresas são formadas para abastecer seus membros a preço de custo. As sociedades cooperativistas podem ser simples associações, do tipo de uma sociedade com muitos sócios, ou ainda podem ser organizações com certos privilégios bem parecidos com os de uma sociedade anônima. Os membros pagam cotas ou compram ações da sociedade. O número total de ações que um membro pode adquirir está geralmente estipulado nos estatutos, e, ao contrário das sociedades anônimas, cada membro tem voto único, independentemente da inversão de capital que tenha feito na cooperativa. Deste modo, assegura-se a democracia econômica na operação da sociedade e torna-se impossível que uma pessoa ou um pequeno grupo de pessoas adquiram o domínio da empresa, por meio de sua forte participação em ações da empresa acompanhada de um número muito elevado de votos. Quando a sociedade é pequena, pode organizar-se da mesma forma que a associação. Geralmente, a sociedade cooperativa precisa e procura contar com um número elevado de membros e, como um ponto de conveniência para sua direção, rotula-se como organização que não visa à obtenção de benefícios. Na maior parte dos países, uma sessão especial da lei das sociedades anônimas regula a formação de sociedades desse tipo. Quando se integra dessa forma, a sociedade cooperativa funciona de forma semelhante a uma corporação, possuindo funcionários eleitos, conselho administrativo e assembléias periódicas de acionistas. Na maioria dos casos, a empresa é dirigida da mesma forma que uma companhia ordinária que visa à obtenção de benefícios, mas que a intervalos fixos de tempo faz uma distribuição entre os membros da sociedade dos benefícios obtidos por meio de dividendos proporcionais às ações possuídas, ou de acordo com o volume de negócios de cada membro da empresa.

Existem muitas classes de organizações cooperativas. As cooperativas de consumo estão formadas geralmente pelo público e realizam operações comerciais a varejo, como, por exemplo, a venda de roupas, alimentos, gasolina e outras empresas que operam com mercadorias de consumo, e oferecem serviços destinados aos consumidores finais. Outras, chamadas de cooperativas de produtores, estão formadas principalmente por produtores de cereais e outros produtos agrícolas, pecuaristas de corte e leite, produtores de laticínios e fruticultores. A maior parte dessas associações emprega o princípio cooperativo para permitir que seus membros comprem implementos no atacado, eliminando os intermediários, e também para vender seus produtos coletivamente, assegurando uma entrada máxima. Pode-se colocar aqui a dúvida de que este não seria um tipo verdadeiro de cooperativa, mas eles empregam forma idêntica de organização, e muitos de seus princípios de atuação. As associações de construção e financiamento e certos tipos de uniões de crédito são exemplos da aplicação do princípio das cooperativas no campo das finanças. Elas permitem àqueles de poucos recursos a aquisição de uma casa ou a obtenção de empréstimos a juros relativamente baixos. Outras associações oferecem seguros contra incêndios, seguros de vida, de automóveis etc., em base cooperativa. Muitas associações e companhias mutualistas empregam princípios cooperativos, mas nem por isso temos em todos os casos o conceito amplo de cooperativa.

No caso da Grã-Bretanha, da Escandinávia e de outros países da Europa, as associações cooperativas dedicadas aos processos de fabricação ocupam lugar de primeira importância, mas nos Estados Unidos seu número é insignificante. Há muitas razões para explicar o fracasso das cooperativas fabris nos Estados Unidos. Com freqüência muitas associações carecem de pessoal diretivo de alto nível entre seus associados e não estão dispostas a empregar estranhos e pagar-lhes um salário equivalente ao das companhias normais. Em muitos casos, a direção das associações cooperativas vê-se distanciada de suas determinações e operações pela intervenção de membros com voz ativa na empresa. Muitas associações têm que fazer frente também a atividades sociais, e estas, com freqüência, dão lugar a tensões que repercutem no volume de produção. Por essas razões, as associações cooperativas tiveram pouco êxito no campo da atividade fabril nos Estados Unidos.

15.2.4 Sociedade anônima

NATUREZA DA SOCIEDADE ANÔNIMA. A sociedade anônima é uma unidade econômica artificial. A lei torna possível sua criação e regula grande parte de suas operações. Uma vez formada, a sociedade anônima tem seu próprio nome e um *status* jurídico independente de seus acionistas. Ela pode estabelecer inquéritos e ser processada por seu próprio nome, adquirir propriedades e exercer muitos dos direitos e privilégios que a lei garante a pessoas físicas. Sua vida está limitada nos estatutos a um número determinado de anos, variando sua duração em cada país, mas pode renovar sucessivamente, e isso a torna permanente, a menos que os acionistas procedam a sua liquidação voluntária, ou sejam obrigados a fazê-lo devido a fracasso nos negócios.

A estrutura individual básica da empresa é muito simples. É composta de um número de acionistas que são os verdadeiros proprietários da sociedade, de um conselho administrativo eleito para determinar a política e a direção dos assuntos da empresa e de um grupo de altos funcionários que dirigem ativamente seus assuntos. Em muitas sociedades anônimas, ainda que existam exceções, há outro grupo de pessoal, os detentores dos bônus que investiram no negócio em troca de um montante de juros já garantidos.

FORMAÇÃO DA SOCIEDADE ANÔNIMA. Em geral, é formada por um grupo pequeno de pessoas interessadas, capazes de dar dinheiro, edifícios, equipamentos, patentes e outras propriedades fixas e pessoais para que a companhia possa iniciar suas atividades. Às vezes, essas pessoas realizam somente os serviços de promoção e organização, recebendo como pagamento salários ou ações da companhia. Elas decidem sobre a razão social, a localização e o caráter do negócio. Geralmente, fixam a capitalização da sociedade e o número, valor e tipo de ações que irão ser emitidas. Também determinam a política básica que servirá de guia nas atividades da companhia. A maior parte dessa informação fica incluída no pedido de patente que se faz logo que a companhia tenha estabelecido sua sede. É necessário pagar certas quotas e cumprir certas regras até que a organização seja autorizada a iniciar suas atividades. Uma vez concedida a patente, prepara-se um selo com o nome da sociedade, que é a parte legal da firma, e fixa-se seu sistema de contabilidade. A seguir, convoca-se uma assembléia de acionistas da companhia para eleger o conselho administrativo, aprovam-se os estatutos que definem a sociedade e as obrigações dos funcionários e fixam-se as regras para dirigir a sociedade, decidindo-se outros assuntos próprios das reuniões de acionistas. Estes podem eventualmente eleger certo número de funcionários da sociedade, porém geralmente essa função é do conselho diretivo. Uma vez que a organização está completa e as exigências estatais e federais estão preenchidas, fixa-se a venda das ações, e sua subscrição fica aberta ao público. Nesse ponto, a sociedade está pronta para funcionar.

TIPOS DE CAPITAL POR AÇÕES. Apesar de existirem muitas variações no capital comercial, basicamente há dois tipos: ações ordinárias e preferenciais. O capital autorizado de uma companhia por ações divide-se nas duas classes, e cada ação individual é um múltiplo conveniente do montante total da classe a que pertence. Seu montante é determinado de acordo com o método de financiamento, o tipo de pessoas que irão participar na inversão e a forma como os acionistas podem dispor de suas ações nos mercados financeiros. Assim, as ações têm um valor fixo, mas em muitas sociedades as ações comuns podem ter o valor nominal de um dólar, ou ser estimadas como ações sem valor **a la par**. Independentemente da fixação do valor das ações, seu valor real dependerá da valia líquida dos bens da companhia, de acordo com seus balanços, ou da valorização delas nos mercados de capitais.

VANTAGENS DA ORGANIZAÇÃO DE SOCIEDADE ANÔNIMA. Uma das principais vantagens é a forma de abordar os problemas financeiros e de propriedade. Por meio da venda de milhares de ações entre pequenos e grandes investidores, a sociedade anônima pode obter capitais ilimitados que lhe permitem cobrir as necessidades de capital das empresas industriais modernas. Os proprietários individuais e os associados, que não têm acesso a essa grande quantidade de investidores, também não têm a possibilidade de estender sua capitalização imediata e indefinidamente. A corporação também proporciona grande flexibilidade às propriedades da empresa. Os investidores podem tornar-se donos parciais de uma companhia pela simples compra de ações e podem dispor delas com a mesma facilidade. As ações (propriedade) podem mudar de dono sem que isso influa na posição ou nas atividades da companhia em questão.

Ao contrário do caso dos proprietários individuais ou associados, a responsabilidade dos acionistas de uma sociedade anônima limita-se a seus investimentos reais no negócio. O fato de não correrem perigo de perda de suas propriedades móveis ou imóveis superiores à quantidade investida em ação faz com que as pessoas estejam dispostas a participar da propriedade das sociedades anônimas, ajudando assim a ampliar o mercado das transações de ações. Uma influência semelhante está no fato de, caso um acionista faleça, não ocorrer nenhuma mudança na corporação; suas ações simplesmente passam a outra pessoa, enquanto a sociedade continua suas atividades normalmente. Evitam-se assim grandes perturbações no funcionamento da companhia. Essas vantagens – a facilidade de adquirir grandes volumes de capital, a flexibilidade da propriedade, a responsabilidade limitada dos acionistas e a continuidade da companhia no campo dos negócios independentemente da morte ou incapacidade de seus acionistas – dão à corporação uma superioridade sobre as outras formas de propriedade comercial.

ACIONISTAS DA SOCIEDADE ANÔNIMA. O domínio final da sociedade anônima está nas mãos dos acionistas, por meio do direito de voto em assembléias ordinárias ou extraordinárias, elegendo o conselho administrativo e aprovando a política geral, e também em outras fases do negócio, porém nem todos os acionistas têm direito a voto. Na maior parte dos casos, as ações comuns têm direito de voto, mas recentemente formaram-se muitas sociedades em que esse direito foi estritamente limitado. Os possuidores de ações ordinárias correm esse risco porque não têm a menor segurança na obtenção de juros de seus investimentos. Encontram-se dependentes do êxito da empresa e somente recebem dividendos com base nos lucros que restam quando exigências dos credores são pagas, e depois dos possuidores de bônus e ações preferenciais. Apesar de seu risco ser elevado, sua propriedade residual na empresa produz com freqüência muitos lucros, caso a sociedade anônima seja altamente rentável. Isso pode resultar em uma partilha de altas somas de dividendos, e também em um aumento no valor de suas ações. Apesar de isso ser praticamente uma regra, nos últimos anos as manipulações de valores e os abusos na direção das sociedades deram margem a dúvidas sobre as vantagens das ações ordinárias.

Os possuidores de ações preferenciais podem ou não compartilhar do domínio e do êxito da empresa. Na maior parte dos casos, não têm o privilégio do voto. Eles, geralmente, são pessoas que não querem participar ativamente nos assuntos da sociedade e preferem obter juros fixos para seu investimento em vez de aceitar o perigo de perdas com a esperança de obter maiores lucros.

Muitas vezes, em vez de pagar os dividendos em moeda, as sociedades preferem pagá-los em ações. Há várias razões que justificam essa prática. No momento em que se paga em ações, os lucros obtidos permanecem na empresa, e permitem cobrir outros propósitos, além de permitirem sua expansão. Ao aumentar o número de ações não pagas, o preço delas no mercado financeiro diminui, produzindo maior movimento de ações no mercado de valores. Além disso, consegue-se que grandes dividendos pareçam pequenos ao público que, com freqüência, critica os grandes lucros das sociedades anônimas. Também, forma-se a idéia de que a classe de atividade que a empresa tem é pouco lucrativa, não atraindo os competidores potencialmente interessados em áreas de lucros elevados. O aumento de número de ações divide às vezes o direito de voto entre tantos pequenos acionistas que eles não se preocupam mais em participar de assembléias, passando assim o domínio da sociedade a um pequeno grupo de pessoas com seus próprios interesses. Por trás dos dividendos e das ações, encontram-se motivações boas e más, porém, para que as vantagens dessa prática sejam conservadas sem permitir sérios abusos, os possuidores de ações e o público devem exercer vigilância constante.

DOMÍNIO DA SOCIEDADE ANÔNIMA. O verdadeiro domínio da sociedade anônima está nas mãos do conselho administrativo e dos altos funcionários da empresa. Os acionistas, verdadeiros proprietários, são muito numerosos, têm interesse insuficiente e reúnem-se esporadicamente para poder exercer um domínio concreto sobre a sociedade. Além disso, a direção de área da sociedade consiste no exercício efetivo do domínio e esta é a função da direção. Grande parte das sociedades tem uma direção que se esforça honestamente para o sucesso da empresa, mas existem provas de que nos últimos anos a separação propriedade/direção deu lugar a grandes abusos.[4]

---

4 BERLE e MEANS: The corporation and private property; RIPLEY, William Z. *Main Street and Wall Street*; LAIDLER, Harry W. *Concentration of control in American Business*; também podemos consultar *Proceedings on the Senate Temporary National Economic Comitee* (criado de acordo com a Pub. Res. 113, 75th Cong.) e *Senate Investigation of Stock Market Practices* (1933-1934).

VANTAGENS DA SOCIEDADE ANÔNIMA DO PONTO DE VISTA DE SUAS ATIVIDADES. Apesar de haver criado sérios problemas em todas as fases da vida econômica e social, as sociedades anônimas são um instrumento que apresenta grandes vantagens para as empresas industriais, como forma de propriedade e de atuação. Oferecem um mecanismo excelente para a movimentação de grandes capitais necessários nas atividades industriais modernas. Permitem extensa especialização na direção, na equipe, nas organizações das fábricas, na mão-de-obra ou nos sistemas de vendas. Aumentando a flexibilidade da propriedade, limitando as responsabilidades pessoais e permitindo continuidade quase perpétua da companhia, sem que se produzam interrupções por morte de seus membros proprietários, a sociedade anônima vence algumas das dificuldades mais sérias que as propriedades individual e associada apresentam.

Apesar de ser sujeita a corrupção, ineficiência e estagnação, como todas as outras formas de organização econômica, é provável que ela sofra estagnação nessas condições, já que deve enfrentar uma série de problemas contra sua vitalidade.

A sociedade anônima não pode operar de forma antiquada, como, por exemplo, é perfeitamente possível para o proprietário individual, que tem somente a si próprio para satisfazer. Ela tem responsabilidade direta frente a seus investidores, os quais exigem e esperam resultados concretos; não pode desviar sua atenção dos fracassos, recorrendo a truques políticos e emotivos, como acontece entre diretores de empresa de propriedade pública e privada. A corporação encontra-se submetida às críticas dos investidores, dos competidores, do trabalho e do público. Ela tem que competir ativamente para obter capital em dinheiro, terras, matérias-primas, diretores treinados e mão-de-obra especializada para que suas operações sejam eficientes e para que seu mercado se amplie cada vez mais. Até as maiores sociedades anônimas, muitas das quais pareciam ditar suas próprias leis, ficaram obrigadas a prestar contas de seus atos. Resumindo, podemos dizer que, considerando-se os aspectos bons e maus da história das sociedades anônimas, não existe instrumento mais adequado para enfrentar os complexos problemas das empresas industriais.

15.2.5 Combinações de sociedades anônimas

O invento da sociedade anônima individual como unidade de negócios não parou nessa realização. As condições que deram lugar a esse tipo de desenvolvimento sugeriram também a combinação de duas ou mais sociedades anônimas. Os promotores das empresas raciocinaram da seguinte forma: se suas vantagens tornavam a sociedade anônima uma forma mais conveniente que a propriedade individual, existiria sempre a possibilidade de obter maiores vantagens mediante expansão da idéia fundamental dessas sociedades. Assim, parte pelas condições existentes nas empresas industriais e parte pelas razões que induziram os promotores a tentar novas formas de organização de negócios, um novo capítulo foi desenvolvido na história das sociedades anônimas.

A essência desse desenvolvimento está na união, seguindo diversos sistemas de duas ou mais sociedades e em seu domínio ou operação, por um único interesse, o do proprietário. Depois de 1875, apareceu de forma definida o movimento, que foi acelerado nos anos 1897-1903 e 1925-1929 e durante as duas guerras mundiais. O segundo período foi o de união de numerosas empresas, formando cadeias, com a consolidação no campo dos serviços públicos, cinematográficos, nos grandes armazéns e em muitas organizações de vendas. O setor industrial foi de grande atração para essa consolidação desde o início do século.

Criou-se uma literatura sobre as empresas de grande escala, sobre a concentração e combinação de sociedades, que explora os motivos das combinações e os que serviram de fundamento, os métodos usados e os efeitos públicos, econômicos e sociais. O tema é importante, mas não podemos tratá-lo a fundo.

As estruturas industriais básicas são de nosso interesse e é bom notar que a tendência à fusão e combinação de sociedades inclui novos métodos de propriedade e de domínio das empresas, e que foram somadas a ela a propriedade individual, a associação e a sociedade anônima simples.

A FUSÃO. Não consiste em novidade; ocorre quando a sociedade A adquire todo o ativo da sociedade B (e provavelmente de outras), ou as funde com sua própria organização existente, ou forma uma nova sociedade, combinando em uma única empresa várias outras, antes independentes. A febre da fusão ocorreu entre 1990 e 1999; foi o período da aquisição, principalmente na Europa.

FUSÃO, AQUISIÇÃO OU ABSORÇÃO. Fusão é uma estratégia em que duas empresas concordam em reunir suas operações em uma base de relativa igualdade, uma vez que juntas criam uma vantagem competitiva. Aquisição é uma estratégia em que uma empresa compra outra e exerce 100% de controle e transforma-a em uma subsidiária. Absorção é um tipo de aquisição sem o consentimento da empresa que foi adquirida; ela é feita para atender a interesses de acionistas. Aquisição é a prática mais utilizada para gerar crescimento e criar vantagem competitiva.

MÉTODOS IRREGULARES DE ASSOCIAÇÃO DE SOCIEDADES. Novas unidades de negócios aparecem quando a consolidação não oferece como resultado a fusão total, mantendo o caráter independente das empresas que dela participam. Para evitar as sanções das leis contra o truste, para se prevenir das leis do governo e por várias outras razões, recorrem-se a métodos irregulares que equivalem a fusões livres, mas que não dão lugar a novas unidades. Entre esses métodos, encontra-se o "acordo entre cavalheiros", as direções entrelaçadas, as patentes e outros métodos de domínio que permitem que um grupo de companhias atue em conjunto em certas fases de suas operações, ou que dão o domínio a um grupo de uma única empresa. Quando se utilizam esses sistemas, as companhias participantes conservam sua identidade independente, e encontram acordos de trabalho com diversos propósitos: restrição da produção, controle do emprego do equipamento industrial, eliminação de competidores, repartição dos mercados, regulamentação de preços com vista a interesses mútuos, divisão dos benefícios ou demanda de relações comuns a operário/padrão. Alguns desses ensaios, tendendo a conseguir vantagens da combinação, tiveram pouca duração, porque entraram em choque com as leis contra os trustes, que perseguiam as práticas monopolizadoras. Outros fracassaram porque não havia um método eficaz para obrigar os membros independentes a manterem os acordos em grupo. A mudança nas condições existentes dá oportunidade a determinado membro para obter fortes benefícios e vantagens, abandonando o acordo de grupo e operando por conta própria. Quando isso acontecia, as conseqüências eram fatais para a combinação. Em outros casos, as companhias competidoras não pertencentes ao grupo foram suficientemente fortes para tornar a atuação do mesmo impossível.

O TRUSTE. O desejo de superar as falhas dessas combinações irregulares teve sem dúvida um papel tão importante como a evolução da organização industrial, na busca de novas formas de combinação de sociedades. A primeira delas foi o truste. Nele, transfere-se um número suficiente de ações que incluem o domínio do voto de várias companhias a um conselho ou junta de síndicos. Os acionistas originais recebem um certificado que lhes assegura uma parte proporcional dos lucros das ações que são dominadas. Geralmente trata-se de grandes acionistas, que são os que se beneficiam das operações do truste. Com o domínio de várias companhias em suas mãos, os síndicos podem eleger os conselhos administrativos e nomear funcionários que tomem a seu cargo a realização dos propósitos perseguidos com a formação do truste.

COMPANHIAS MATRIZES (*holding companies*). Quando a condenação pública destruiu a utilidade do truste, recorreu-se às fusões ou às companhias matrizes para continuar a realizar combinações. Como no caso do truste, a companhia matriz era um novo tipo de unidade no campo da economia. Permitindo que as companhias combinadas conservassem sua identidade original, a companhia matriz evitava muitos problemas que surgiam na fusão das empresas. A formação desse tipo de combinação é também mais fácil, porque se realiza mediante a manipulação de valores. O procedimento normal é negociar com certo número de empresas e chegar a um acordo no preço de compra de cada uma delas. Constitui-se, assim, a companhia matriz com uma capitalização suficiente para pagar todos os proprietários originais, em dinheiro ou em ações, restando um excedente para promotores e banqueiros. Uma vez adquiridas, podem-se hipotecar as propriedades ao público, mediante emissão de bônus, e empregar o dinheiro obtido na compra de propriedades adicionais. Quando chegam à forma externa (como acontecia com freqüência no fim da segunda década do século XX), as companhias matrizes adotam uma estrutura piramidal, ou seja, um número de companhias agrupam-se sob uma matriz, e várias matrizes desse tipo agrupam-se em outra companhia matriz, e assim sucessivamente. Os arranjos para financiamento em uma pirâmide desse tipo eram feitos de tal forma que a companhia matriz estava no ápice, dominando muitas vezes um enorme império industrial, por meio do desembolso de dinheiro proporcionalmente insignificante, realizado pelos promotores e banqueiros.

Os objetivos principais na formação de unidades de negócios supra-associados são legítimos em muitos sentidos, e em outros ilegítimos e socialmente danosos. Quando podemos obter vantagens de grande escala convenientes para a empresa, sem incorrer em monopólios, e sem fraudes ou abusos que afetem os operários, o movimento para a integração pode ser desejável tanto econômica como socialmente. O fato de alcançarem muitos dos objetivos legítimos é talvez a razão pela qual as supracorporações têm conseguido aumentar em número e prosperar, apesar de o público norte-americano ter profunda antipatia por monopólios nos campos industrial e comercial. Quando as unidades de negócios combinam-se para explorar o público investidor, limitar a produção, controlar o uso do equipamento de fábricas e do comércio, eliminar a competição, repartir os mercados, regular os preços em benefício de seus interesses egoístas, ocultar os benefícios, sonegar os impostos e travar relações com os operários contra eles, as combinações passam a funcionar fora da lei, e são indesejáveis do ponto de vista social. Contra esses abusos, e não contra as empresas que se mantêm dentro da lei, é que as antigas leis contra os trustes são dirigidas.

Apesar da imponente legislação contra os trustes, das decisões judiciais e de outros métodos menos formais para atacar as combinações indesejáveis, parece que, qualquer que seja a solução, esta tem que se encontrar em uma posição evolutiva mais adiantada que as unidades de negócios, evolução esta que pode ter a influência do tempo e da experiência. Enquanto isso, permanece a vigilância eterna por parte dos interessados contra os abusos – investidores, operários e outras pessoas afetadas no campo industrial pelo monopólio, competidores e governo, além do interesse do público em geral.

Temos assim que as formas principais de propriedade privada de uma empresa industrial são: a propriedade individual, a associação, a associação cooperativa, a sociedade anônima e a companhia matriz, no caso da combinação de sociedades. A tendência atual é converter cada um desses tipos em um instrumento especializado para a realização de certos propósitos da organização industrial. Em todos eles, incluindo o caso da associação cooperativa, o elemento básico é a obtenção dos benefícios privados, e é secundário que o público em geral obtenha vantagens. Para tratar das estruturas cujo objetivo principal é o bem-estar do público, é necessário considerar todas as formas de propriedade pública.

15.3 FORMAS DE PROPRIEDADE PÚBLICA

As razões para o estabelecimento de empresas de propriedade pública por parte dos governos são as necessidades e o bem-estar público, embora outros motivos possam contar com certa importância, como, por exemplo, empregos para os defensores de um partido político. Não se pretende que toda a população compartilhe dos benefícios das empresas públicas; alguns extratos do público podem beneficiar-se direta e materialmente, enquanto outros obterão somente benefícios contingentes. Também não queremos dizer que a promoção de empresas públicas se realize, na maioria dos casos, sem esperar os benefícios no próprio sentido da palavra.

Muitas empresas públicas operam de forma similar às privadas e tratam de obter benefícios com suas atividades. No caso desse tipo de empresas, a consideração básica é o bem-estar geral do público; se os benefícios são obtidos, eles são empregados conforme os interesses imediatos do público, e não em benefício privado.

As atividades dos governos foram conduzidas essencialmente por meio de agências e organismos públicos. Mesmo no caso de terem base econômica, há forte tendência para empregar medidas políticas: leis, regulamentos e departamentos governamentais. A participação do governo em escala crescente é mais concreta nas atividades econômicas. A ampliação dos sistemas políticos usuais é um resultado óbvio de nosso estudo sobre a intervenção crescente do governo na vida econômica. Mas também adota formas empregadas no campo das empresas privadas.

SOCIEDADES PÚBLICAS. Está tornando-se de uso crescente o sistema da sociedade que adquire a forma de sociedade anônima pública. Aparentemente, essa é a direção principal que no futuro a organização das atividades do governo tomará. A sociedade pública não é essencialmente pública nem privada em sua estrutura. Ela combina elementos de ambas, ou melhor, é uma unidade de economia mista. Deixando de lado, por enquanto, os motivos que deram lugar à criação dessa unidade, perguntamos como se promove, organiza e opera e quais são as características principais desse tipo de sociedade.

Os promotores ativos estão nos departamentos da administração e organização governamental. Um presidente, um governador de Estado, um prefeito de cidade, o diretor de um partido político, o secretário do Tesouro ou da Agricultura podem constituir pessoas defensoras das propostas do governo para iniciar uma empresa do tipo econômico.

Os governos estaduais e locais empregam esse tipo de empresa para a criação e manipulação das atividades econômicas. Além disso, os três tipos de governos (municipal, estadual e federal) empregam muitas formas indiretas de participação ativa na direção de empresas industriais e seus negócios. É quase certo afirmar que as mudanças que ocorrem nos dias de hoje em relação às empresas privadas darão lugar à formação de muitos tipos novos de propriedade e de administração das empresas industriais.

BIBLIOGRAFIA BÁSICA

BERLE, MEANS. *The corporation and the private property*. Publicação do Senado Americano.

HILL, Michael; DUANE, Ireland. *Strategic management*. South Western College Publishing, 2001.

LAIDLER, Harry W. *Concentration of control in American business*. Publicação do Senado Americano.

QUESTÕES PARA DISCUSSÃO E REVISÃO

1. Em uma sociedade de economia capitalista, qual a forma de propriedade que mais ocorre?
2. Quais as diferenças de responsabilidade que mais se destacam na sociedade anônima e na companhia limitada?
3. O que é cooperativa e em que situação ela é mais adequada?
4. Diferencie propriedade pública de propriedade privada.
5. O que é uma *holding*?
6. Qual a diferença entre fusão, aquisição e absorção?

16

Criação e Expansão da Empresa

16.1 CRIAÇÃO DE EMPRESAS

A satisfação pessoal de possuir e construir uma empresa própria é uma motivação importante para tornar-se um empreendedor. O desejo da interdependência econômica por meio de uma empresa bem-sucedida é um atrativo para muitas pessoas; o risco de ter ou não sucesso compensa a satisfação de ter um negócio próprio.

Uma vantagem para iniciar um novo negócio é que facilita a determinação da natureza e do local da operação e não fica limitada a algumas imposições de terceiros. Podemos optar pela mais moderna ou alta tecnologia, treinar o pessoal, segundo suas necessidades, estabelecer seus principais objetivos, planos e desenvolver um sistema adequado de monitoração de resultados, com maior grau de liberdade.

Existem também algumas desvantagens na criação de uma empresa própria. A imposição no mercado, tanto consumidor como fornecedor, é uma barreira a ser transposta. Os recursos financeiros, no início, são uma demanda maior e mais difícil de obter. Atrasos ou erros de previsão inicial, associados à experiência dos empreendedores, contribuem para as dificuldades operacionais iniciais.

O que é, propriamente, um empreendedor? Segundo Cole, "é o agente responsável por iniciar, manter e consolidar uma unidade empresarial, orientada para o lucro, através da produção de bens ou serviços".

Em outras palavras, é o indivíduo disposto a enfrentar os problemas colocados anteriormente, porém com motivação para enfrentar qualquer dificuldade.

Ser um empreendedor não significa enfrentar a guerra sozinho, mas certamente é a maneira mais fácil de iniciar um novo negócio e jogar com as várias possibilidades, de maneira mais dinâmica.

Para que um indivíduo possa iniciar um negócio por conta própria, tudo o que precisa é dispor da documentação necessária, dentro das leis e dos regulamentos vigentes no país. Dependendo do tipo de produto ou serviço que a empresa desenvolverá, há leis especiais a serem seguidas, tais como poluição ambiental, preservação ecológica etc.

Essa é também a forma mais simples de encerrar qualquer atividade. O único e absoluto dono do negócio decide fechar suas portas e apenas liquida suas contas, cancela suas licenças e coloca uma placa na porta: "atividades encerradas".

Quando colocamos o problema dentro dessa óptica simplista, parece mais uma brincadeira irresponsável do tipo "se deu certo ótimo, se não deu, acabou-se a brincadeira". A criação de uma empresa, porém, é um esforço que envolve certos riscos e responsabilidades sociais. Ao decidirmos por sua criação, alguns passos devem ser respeitados:

- **concepção da idéia:** ao decidir criar uma empresa, é absolutamente importante TER UMA "BOA IDÉIA". A garantia do sucesso é o reflexo do produto ou serviço que a empresa irá gerar. Nem sempre grandes descobertas científicas ou invenções fabulosas tiveram qualquer sucesso como bem de consumo;
- **estudo de viabilidade econômica e tecnológica:** seria muito bom que esse estudo tivesse uma característica formal e um princípio científico do estudo, porém nem sempre isso é possível, devido às restrições de recursos de um empreendedor. Quando existe um grau de conhecimento do produto, quer de sua comercialidade, quer de sua exeqüibilidade, o estudo poderá ser informal;
- **reunião de recursos necessários:** todos nós sabemos que, para iniciar uma atividade industrial ou comercial, necessitamos de um conjunto de recursos que são: materiais, financeiros, humanos. A capacidade do empreendedor de reunir esses recursos já representa uma parte de seu sucesso futuro;
- **localização física:** neste livro, discorremos sobre a importância da localização física e do *layout* de uma empresa, qualquer que seja o seu porte. Microempresas, muitas vezes, iniciam-se no lugar disponível, sem muitos critérios de solução. No entanto, para um negócio em que haja envolvimento de alta tecnologia, a localização e o arranjo físico do negócio devem ser bem planejados;
- **formalização legal:** quando todos os itens citados já tiverem sido estudados, definidos e planejados, podemos passar para a finalização da criação da empresa. Essa é a fase da legalização das atividades, me-

diante seus registros e o trabalho de divulgação do empreendimento, a fim de criar-se uma imagem de mercado.

16.1.1 Incentivos para a criação de empresas

Um dos fatores importantes para o fomento de criação de empresas é o apoio governamental, por meio de seus agentes planejadores das áreas de economia prioritárias, do desenvolvimento tecnológico, do incentivo à pesquisa, de agentes financiadores e de bancos de desenvolvimento.

Os países do primeiro grupo dão grande ênfase a programas de incentivo para a criação de empresas. Estados Unidos, Inglaterra, França, Japão e, mais recentemente, Itália são exemplos de países que detêm uma política de desenvolvimento para pequenos empreendedores ou empreendedores de alta tecnologia. Apesar de a Itália não ser considerada país do Primeiro Mundo, seu incentivo ao desenvolvimento tecnológico do país leva a grande interesse pelos empreendimentos de alto risco.

O crescimento do número de empresas por conta de empreendedores significa um crescimento da economia do país, além de demonstrar interesse no avanço e na renovação de sua tecnologia. Para que esse apoio se configure como parte do programa de governo, há preocupação em criar órgãos governamentais, regulados por leis dos Congressos, que definem funções específicas que são: assistência financeira, administrativa, legal, promoções de treinamento gerenciais, seminários de desenvolvimento e divulgação tecnológica e publicações especializadas.

No Brasil, assim como na grande maioria dos países da América Latina, ainda não há consciência da importância de um programa de incentivos a empreendedores. Observamos, muito recentemente, a situação de quase sucateamento do parque industrial e tecnológico da Argentina.

Os bancos de desenvolvimento nacionais e estaduais representam hoje papel importante na orientação e no incentivo à criação de empresas no Brasil, porém estão ainda muito restritos às ações políticas dos governos centrais e submetidos às limitações financeiras, decorrentes da situação econômica pela qual o país está passando no momento.

Assim como qualquer tipo de empresa, existem os riscos que todo empreendedor enfrenta, que são:

- mudanças no nível geral de economia do país;
- mudanças na demanda de necessidades do consumidor;
- ações tomadas pelos competidores;
- ocorrência de desastre natural;
- administração inadequada.

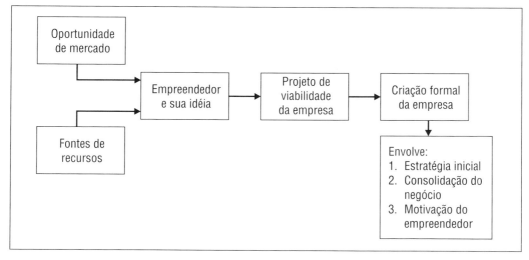

Figura 16.1 *Fluxo processual necessário para a criação de uma empresa.*

A vontade de criar uma empresa não significa que o empreendedor tenha de fazê-lo sozinho. Como já dissemos anteriormente, existem outras formas de criar um empreendimento, por meio de associações com outras pessoas, previstas em lei, que facilitam romper algumas barreiras iniciais.

Freqüentemente, uma empresa de um só empreendedor tem capacidade limitada para crescer ou mesmo sobreviver. Um sócio ou vários sócios permitem a distribuição de responsabilidades e dão maior sustentação financeira ao empreendimento. O Quadro 16.1 permite-nos observar com maior clareza as diferenças entre ser um empreendedor individual ou por meio de uma associação com outros membros.

Quadro 16.1 *Fatores de comparação entre formas de propriedade.*

Fatores	Corporação	Sociedade	Indivíduo
Facilidade de criação	Maior complicação	Complicação média	Simples
Duração	Limitada pelo sucesso da operação	Limitada pelo acordo entre sócios	Limitada pela vontade do dono
Flexibilidade da atividade	Limitada pela estrutura da corporação	Limitada pelo desejo dos sócios	Ilimitada
Propriedade, administração e controle	Pulverizados e descentralizados	Exercidos pelos sócios	Exercidos pelo dono
Informação sobre atividades e desempenho	Pública para acionistas e em geral	Conhecida pelos sócios Pode não ser pública	Conhecida pelo dono Não é pública

16.2 EXPANSÃO DA EMPRESA

O crescimento da empresa não pode ser considerado como necessário apenas em termos de aumento da riqueza de seus proprietários. Embora seja difícil provar, podemos afirmar que só excepcionalmente uma empresa pode ficar estática durante muito tempo sem ter como conseqüência a perda de sua capacidade de sobreviver. Muitas empresas que fecham espontânea ou forçadamente o fazem porque seus dirigentes pretenderam mantê-las sem qualquer transformação, por longos anos.

A sobrevivência contínua da empresa por um tempo indefinido só pode ser conseguida se os dirigentes permanentemente estiverem empenhados em seu crescimento ou modernização. No crescimento, há aumento de alguns números-chave indicativos do tamanho da empresa, como número de empregados, capital, faturamento etc. Na modernização, esses números ficam imutáveis no tempo, mas há de quando em quando alterações na forma de operar, no tipo de equipamento, no produto ou serviço que garante uma adaptação à tecnologia, à concorrência, à legislação e aos usos e costumes da comunidade.

Crescimento e modernização podem ser conseguidos de maneira segura quando forem alternados, ou seja, primeiro o esforço do crescimento e depois o da modernização.

Uma ação pró-crescimento seguida de outra pró-modernização, outra pró-crescimento, e assim indefinidamente. Pelo lado negativo, se uma empresa não se modernizar, irá gradativamente perdendo a capacidade de crescer, ou, visto de outro modo, se uma empresa não tem capacidade para crescer, isso é provavelmente decorrência de falhas incorridas nas ações pró-modernização.

O crescimento, como demonstração de vitalidade da empresa, tem efeitos secundários importantes, como:

- criar condições facilitadoras sob o aspecto financeiro, pois leva à demonstração externa de vitalidade, que repercute favoravelmente na cotação das ações, o que facilita a obtenção de créditos e a gestão da empresa, dando condições para que ela cresça ainda mais;
- criar condições facilitadoras sob o aspecto humano, pois é uma fonte de motivações pelo desafio a enfrentar devido à confiança que os empregados depositam nos administradores.

Evidentemente, a diminuição da empresa cria efeitos contrários aos mencionados, a menos que haja um efeito de modernização que justifique e contrabalance os efeitos secundários nos aspectos financeiro e humano.

16.2.1 Categorias e formas de crescimento

O crescimento das empresas apresenta múltiplos aspectos, e para estudá-los é necessário proceder a uma classificação que permita organizar os conceitos. Evidentemente, na prática a grande maioria dos casos é uma mescla de várias categorias e formas. Isso não invalida as vantagens de organizar os conceitos, considerando casos puros para melhor entender os casos mistos de várias categorias existentes na realidade.

Quanto à forma, o crescimento pode ser:

- crescimento interno;
- crescimento externo.

A conceituação de cada uma dessas formas é intuitiva. Associada a ela, há ritmos diferentes de crescimento. No crescimento interno, o caso típico é o desenvolvimento contínuo no tempo, enquanto no externo é geral o crescimento em saltos, devido a eventos isolados no tempo, como aquisição de outra empresa, abertura de uma filial etc.

Quanto às categorias de crescimento, podemos ter a seguinte classificação:

- puro;
- vertical;
- horizontal;
- por agrupamento;
- concêntrico.

A explicação de cada uma dessas categorias de crescimento acha-se resumida no Quadro 16.2; posteriormente, abordaremos pormenorizadamente cada um desses aspectos.

Quadro 16.2 *Categorias de crescimento na empresa.*

Categorias de crescimento	Forma de crescer	
	Crescimento interno	**Crescimento externo**
PURO	Aumento da produção da empresa sem mudança de tipo de produto ou serviço ou do tipo de materiais comprados no mercado.	Aquisição de outra empresa similar ou abertura de filiais e agências em outras regiões.
VERTICAL	Acréscimo de tipos de equipamento para executar operações que antecedem ou sucedem as já existentes.	Fusão de duas empresas de processos sucessivos da mesma indústria.
HORIZONTAL	Acréscimo do novo produto, mantido o ramo de negócio, ou seja, sem alterar o tipo de equipamento.	Fusão de empresas similares dentro do mesmo ramo.
POR AGRUPAMENTO	Acréscimo de novo produto de outro ramo de negócio com processo produtivo diferente dos já existentes.	Ligação de empresas de ramos e de indústrias diferentes.
CONCÊNTRICO	Mantendo um produto central comum e acrescentando apenas produção.	Ligação de centros de produção, porém mantendo o mesmo produto central.

16.2.2 Crescimento interno

O que é o crescimento interno da empresa? Existem várias formas de medir o crescimento de uma empresa; podemos agrupá-las, considerando a área de marketing e os investimentos que a empresa faz. Na área de marketing, os índices mais representativos são: aumento absoluto de vendas que decorre do aumento na demanda da indústria, mudança na demanda local e investimentos que podem significar aumento no ativo, ampliando a capacidade de produção da empresa.

Nesse sentido, dizemos que o crescimento é a obtenção de um aumento repentino e acelerado das fontes internas, aumento esse dado pelos índices de avaliação da empresa.

Ao analisarmos uma empresa segundo algumas características dadas no Quadro 16.3, podemos concluir que, quando uma empresa passa de uma categoria para outra, os aspectos organizacionais tornam-se mais complexos, alterando a estrutura organizacional e os sistemas de planejamento e controle.

Se a empresa cresce dentro de uma mesma categoria, ela só vai crescer em volume de trabalho, aumentando o número de pessoas que fazem a mesma coisa. Dessa forma, as mudanças de suas características organizacionais serão muito pequenas.

Depois de passada a fase de sobrevivência, uma empresa tem de forma implícita ou explícita como objetivo crescer ou ser bem-sucedida nos negócios. Podemos concluir que a empresa, ao chegar no limite máximo de crescimento dentro de uma mesma categoria, terá forçosamente que passar para outra categoria para poder manter o índice constante de crescimento. Com isso, deverá estar preparada para enfrentar os problemas de mudanças organizacionais que o crescimento exige.

Quadro 16.3 *Os estágios do crescimento organizacional.*

Categoria de crescimento / Característica de campanha	Puro	Vertical	Horizontal
1. Linha de produto	Produto único	Linha de produto único	Linhas múltiplas de produto
2. Distribuição	Por um canal	Por um conjunto de canais	Canais múltiplos
3. Medida de desempenho	Por contato pessoal e critérios subjetivos	Utilização de critérios em função do custo	Utilização de critérios de mercado
4. Estrutura organizacional	Pouca estrutura formal	Especialização baseada na função	Especificação baseada no produto
5. Sistema de controle	Controle pessoal das decisões estratégicas e operacionais	Controle pessoal das decisões com delegação das operacionais	Delegação de decisões de mercado-produto com controle dos resultados

Deixamos de analisar a categoria de crescimento por agrupamento, pois esse tipo exige análise das características de todas as empresas que foram agrupadas para definir qual o novo estilo organizacional a ser adotado.

16.2.3 Crescimento externo

As empresas optam pelo crescimento externo por diferentes propósitos, e o fazem de diferentes maneiras. Associando o Quadro 16.3, na tentativa de explicar por que as empresas crescem externamente, temos o seguinte:

- **economia de escala:** para combinar excesso de capacidade produtiva de uma com o excesso de pedidos de outra (crescimento puro ou horizontal);
- **assegurar mercado consumidor/fornecedor de matéria-prima:** uma empresa é consumidora do produto da outra (crescimento vertical);
- **eliminar flutuações em seu lucro:** duas empresas com produtos diferentes para serem consumidos em épocas diferentes (crescimento por agrupamento);
- **para eliminar competição:** é muito comum e trata-se de crescimento puro.

Com isso, temos as seguintes relações:
- duas empresas juntam-se, mas apenas uma sobrevive:

$$\boxed{\text{Empresa A}} + \boxed{\text{Empresa B}} = \boxed{\text{Empresa A}}$$

Esse tipo de combinação é o que os americanos chamam de *merger*.
- duas empresas juntam-se, porém dessa junção surge uma terceira empresa:

$$\boxed{\text{Empresa A}} + \boxed{\text{Empresa B}} = \boxed{\text{Empresa C}}$$

Essa fusão denomina-se amalgamação. Cabe aqui fazer a seguinte ressalva. Em nossa linguagem, amalgamação, fusão, junção têm o mesmo significado. Porém, quando se trata de junção entre empresas, é válido fazer a diferença acima.
- quando duas ou mais empresas combinam-se, porém continuam operando em indústrias totalmente diferentes, formam o conglomerado.

Qualquer dos dois tipos mencionados pode ser feito tanto dentro da categoria vertical como horizontal de crescimento, enquanto o tipo C, denominado conglomerado, ocorre no tipo de crescimento que chamamos de agrupamento. Os tipos A e B são mais bem exemplificados na Figura 16.2.

Existem outros tipos de combinações que não se enquadram nos estudados, mas que, de uma forma ou de outra, também contribuem para o crescimento da empresa. Os tipos mais comuns são o de consórcio e o *holding*. O consórcio ocorre quando duas ou mais empresas se unem para combinar forças para uma única ação. Elas concordam em dividir lucros, despesas e responsabilidades administrativas para essa única atividade. Aqui no Brasil, é muito comum acontecer entre empresas que produzem equipamentos pesados para usinas hidrelétricas, como Itaipu. Dentro da categoria *holding*, a empresa principal é uma empresa que não mantém controle ativo sobre as empresas secundárias, apenas retém algum mon-

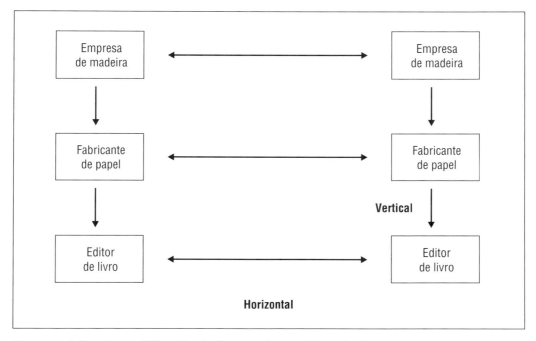

Figura 16.2 *Exemplificação de formas de combinação de empresas.*

tante das ações dessas empresas. Os dividendos dessas ações tornam-se os lucros das empresas principais.

É muito importante para o estudioso da teoria administrativa conhecer alguns dos principais aspectos das leis que comandam o crescimento organizacional, porque isso faz parte do mundo que governa o mercado competitivo dos negócios. Uma empresa que não tem preocupação em crescer de uma forma ou de outra tende a desaparecer. A própria evolução tecnológica que anda em ritmo acelerado exige preocupação dos empresários em crescer e acompanhar esse ritmo.

As pressões competitivas são ainda as forças mais potentes que governam a evolução das empresas.

ALGUMAS ESTRATÉGIAS DE CRESCIMENTO. Conseguir sucesso competitivo e dar continuidade a esse sucesso é o objetivo final de toda empresa; se isso significa crescer, podemos considerar algumas possibilidades. A primeira é lucrar mais por aumento de preço unitário, podendo com isso atender melhor às necessidades dos acionistas.

Outra possibilidade é crescer aumentando a participação no mercado atual sem comprar novas empresas, considerando apenas o fator da vantagem competitiva que essa detém, em relação a seus concorrentes.

A possibilidade de crescer, aumentando a participação no mercado atual, por meio de aquisição dos concorrentes, requer investimento que pode ser considerado de impacto, mas pode provocar renúncia aos lucros. Nesse caso, deve-se considerar a real situação das empresas concorrentes no mercado, que eventualmente poderiam ser compradas.

A forma de crescer pela entrada em novos mercados depende muito da qualidade do negócio. A globalização permite hoje maior facilidade de expansão em outros países, mas também requer grande investimento inicial, além de bom conhecimento sobre o comportamento do mercado externo.

E por último, melhorar a competitividade da empresa, que seria a alternativa prioritária. Criar vantagem competitiva depende da geração de idéias.

16.2.4 Terceirização

As mudanças no campo da Administração são tão dinâmicas, que às vezes nem bem absorvemos uma tendência por parte das empresas e logo se inicia outra. Vimos no início dos anos 80 a importância de fusão de empresas e o surgimento de grandes conglomerados. A impressão que se tinha na época era de que quanto mais independente a empresa se tornasse, mais garantia de sucesso teria e maior sua importância na economia, com a geração de milhares de empregos, espalhados por todo o país.

No Brasil, surgiram os programas de incentivos para que as grandes empresas se estabelecessem no Norte e Nordeste, provocando dessa forma a mudança no cenário econômico e sociocultural dessas regiões menos desenvolvidas e impossibilitadas de operarem na economia agrícola. Surgiram iniciativas das empresas multinacionais e das grandes empresas nacionais, tanto na tentativa de diversificar suas atividades como na de ampliar sua produção atual de forma mais econômica, pela redução de taxação sobre o produto.

Hoje, estamos vendo o processo inverso: muitas empresas das regiões Norte e Nordeste do país já interromperam suas atividades ou venderam suas instalações para outros setores da economia, tentando enxugar seus custos de produção. O desenvolvimento regional é discutível, porém a mudança é um fato. As sociedades locais foram despertadas para necessidades até então desconhecidas e exigem a continuidade do desenvolvimento econômico, apesar de o governo não estar mais disposto a continuar com os incentivos. Resta então a atual tendência da iniciativa privada, na busca de alternativas para a manutenção do crescimento econômico.

Uma das formas adotadas pela empresa para reduzir seus custos foi enxugar suas estruturas, cancelando divisões inteiras e dispensando seus altos executivos. Com isso, o mercado de trabalho foi premiado com mão-de-obra com alta qualificação técnica e administrativa e sem nenhuma oportunidade. Esse fato levou à necessidade de ter idéias criativas de absorção dessa mão-de-obra. Surgiram então os pequenos negócios que hoje já estão tendo papel significativo para nossa economia. Essa tendência estamos chamando hoje de terceirização.

O que significa terceirização? Como hoje os preceitos modernos de administração apontam para direções diametralmente opostas, as palavras-chave são: enxugar, conter custos, aumentar eficiência e produtividade, ser flexível, reduzir preços finais, ser competitivo sem perder a qualidade. Para atingir esses objetivos, as empresas procuram concentrar seus esforços em sua atividade principal e repassar para terceiros as tarefas secundárias de apoio. A terceirização, além de atender aos objetivos expostos, também cumpre papel social e econômico.

O papel social e econômico é cumprido por meio do incentivo aos altos executivos que estão deixando as empresas para desenvolver seus próprios negócios com a garantia da empresa de origem. A terceirização tem algumas vantagens, como: cliente garantido, tecnologia já desenvolvida e testada, assistência administrativa e comercial. Isso proporciona uma vantagem sobre os pequenos empresários não terceirizados.

Para a terceirizadora, ele pode garantir um fornecimento de bens ou serviços e ela fica segura de que a qualidade será mantida como se o profissional terceirizado estivesse produzindo dentro de seus domínios.

Isso parece um conto de fadas, porém, como tudo, há iniciativas bem-sucedidas e algumas não tão bem-sucedidas. A idéia é boa; só devemos saber como tratá-la. Alguns cuidados devem ser tomados tanto pela terceirizadora como pela terceirizada. Alguns problemas já foram detectados pelos assessores que trabalham com esse tipo de empresas. O interesse em manter domínio sobre a terceirizada é um dos problemas a serem eliminados no processo. A dependência de um único cliente torna a terceirizada muito vulnerável. Deve-se diversificar sua carteira de cliente, com critério. Existe a angústia de que o crescimento da terceirizada faça cair a qualidade do produto. Há o conflito de interesses humanos quando a atividade exige que os funcionários da terceirizada trabalhem lado a lado com os da terceirizadora. Esse é um campo rico para que a administração explore e busque soluções que façam com que essa tendência tenha uma sobrevida maior.

Algumas sociedades estão mais evoluídas no processo de terceirização do que a do Brasil. Ainda estamos testando o sistema com muita cautela e desconfiança. Como nosso estilo de direção é mais autocrático do que os de outras culturas, gostamos de centralizar mais nossos poderes e, com isso, somos mais refratários a mudanças. Os serviços são mais terceirizados do que as atividades que envolvem aspectos de produção propriamente ditos. As atividades de alimentação, transporte, manutenção, assistência técnica, que pesavam em nossas estruturas, são naturalmente terceirizadas. Algumas atividades de projetos e componentes de produtos estão agora iniciando-se na linha de terceirização. Em termos de áreas de economia, as mais ativas são as multinacionais com atividade local e as grandes empresas brasileiras que já foram influenciadas pelas multinacionais. O ramo do setor público é o mais refratário a essa tendência.

BIBLIOGRAFIA BÁSICA

COLE, A. H.; KURILOFF, F. *Entrepreneur and administration of small business*. New York: John Willey, 1979.

DRUCKER, Peter F. *Inovação e espírito empreendedor*. São Paulo: Pioneira, 1987.

LEONARDOS, R. B. *Sociedade de capital de riscos:* capitalização de pequena e média empresa. CODIMEC, 1985.

POE, Jerry B. *Introduction to business administration*. Homewood: Richard D. Irwin, 1983.

SANTOS, Silvio A. *Criação de empresas de alta tecnologia*. São Paulo: Pioneira, 1987.

QUESTÕES PARA DISCUSSÃO E REVISÃO

1. O que leva um indivíduo a empreender um negócio que envolve riscos?
2. Quais os aspectos mais importantes envolvidos na criação de uma empresa?
3. Após um período de sua criação, o empreendimento passa ao processo de expansão. Quais são as formas de crescimento?
4. Quais são os estágios de crescimento de um empreendimento?
5. Qual a relação existente entre crescimento e formas de associação?

17

Papel Social das Organizações

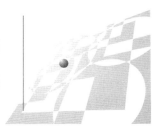

Dentro da teoria clássica de administração, a preocupação principal das organizações era a de obter maior lucro para seus membros, quer fossem acionistas quer não. Com o surgimento de novas teorias e o próprio desenvolvimento técnico e científico do mundo, as pessoas que contribuem de alguma forma, quer como consumidores ou fornecedores de produtos, quer como parte do processo produtivo desses produtos, passaram a ter uma importância se não maior, pelo menos diferente. Com isso, surgiu, paralelamente ao objetivo de crescimento e desenvolvimento das organizações, o objetivo social, ou seja, as empresas passaram também a ter uma responsabilidade social junto a seus empregados, consumidores, acionistas e toda a comunidade em que elas atuam. Muitas das questões sobre responsabilidade social da empresa têm sido centradas nas grandes instituições como um tipo de instituição social. Não devemos, entretanto, perder de vista a importância da responsabilidade social das pequenas empresas.

A inter-relação da organização com seu ambiente nunca foi tão intensa como nos dias de hoje. As decisões feitas em organizações grandes e complexas não só influenciam a prosperidade comunitária, como também as atividades nacionais e internacionais. Se uma organização resolve transferir seu parque industrial para uma pequena cidade do interior, essa decisão irá alterar toda a vida dessa comunidade, podendo inclusive alterar pólos de desenvolvimento nacional, como foi a implantação de indústrias no Norte-Nordeste do Brasil, visando desenvolver essa região do país. A sociedade tem tomado consciência de tal inter-relação e fica atenta a cada decisão de grandes organizações que possa acarretar mudanças desse tipo. Como resultado disso, as empresas devem tomar suas decisões, considerando as conseqüências sociais que elas podem acarretar.

Há três considerações básicas para aumentar o interesse dos administradores, empresários ou acionistas no papel social das organizações:

1. Eles têm sido **forçados** a preocupar-se mais com a sociedade mais bem informada e a ser mais exigentes de seus direitos e da preservação de leis que asseguram seu bem-estar e até sua sobrevivência.
2. Têm sido **persuadidos** a tornar-se mais atentos, pelo fato de estarem participando no desenvolvimento de atitudes e valores da sociedade.
3. O próprio desenvolvimento de teorias administrativas modernas, tais como ecologia de empresas, não pode ficar esquecido pelos administradores, pois, se não acompanharem esse desenvolvimento natural, sua empresa tenderá a desaparecer.

Um dos problemas enfrentados pelos administradores é o de definir com certo grau de precisão a real responsabilidade social com que cada uma das empresas deve arcar. A resposta a essa questão irá variar, dependendo das fontes que usaremos para análise da mesma. Precisamos primeiro conceituar o que entendemos por responsabilidade social.

Segundo Carrol (1979), "a responsabilidade social das organizações diz respeito às expectativas econômicas, legais, éticas e sociais que a sociedade espera que as empresas atendam, num determinado período de tempo".

A primeira consciência da responsabilidade social de uma empresa resulta geralmente de crises contestatórias. O papel social de uma empresa em particular dentro do ambiente em que atua é definido muitas vezes pelas próprias reações desse ambiente. As contestações podem vir de dentro da empresa, seus empregados solicitando melhor ambiente de trabalho, ou de fora, mediante solicitação por elementos da comunidade, de menos poluição, ou de outros benefícios que deveriam ser gerados pela empresa, uma vez que ela está utilizando-se dessa comunidade para poder gerir seus negócios.

A responsabilidade de uma empresa não pode ser encarada com olhos míopes. A análise das relações que estabelecem entre as empresas e as diversas partes que compõem seu ambiente deve ser feita com o objetivo de buscar uma consciência global.

Com efeito, o conjunto de ações que a empresa produz provoca um choque ou uma satisfação para essas partes, dependendo da estratégia utilizada. Com base nessas ações, estabelecem-se relações complexas e diferenciadas entre as diversas partes do sistema global. Cada elemento do sistema vai manter uma relação que satisfaça a suas necessidades e as empresas devem estar preparadas para atender a todos os elementos do sistema.

O primeiro tipo de relação é o indivíduo. O homem que trabalha na empresa não é um indivíduo isolado. Ele é um componente da força de trabalho que a empresa utiliza, ao mesmo tempo, é membro da comunidade onde vive, cidadão, um consumidor em potencial e, eventualmente, um acionista. O julgamento que o indivíduo faz sobre a empresa e o tipo de contribuição social que ele espera resultarão da síntese desses papéis em que ele atua.

O segundo tipo de relação refere-se aos consumidores em geral. As informações que eles deverão receber da empresa, a atenção e a lealdade em relação ao produto que está sendo colocado no mercado traduzem-se em satisfação do consumidor sobre os bens e serviços consumidos e devem ser preocupação constante das empresas.

O terceiro tipo de relação é com a comunidade local. Essa é uma relação difícil, pois as empresas poderão sofrer pressões dessa comunidade que prejudiquem as operações da empresa. A comunidade espera que a empresa sirva como um elemento de melhoria das condições econômicas da comunidade, com oferta de emprego e manutenção dos padrões sociais e poder aquisitivo; existe também o problema de ecologia que defende a preservação do ambiente e a conservação da riqueza cultural do povo.

A questão de atuar socialmente na comunidade está evoluindo muito junto às grandes empresas, tanto no financiamento de projetos sociais, como na participação direta de empresários e funcionários em ações sociais comunitárias.

A questão do papel social das organizações não tem consenso dentro da teoria administrativa. O ponto polêmico é definir o que é papel social e o que é paternalismo. O assistencialismo defendido como pano de fundo das campanhas de empresas solidárias pode mascarar o verdadeiro motivo que rege a cabeça dos empresários. Essa política é louvável do ponto de vista de filantropia, mas, por outro lado, provoca um acomodamento forçado das efetivas ações sociais.

Existe interesse dos marqueteiros de melhorar a imagem da empresa no mercado, por meio do chamado "Marketing Social", e trazer mais consumidores para produtos engajados em ações sociais, como a linha de dentifrícios da Kolynos, engajada nos programas de preservação da Mata Atlântica, mediante o SOS Mata Atlântica. Nesses casos, tanto proprietários como acionistas ficarão felizes com o sucesso das vendas e o conseqüente aumento de lucros e dividendos.

Muitas vezes, as empresas, na ânsia de crescer ou desenvolver sua tecnologia, esquecem destes dois últimos aspectos, para os quais a comunidade está constantemente atenta, pois da preservação desses dois itens depende a própria sobrevivência do homem.

O quarto tipo de relação é a interdependência econômica que existe entre o desempenho da empresa e as diferentes partes do sistema. O conjunto de vantagens usufruídas por clientes, fornecedores, força de trabalho, Estado, coletividade local e acionistas não pode exceder a produtividade global. As desvantagens devem ser equilibradas e não podem ser usufruídas *a priori*.

A formulação de uma política social exige análise rigorosa dos elementos considerados; assim, propomos:

- determinar os pontos de atrito entre a empresa e o sistema e, se possível, fazer uma previsão da evolução desses atritos;
- avaliar as conseqüências sobre as atividades da empresa;
- determinar se a satisfação das partes do sistema na eliminação dos atritos depende da empresa e qual a vantagem que a empresa poderá ter sobre essa satisfação;
- analisar se a evolução dessa prática, no futuro, não trará problemas para a empresa que impliquem inversão de valores, ou seja, a empresa está somente cumprindo um papel social, e é barrada em outras atividades.

Um dos instrumentos que a empresa poderá utilizar para medir se suas decisões satisfarão às partes é o diagnóstico que permitirá conhecer bem as situações de cada uma das partes e ser mais objetiva na formulação de suas políticas.

Um problema muito sério para os administradores é que não há um guia claro para as ações sociais. Não há certeza de que uma decisão beneficiará uma sociedade mais do que a outra e as várias pressões de grupos com diferentes conceitos conflitantes de responsabilidade social. Os problemas sociais existem por longo tempo e são à primeira vista complexos e de difícil solução.

O dilema é que nem tudo que é bom para a organização é bom para os demais elementos do sistema e vice-versa. Há quem acredite que as pressões sofridas pela empresas pesam muito sobre os objetivos sociais. Tais dilemas devem ser resolvidos julgando-se os resultados a serem obtidos e negociando caso por caso.

Outro dilema é como justificar o uso dos recursos organizacionais para outros fins que não o de seus proprietários e acionistas. Muitas vezes, o uso de um recurso de forma indevida pode enfraquecer a organização. O administrador deve estar atento ao perigo de não equilibrar adequadamente o uso dos recursos.

17.1 NÍVEIS DE RESPONSABILIDADE SOCIAL

Certos níveis de responsabilidade social são requeridos para que uma empresa possa funcionar em nossa sociedade. Empregados devem ser pagos a um determinado nível que não signifique pobreza absoluta. Certos tipos de poluição devem ser controlados, e a proteção ambiental é um dever de todos, indivíduos ou entidades públicas e privadas. Estamos caminhando para um mundo de escassez, caso não haja respeito pelos elementos da natureza, como água, energia, minérios e outros, que hoje representam alimentos naturais para alguns povos menos desenvolvidos.

O modelo de hierarquia de responsabilidade social acompanha a pirâmide da hierarquia organizacional, ou seja, um administrador que ocupa uma posição detentora de maior poder de barganha dentro da organização detém maior responsabilidade social e deve estar preparado para atender às expectativas sociais. Em âmbito intermediário de poder, cabe determinar e prever demandas sociais antes que a população se manifeste. Os demais níveis seriam os responsáveis pela elaboração e execução de programas de trabalho e estabeleceriam novos padrões de desempenho social da organização.

Associando essa idéia de hierarquia de responsabilidade social à pirâmide organizacional, já conhecida, teremos a seguinte configuração:

Como aplicação podemos tomar o exemplo da mudança do perfil da mão-de-obra nacional. Caso haja maior demanda de mão-de-obra feminina, haverá maior demanda de creches, a empresa deverá estar atenta para atender a essa demanda e facilitar a vida da mulher como força de trabalho. Essa é, sem dúvida, uma ação social.

17.2 BALANÇO SOCIAL

O balanço social deve ser visto como um instrumento de medida do comportamento da empresa em torno da satisfação de seus objetivos sociais. Esse instrumento deve ser estabelecido em função dos indicadores representativos da situação social, em termos de sociedade, ambiente, e das condições de trabalho dentro da própria organização. Com base na política social, será possível elaborar um plano de como aplicar essa política e, nesse plano, constarão os elementos que comporão o balanço social.

A utilização desse instrumento ainda está em estágio de reflexão e aceitação por parte dos empresários em elaborar um demonstrativo desse tipo. Embora em alguns países já exista consciência empresarial da necessidade e utilidade do balanço social, ainda estamos em estágio de maturação das idéias sem nada de concreto. Um exemplo de aceitação dessas idéias está na publicação que a Gessy Lever do Brasil fez, juntamente com seus demonstrativos financeiros, de um relatório que procura medir a contribuição social dessa empresa para com sua comunidade. Desse relatório para um balanço social, a distância é pequena, basta apenas a aceitação de sua viabilidade.

Outro aspecto ainda em estágio de reflexão refere-se aos itens que comporão o balanço social. Essa é uma preocupação relativa à logística de utilização do instrumento, sua legalidade e implicações que trará para as normas e os padrões de avaliação dos resultados das operações organizacionais. Existem várias correntes sobre a forma de compor um balanço social.

- uma concepção é de que deveria ser um documento financeiro que demonstre as despesas voluntárias das empresas que incorrem em melhorias das condições de seu quadro de pessoal e sua posição no meio social onde vive;
- uma segunda concepção é a de que o instrumento deveria medir o impacto dos esforços organizacionais sobre o pessoal em termos de avaliar o grau de satisfação dos mesmos;
- outra concepção é a do desempenho social das organizações, em que o balanço seria um demonstrativo, tendo no passivo os fatores de tensão social e no ativo os fatores de satisfação social. Tanto os fatores de tensão como os fatores de satisfação seriam avaliados por meio de indicadores diretamente mensuráveis.

Como pudemos observar, as duas primeiras concepções estão muito mais voltadas para a atuação da microempresa, ou seja, preocupadas com os elementos que a compõem e sua atuação tanto dentro da organização como fora dela. Já a última concepção não estabelece esse tipo de discriminação, considerando importante a atuação da microempresa, não importando se os elementos que serão favorecidos por sua contribuição social pertencem ou tenham qualquer relação com a empresa.

Em todos os casos acima o balanço social representa um instrumento de gestão, que mede ou informa a situação das empresas, sua evolução, as distorções eventuais sobre os objetivos. O balanço social já é uma realidade teórica e, em alguns casos, prática. Há necessidade de maior divulgação e credibilidade em seu emprego. Há países como França e Alemanha que já dispõem de dispositivo legal para garantir a utilização desse instrumental. Em nossa sociedade, existem muitos estudiosos do assunto e pessoas empenhadas em divulgar os conhecimentos adquiridos sobre isso procurando formar uma consciência empresarial.

17.3 CORRENTES ATUAIS

Existem correntes contrárias à responsabilidade social da empresa e correntes favoráveis. Contra são os administradores que colocam necessidades, interesses, direitos e valores da organização à frente de todos os outros. Tal ênfase não abrange os interesses e ansiedades de grupos não proprietários. O comportamento centrado em lucro é o único permitido; acumular capital é o único objetivo aceito.

Os que são favoráveis à responsabilidade social estão orgulhosos em ter essa atitude, ou seja, o conflito entre o objetivo social e o desempenho econômico é mais aparente do que real, e há possibilidade de admitir que os dois objetivos são possíveis. Crescente senso de responsabilidade social aparece na grande preocupação em estabelecer os objetivos organizacionais mais adequados, e o desenvolvimento de atitudes profissionais dos administradores em melhorar o clima organizacional por meio da atenção maior a itens como satisfação no trabalho, desenvolvimento individual, direitos democráticos, reconhecimento de potencialidades, envolvimento profundo das empresas com órgãos e agências eminentemente sociais e outras instituições e o aumento de doações para educação, participação em fundações e outras atividades comunitárias.

Podemos afirmar que as Organizações Não Governamentais (ONGs) e as Fundações com objetivos sociais são as grandes responsáveis pelo envolvimento das empresas de grande desempenho econômico em projetos sociais de grande aporte de capital e impacto social, no campo da educação básica continuada, saúde e preservação ecológica. Essa é uma estratégia que dá visibilidade favorável às empresas e alavanca o marketing.

BIBLIOGRAFIA BÁSICA

CARROL, Archie B. *A conceptual mode of corporate social performance*. Georgia: College of Business, W. P. 79055, p. 6, 1979.

EBERSTADT, N. *What history tells about social responsibility*. Boston: Little, Brown, 1977.

HAY, Robert; GRAY, Ed. The social responsibility in business administration. *Academy of Management Journal*, v. 17, p. 135, Mar. 1974.

QUESTÕES PARA DISCUSSÃO E REVISÃO

1. Existe hoje uma demanda social intensa por melhor qualidade de vida. Que papel desempenha a organização nesse tema?

2. Além da demanda social, seu próprio quadro de pessoal exige um comportamento organizacional mais humanista. Isso significa parte de seu papel social? Comente.

3. A quem, dentro da organização, podemos atribuir a responsabilidade social?

4. O que é um balanço social?

5. Qual o papel social das organizações?

18

Futuro da Administração

A administração não é um modo de vida ou uma filosofia isolada; é o pensamento e a ação que unem a vida humana na busca dos valores sociais. A administração é a causadora e a formadora da organização; ela atua e realiza-se por meio da organização. Mais significativamente, portanto, a administração deve ser encarada como parte da sociedade, e sua atividade, como conseqüência dos valores sociais. Por essa razão, o Capítulo 15 é uma exploração das sociedades no futuro. Somente três sociedades básicas são consideradas, ainda que muitas variações possam ser vistas dentro dessas formas amplas. Essas três formas de sociedade implicam duas ideologias básicas e uma terceira ideologia caótica, soma das três, que é novamente um resumo de todas as variedades de pensamento do homem. O tópico da sociedade do futuro precisa ser abordado de modo cuidadoso. Fatos do presente oferecem subsídios para diagnosticar tendências do futuro, e não são meramente decorrência linear da confusão do mundo atual. Se alguém propõe uma teoria sobre nosso futuro, nós podemos somente concordar que o futuro é dele – para especular – tanto quanto nosso. Não estamos aptos a decidir sobre nenhum futuro – destruição, robotismo ou humanismo –, mas, antes, a desejar deixar o leito com a idéia de que os valores decisivos do futuro são também decisivos para tudo o que dissermos sobre administração e organização.

A discussão sobre a organização futura, seu tamanho, forma e qualidades, depende do que vemos nela hoje. Implicitamente, pensamos que a organização futura será similar à que vemos em nossa volta, atualmente, em vários lugares e com muitos objetivos. Supomos que as diferenças entre o agora e o futuro não serão maiores do que a variedade de diferenças localizadas agora, em que todas as mesmas estruturas organizacionais parecem convergir. Ao dizer "não há nada de novo sob o sol", simplesmente afirmamos que, se houvesse alguma coisa mais a dizer sobre a organização futura, gostaríamos de ter dito.

A discussão sobre a cibernética, bem como sobre os objetivos da administração, propõe-se a mostrar o que é a cibernética, o que é a administração, mas não se as duas se encontrarão. O leitor pode sentir que merece uma resposta mais prática do que uma noção filosófica do homem, como um administrador, enquanto homem. A questão da cibernética ainda tem uma ênfase prática, posto que estamos explorando o futuro, de promover a mais ampla determinação da questão do papel fundamentalmente econômico do homem na cibernética. A discussão sobre a cibernética e sobre a administração constitui uma pergunta, portanto, e não uma resposta.

Na discussão dos estilos de administração, assumimos implicitamente que o papel da administração sobrevive à revolução da cibernética. Em um conceito coerente entre acadêmicos e administradores, o estilo da administração será afetado pelos novos modelos de comportamento que emergem do desejo de harmonizar a intersecção de empregado-administrador. A outra hipótese fundamental do estilo de administração no futuro é que as relações administrador-empregado podem tornar-se enormemente menos humanas, mais refratárias e simples. Como a **técnica**, além disso, encoraja os negócios no futuro, o papel da administração será engrandecido pelo resultado das relações múltiplas entre os níveis da administração. Estas são afirmações negras para a massa da população que vive sob o nível da administração. Esta parte da nossa discussão não aborda nem o triunfo das teorias da harmonia no ambiente de trabalho, nem o triunfo da simples manipulação e controle das massas.

Historicamente, o modelo organizacional normalmente significava estrutura organizacional. Hoje, significa realinhamento das estruturas, dos processos de gerenciamento, dos sistemas de informação, de recompensa e outros elementos da organização na estratégia empresarial.

18.1 CARACTERÍSTICAS DAS ORGANIZAÇÕES FUTURAS

O caráter das organizações futuras pode ser encontrado pela extrapolação seletiva das tendências atuais. Observando esta orientação, John M. Pfiffner e Frank P. Sherwood tiveram condições de afirmar o seguinte:

- o tamanho das organizações será variável; elas podem aumentar ou ser mais intensas em tecnologia;
- o ambiente cultural no qual as organizações operam representará um aumento de esforço para o indivíduo. O indivíduo será mais importante do que foi no passado;

- a automação e outros avanços tecnológicos continuarão a mudar a composição básica da força de trabalho, com ênfase muito maior na especialização, na administração do conhecimento e na inteligência da empresa;
- muitos fatores cooperarão para tornar a imagem do alto executivo como tomador de decisão e coordenador extremamente insustentável. O executivo, na verdade, será um grupo e envolverá muitas forças dentro da organização. A liderança será a de induzir o grupo a gerar idéias e não ao controle;
- em vez de parecer uma pirâmide, a organização do futuro poderá não ter uma forma específica, e será flexível e mutante;
- a descentralização, baseada amplamente no modelo do federalismo, cada vez mais será o meio de cooperar com o problema do tamanho da organização.

A afirmação de Pfiffner e Sherwood de que as organizações futuras serão maiores é difícil de contradizer. Certamente, os desenvolvimentos dos modelos atuais de organizações empresariais garantiriam a credibilidade dessa afirmação, para fusões e aquisições de conglomerados e empresas multinacionais dominantes no campo. A expansão das facilidades, dos mercados e das operações, junto com a diversificação, são constantemente consideradas pelas organizações. A extrapolação das tendências atuais de aumento do tamanho das empresas de hoje não deixa dúvidas de que as organizações do futuro serão caracterizadas pela grandeza que, na maioria das vezes, elas estão procurando agora.

Além, disso, Pfiffner e Sherwood acreditam que o indivíduo, nas futuras organizações, terá, por si mesmo, influência maior. Essa característica se desenvolverá, de certa forma, por meio do aumento da mobilidade no emprego do futuro. As organizações, para atrair o pessoal, oferecerão posições que terão liberdade e âmbito maiores do que as que estão disponíveis agora. Entretanto, essa característica das organizações futuras será negada até certo ponto pela desorientação do indivíduo na vastidão das organizações.

As futuras organizações também verão o desaparecimento dos *status* diferenciais, pois as pessoas trabalharão juntas, em grupos, tratando umas às outras como pares. A formação dos grupos terá significado fundamental na evolução dos problemas. Os especialistas trabalharão juntos até que a solução seja obtida e, então, se dispersarão rapidamente. À medida que as empresas atenuam suas fronteiras, as funções que as pessoas desempenham e suas tarefas tornam-se difusas e ambíguas.

De acordo com Warren G. Bennis, para as organizações futuras,

"a palavra-chave será 'temporária'; haverá sistemas adaptáveis, mudando rapidamente. Isso será organizado em torno dos problemas a serem resolvidos pelos grupos de pessoas estranhas entre si, que representam um conjunto de capacidades profissionais diversificadas. Os grupos serão conduzidos por modelos orgânicos, mais do que mecânicos; eles evoluirão como resposta ao problema mais do que como expectativas programadas".

Assim, as organizações do futuro mudarão suas estruturas internas com uma crescente regularidade. Essa situação pode ser vista hoje, pois as numerosas fusões e aquisições forçam as organizações a transformar suas estruturas. Os anos de 1995 a 1999 foram os de grande movimentos entre empresas nesse sentido. A década de 60 viu o crescimento dos conglomerados, com as aquisições e as fusões tornando-se lugar-comum. Toffler afirma:

> "Os anos 70 podem testemunhar uma onda igualmente poderosa de absorções e, depois, reaquisições, pois as empresas tentam consolidar e assimilar suas novas subsidiárias, descartando-se das empresas problemáticas."

A automação tem eliminado, e continuará a fazê-lo, grande quantidade de empregos, particularmente nos baixos escalões da estrutura organizacional. Não há dúvida de que o trabalhador de colarinho e gravata foi extremamente afetado pela revolução tecnológica. A eliminação de grande número de cargos que não requerem especialização aumentou a proporção de trabalhadores especializados em relação aos não especializados. Há também um acordo difundido de que esse desenvolvimento ocorrerá, cada vez mais, no futuro. Este é, então, o resultado futuro da mudança na composição básica da força de trabalho.

O desenvolvimento do computador exerce grande efeito no papel que a administração média desempenhará na organização do futuro. Muito do trabalho da administração média de agora envolve a rotina e ações repetitivas que podem ser simuladas facilmente pelo processamento eletrônico de dados. A administração média é o nível da hierarquia mais afetado pelo uso do computador. Os supervisores não podem ser substituídos rapidamente devido a sua tarefa contínua de interação de primeira linha com os subordinados, e a alta administração precisa permanecer para formular a política básica da organização. Portanto, é concebível que no futuro se verá debilitar a administração média.

18.2 ADAPTAÇÃO DAS FUTURAS ORGANIZAÇÕES

Embora as estruturas das organizações futuras tenham sido ditadas, em grande parte, pela automação e pela tecnologia da informação, elas também ocasionam certas adaptações vantajosas para o futuro ambiente empresarial.

As estruturas que incorporaram redução nos níveis de hierarquia encontrarão uma facilidade maior nas comunicações na empresa. Não há mais as múltiplas divisões hierárquicas que tendem a obstruir ou distorcer os fluxos de informação.

Uris observa que a redução dos níveis hierárquicos também significa uma exposição maior aos administradores da organização e, como resultado, decréscimo das "velhas ofuscações da administração pelas acusações mútuas, ou apunhalando o homem em sua subida, ou esbofeteando o homem em sua descida". Entretanto, essa exposição também resultará em responsabilidades e liberdades maiores para todos os participantes da organização. Por sua vez, isso criará três ênfases básicas comportamentais no papel do executivo:

1. **Percepção objetiva:** o executivo terá uma idéia muito melhor de suas responsabilidades, agora que elas são distintas das de seus colegas.
2. **Responsabilidade do pessoal:** a eliminação de superiores arbitrários permitirá ao trabalhador dirigir a sua atenção para suas responsabilidades.
3. **Responsabilidade de grupo:** o executivo será progressivamente um membro do grupo de trabalho especial. Ele será envolvido tanto como especialista, quanto como coordenador.

A aplicação do computador permitirá à administração adaptar a estrutura organizacional em formas convenientes aos métodos de operações do computador. O computador oferece à empresa a opção de centralizar ou descentralizar as funções coletivas e os meios pelos quais os cargos podem ser combinados ou eliminados. Entretanto, a maior vantagem do desenvolvimento do computador é a velocidade e a exatidão no controle e nas funções de comunicação da empresa. A utilização dos computadores eliminou as tarefas manuais que anteriormente dominavam a atividade da administração média e baixa. Agora, elas estão livres para concentrar-se em menos tarefas, com o resultado de uma eficiência maior nessa parte da organização. A adoção das técnicas de computador também criou uma ligação direta entre a administração e as fontes de informação. A tecnologia da informação permitiu eficiência interna maior, ignorando os níveis hierárquicos para comunicar diretamente a informação.

Para uma organização incorporar a tecnologia do futuro, ela precisa ter acesso a grande quantidade de capital. É possível satisfazer a este requisito por meio de um aumento de tamanho, aquisições ou fusões de empresas. Grandes organizações terão um acesso maior ao capital necessário: ou mediante seus próprios recursos, ou por meio de financeiras, as quais visualizam menor risco para os empréstimos em virtude da estabilidade que geralmente está associada ao porte da empresa.

As organizações associadas às estruturas retangulares, pelo uso crescente do *staff*, tornam o executivo mais bem equipado, para tratar com mais subordinados, do que anteriormente. Assim, a horizontalização (da estrutura organizacional baseada na pirâmide) coloca o executivo em contato mais próximo com a organização e, conseqüentemente, numa posição de controle mais efetivo.

A vantagem da estrutura representada pelo jogo de futebol sobre o sino inclui a alta administração mais qualificada e inovadora, com a adição de indivíduos muito criativos que emergiram da administração média. A criatividade dos altos executivos será essencial para as organizações do futuro.

O alinhamento da Organização com a estratégia começou a aparecer a partir de 1990 e requer que a estratégia e a estrutura estejam voltadas para os mesmos objetivos e sejam totalmente compatíveis entre si, o que exige que a estrutura seja modificada a partir da definição da estratégia; por isso, a característica mutante da estrutura.

O poder das pessoas depende de sua ligação com o sucesso do negócio e, com isso, todo o restante do processo administrativo como: solução de problemas, controle, desempenho, processo decisório etc.

18.3 FILOSOFIA ADMINISTRATIVA

A administração tem sido definida como o planejamento, a organização, a direção e o controle das atividades da empresa, para que os objetivos possam ser alcançados efetiva e economicamente. Os dois primeiros já foram vistos anteriormente; passemos então à consideração da direção e do controle das atividades da organização. Especificamente, isso será feito em relação ao lado humano da organização. Drucker observou que, no futuro, as empresas deverão estar mais preocupadas, e responsáveis, pela "qualidade de vida" de toda a sociedade. Internamente, isso significa que a empresa deverá adaptar-se às necessidades, aspirações e potenciais dos empregados, com ênfase na dignidade individual e respeito pelas necessidades e ampliação dos interesses. Assim, a efetividade da administração será avaliada em termos humanos, tanto quanto em termos econômicos.

O comportamento da administração tem sido guiado por uma percepção básica ou filosófica do homem, primordialmente no contexto do trabalho, tendo variado ao longo do tempo. Dentro de uma organização, o conceito tradicional tem sido de que há *líderes* e *seguidores*. Os filósofos sempre se preocupam com os *seguidores*, que parecem ser uma massa nebulosa de seres humanos, mesmo que os administradores se reportem a alguém mais acima na hierarquia. As doutrinas da administração para esses *seguidores* variam. A administração científica viu o homem como fraco, preguiçoso e corrupto. Ele só se motiva por dinheiro e com a disciplina necessária para assegurar que fizesse o que estava sendo pago para fazer. O movimento das relações humanas viu o homem como basicamente bom, mas necessitado de direção; conseqüentemente, suas necessidades e satisfações eram manipuladas. Isso foi uma modificação na abordagem da administração científica, com o enfoque ainda nas exigências organizacionais. O humanismo industrial transferiu a atenção para o indivíduo, assumindo que o homem era bom, precisava de proteção e desenvolvimento de sua personalidade, e era capaz de perfeição. Conseqüentemente, os benefícios da organização são um reflexo dos benefícios individuais em alcançar a auto-realização dentro da organização.

O discurso da Teoria Administrativa está mudando e exigindo novos vocabulários; o estilo de administrar é uma percepção subjetiva, mas exige atenção de quem administra. É muito comum copiar modismos em busca de sucesso fácil, mas o papel principal de cada administrador não é o de copiar, mas o de impulsionar mudanças e energizar as pessoas a sua volta para que todos participem do processo.

A saúde financeira de uma empresa é um guia ilusório do sucesso do negócio, como bem vimos recentemente nos Estados Unidos. Satisfação dos clientes, moral dos empregados e qualidade são os sinais vitais de alerta.

A inovação estratégica é crucial; hoje, a única vantagem competitiva sustentável é a habilidade de uma empresa obter a melhoria contínua, o que significa liberar a criação e a inovação em todos os níveis.

Dirigir seu olhar para a dimensão internacional é vital, mesmo para as empresas que não pretendem globalizar-se. Os padrões internacionais serão bem-vindos no mercado doméstico, cada vez mais aberto e competitivo.

BIBLIOGRAFIA BÁSICA

CRAINER, Stuart. *Grandes pensadores da administração*. São Paulo: Futura, 2000.

FILLEY, A. C.; HOUSE, R. J. Administration and the future. *Business Horizons*, 13 Apr. 1970.

FULMER, Robert M. *The new administration*. New York: Macmillan, 1978.

MICHAEL, D. H. *The future society*. Chicago: Aldine, 1970.

TOFFLER, Alvin. *The future shock*. New York: Random House, 1970.

QUESTÕES PARA DISCUSSÃO E REVISÃO

1. Quais são as principais características das organizações futuras?
2. Que influências tem a automação no perfil das organizações futuras?
3. Que influência tem esse robotismo na estruturação da organização futura?
4. Qual o comportamento do administrador do futuro?
5. Qual a filosofia administrativa para o futuro?

Impressão e acabamento
Imprensa da Fé